总主编◎楼宇烈

中|华|优|秀|传|统|文|化|经|典|丛|书

茶　经

（唐）陆羽 著　◎刘峰 译注

中国经济出版社
CHINA ECONOMIC PUBLISHING HOUSE

图书在版编目（CIP）数据

茶经 /（唐）陆羽著；刘峰译注. -- 北京：中国经济出版社，2022.7

（中华优秀传统文化经典丛书 / 楼宇烈总主编）

ISBN 978-7-5136-6962-7

Ⅰ.①茶… Ⅱ.①陆…②刘… Ⅲ.①茶文化—中国—古代②《茶经》-译文③《茶经》—注释 Ⅳ.①TS971.21

中国版本图书馆 CIP 数据核字（2022）第 098226 号

责任编辑　邓媛媛
特约编辑　刘　静
责任印制　马小宾
策　　划　善品堂藏书

出版发行　中国经济出版社

经 销 者　各地新华书店
开　　本　889mm × 1194mm　1/32
印　　张　10.75
字　　数　204 千字
版　　次　2022 年 7 月第 1 版
印　　次　2022 年 7 月第 1 次
定　　价　86.00 元
广告经营许可证　京西工商广字第 8179 号

中国经济出版社 **网址** www. economyph. com **社址** 北京市东城区安定门外大街 58 号 **邮编** 100011
本版图书如存在印装质量问题，请与本社销售中心联系调换（联系电话：010-57512600）

中华优秀传统文化经典丛书

出版缘起

文化是一个国家、一个民族的灵魂。泱泱华夏，五千年文明历史所孕育的中华优秀传统文化，是中华民族生生不息、发展壮大的丰厚土壤，使我们在世界文化激荡中根深蒂固。

十八大以来，党中央高度重视中华优秀传统文化的传承与发展。2013 年 11 月，习近平总书记在山东曲阜的孔府和孔子研究院考察时明确指出："要大力弘扬中国传统文化。" 2017 年 1 月，中共中央办公厅、国务院办公厅印发《关于实施中华优秀传统文化传承发展工程的意见》，系统部署传承发展中华优秀传统文化的战略任务，把传承中华优秀传统文化提升到新的历史高度。2022年4月，中共中央办公厅、国务院办公厅又印发《关于推进新时代古籍工作的意见》，明确指出，要完善古籍工作体系、提升古籍工作质量，“挖掘古籍的时代价值”“促进古籍的有效利用”“做好古籍普及传播”。

中华传统文化是中华民族的“根”与“魂”。文化兴则国家兴，文化强则民族强。没有高度的文化自信，没有文化的繁荣兴盛，就没有中华民族的伟大复兴。党的十九届六中全会强调，要“推动中华优秀传统文化创造性转化、创新性发展”。为适应全民阅读、共读经典的时代需求，我们结合新的时代条件，组织出版这套《中华优秀传统文化经典丛书》，展示古籍研究领域的成果，推广、普及中华优秀传统文化经典，传承、弘扬中华优秀传统文化，提振当代中国人的文化自信。

激活经典，熔古铸今。这套丛书精选中华优秀传统文化经典，既选取广为人知的历史沉淀下来的传世经典，也增选极具价值但多部大型丛书未曾选入的珍稀出土文献（如诸多竹简、帛书典籍），充分展示中华传统文化的历史脉络与宏富多元。丛书由众多学识渊博的专家学者担任编委，遴选各领域杰出研究者与传承人担任译注作者，切实保证丛书的品质。

丛书定位为中华优秀传统文化经典普及读物，力求能让广大读者亲近经典、阅读经典，充分领略和感受中华优秀传统文化的魅力，并从中获益。为此，译注者以当代价值需求为切入点解读古代典籍，全方位解决古文存在的难读难解、难以亲近的问题，让中华优秀传统文化贴近现实生活，走进人们的心中，最大限度地发挥以文化人的作用。

“问渠那得清如许？为有源头活水来。”博大精深的中华文化源远流长，五千年文脉绵延不绝，中华优秀传统文化经典是中华儿女奋发图强、继往开来、实现民族伟大复兴的强大精神来源。古人云：“洒扫应对，莫非学问。”千经万论，如果不能够应用落实到实践中，就只是纸上谈兵。读者诸君若能常读经典、读好经典，真正把传统文化的精义、真髓切实融入生活和工作，那各位的知与行也一定能让生活充满希望，让工作点亮未来，让国家昌盛，让世界更美好！

丛书编委会

2022 年 5 月 8 日

序：茶的现代诠释学

中华文化经典浩繁，诸子百家的重要著作，皆以“经”命名。道家有《道德经》，儒家有“十三经”，茶学家有《茶经》。经者何也？典范之书、专门化的经艺之作也。中国历史上经学发达，各种经艺如百花齐放、姹紫嫣红，使中华民族传统文化得以相续相禅，生生不息。

中国人莫不饮茶，言茶者莫精于陆羽。陆羽被尊为“茶圣”。陆羽之后，茶始有字，茶始作书，茶始边销，茶始征税。茶，也从一种植物开始演进为一种重要的国家税收来源。陆羽《茶经》，是中国乃至世界上第一部茶学著作，也是中华茶文化的开山之作。陆羽将这一著作命名为《茶经》，一是说明作者对先秦经典的崇拜，对两汉经学的向往；二是代表了作者的文化自信与对茶学和茶艺文化长久流布的预见。

古往今来，注释《茶经》者，数不胜数。刘峰博士此本注释，属于古汉语传统训诂学与现代茶文化相结合视域中的《茶经》注释，堪称为“茶杯里的训诂学”，或曰“现代诠释学”。其主要特点有三：

第一，是以《茶经》注释为要，广泛吸取古往今来的注释精要，博采众长，集古今《茶经》注释之大成。

第二，是吸取最新的研究成果。既注重《茶经》字词句注释，又突出现代茶人的研究成果。

第三，是古今融通，自成体系。与先前的《茶经》注释，多以单个字词为主体，就词而释词。刘峰博士此本《茶经》注释，从古汉语训诂学的角度，认真诠释《茶经》各卷所涉及的茶学、茶文化知识，既注释其词语，又推而广之，将其茶科学、茶文化的基本概念、内涵、范畴、范畴群，通过附录加以引申，古今融通，构建起一个全新的茶学术文化体系，不啻是“茶杯里的训诂学”或称“现代诠释学”，字字落实，文从句意，注释详尽、不仅阐明词义，同时点明了其与茶文化相关的历史典故，便于读者理解。

训诂学，是解读与诠释古文经典词语意义的一门基础学问，主要有三种解读方法：一是形训，即“以形索义”，用汉字表意性解释典籍字义；二是音训，即“因声求义”，通过考察字的古音，寻求词的本字，以求词义；三是义训，即“因义证义”，以汉语词义之系统性与引申法则求其词义之内涵。

此书是刘峰博士在担任2020迪拜世博会“中华茶文化全球推广大使”期间，为适应中国茶文化向世界传播推广之需要而作，融学术性、文化性、实用性为一体，可以让读者窥见茶文化贯通古今的历史传承。这是很有意义的尝试。期待广大读者能够从中有所获益，有所领悟，有所发现，有所创造。

石竹山人　蔡镇楚

壬寅初夏识于岳麓山石竹山房

（蔡镇楚 湖南师范大学教授、中国茶文化研究专家）

前 言

《茶经》是唐代陆羽撰写的一部关于茶的专著。中国人，莫不饮茶；古代言茶者，莫精于陆羽。《茶经》自中唐问世，距今已有一千二百多年的历史，此书一出，轰动天下，陆羽也被尊崇为“茶圣”。《茶经》是人类历史上、也是世界范围内第一本茶书。

陆羽（七三三—八〇四），字鸿渐，自号竟陵子，又号桑苎翁。自幼在僧舍长大，后作伶人，和官宦、文人相往还，唐上元元年（七六〇）隐居于苕溪，离当时茶产地浙江吴兴（今湖州等地）极近，爱饮茶，因著是书。

《茶经》全书七千余字，共分三卷十节。上卷三节：一之源，论述茶之本源、名称、植物性状，介绍茶树的形态特征、茶叶品质与土壤的关系，指出宜茶的土壤、茶地方位、地形，品种与鲜叶品质的关系，以及栽培方法，饮茶对人体的生理保健功能。还提到茶饮的俭德之性。二之具，谈有关采制茶叶的用具尺寸。详细介绍制作饼茶所需的十九种工具名称、规格和使用方法。三之造，讲茶叶种类和采制方法。指出采茶时令的重要性和采茶的要求，提出了适时采茶的理论，叙述了制造饼茶的七道工序：蒸熟、捣碎、入模、拍压成形、焙干、成串、封装，并将饼茶按外形的匀整和色泽分为八个等级，以及成品茶叶的品质鉴别。

中卷一节：四之器，写煮茶饮茶之器皿。详细叙述了二十八种煮茶、饮茶用具的名称、形状、用材、规格、制作方法、用途，以及器具对茶汤品质的影响，还论述了各地茶具的优劣及使用规则，体现了陆羽五行协调的和谐思想、入世济世的儒家理想和对和平的向往。

下卷六节：五之煮，写煮茶的方法和各地水质的优劣，叙述饼茶茶汤的调制，烤茶的方法，烤炙、煮茶的薪炭，泡茶用水和煮茶火候，煮沸程度和方法对茶汤色香味的影响。提出茶汤显现雪白而浓厚的泡沫是其精华所在。六之饮，讲饮茶风俗，叙述饮茶风尚的起源、传播和饮茶习俗，提出饮茶的方式方法。七之事，叙述古今有关茶的故事、产地和茶药方。记述了唐代以前与茶有关的历史资料、传说、掌故、诗词、杂文、图经等。八之出，评各地所产茶之优劣。叙说唐代茶叶的产地和品质，将唐代全国茶叶生产区域划分成八大茶区，每一茶区出产的茶叶按品质分上、中、下、又下四级。九之略，分析采茶、制茶用具可依当时环境，随采随制，省略某些用具。十之图，提出把《茶经》所述内容写在素绢上挂在座旁，《茶经》内容就可一目了然，烂熟于胸，如此，《茶经》才算得上真正完整。

人乃万物之灵长，“茶”是草木中的“人”。“自从陆羽生人间，人间相学事春茶”。“茶圣”陆羽以其一生实践和一部传播茶学、推广茶道的杰出文献《茶经》，在世界茶文化史上树立起一座不朽的丰碑，对中国乃至世界文化作出了巨大的贡献，值得我们永远纪念和敬仰，而他一生总结和传播的茶文化也需要我们今天认真继承、探索和弘扬。

目　录

一之源 ………………………………………………………………（001）

附一：茶之品类鉴赏 ……………………………………………（007）

二之具 ………………………………………………………………（097）

附一：采茶诗词 …………………………………………………（103）

附二：茶具十二先生 ……………………………………………（106）

三之造 ………………………………………………………………（109）

附一：采茶古诗民谣 ……………………………………………（113）

四之器 …………………………………………………… （115）

附一：精湛的茶具 ………………………………… （127）

附二：《茶谱》茶器图 ……………………………… （161）

五之煮 …………………………………………………… （164）

附一：陆羽评天下二十名水 ……………………… （171）

附二：七种茶适宜用什么茶具 …………………… （173）

六之饮 …………………………………………………… （175）

附一：茶酒论 ……………………………………… （180）

附二：武夷茶艺典型的十八道程序 ……………… （183）

七之事 …………………………………………………… （190）

附一：茶诗 ………………………………………… （213）

八之出 …………………………………………………… （217）

附一：宣和北苑贡茶图 …………………………… （227）

附二：茶之鉴别 ……………………………………………… (223)

附三：茶之贮藏 ……………………………………………… (236)

九之略 ………………………………………………………… (242)

附一：中国茶道 ……………………………………………… (244)

十之图 ………………………………………………………… (273)

附一：茶之养生 ……………………………………………… (274)

一之源

茶者，南方之嘉木[1]也。一尺、二尺乃至数十尺；其巴山峡川，有两人合抱者，伐而掇之[2]。其树如瓜芦，叶如栀子，花如白蔷薇，实如栟榈[3]，蒂[4]如丁香，根如胡桃。【瓜芦木，出广州，似茶，至苦涩。栟榈，蒲葵之属，其子似茶。胡桃与茶，根皆下孕，兆至瓦砾[5]，苗木上抽。】其字，或从草，或从木，或草木并。【从草，当作“茶”，其字出《开元文字音义》[6]。从木，当作“樑，其字出《本草》。草木并，作“荼”，其字出《尔雅》。】其名，一曰茶，二曰槚，三曰蔎[7]，四曰茗，五曰荈。【周公云：“槚，苦荼。”杨执戟[8]云：“蜀西南人谓茶曰。郭弘农[9]云：“早取为茶，晚取为茗，或曰荈耳。”】其地，上者生烂石[10]，中者生砾壤，下者生黄土。艺而不实[11]，植而罕茂。法如种瓜，三岁可采。野者上，园者次。阳崖阴林[12]，紫者上，绿者次；笋者上，芽者次；叶卷上，叶舒次[13]。阴山坡谷者，不堪采掇[14]，性凝滞，结瘕疾[15]。

茶之为用，味至寒，为饮，最宜精行俭德之人。若热渴、凝闷、脑疼、目涩、四肢烦、百节不舒，聊四五啜，与醍醐、甘露[16]抗衡也。

采不时，造不精，杂以卉莽[17]，饮之成疾。

茶为累[18]也，亦犹人参。上者生上党[19]，中者生百济、新罗[20]，下者生高丽[21]。有生泽州、易州、幽州、檀州[22]者，为药无效，况非此者！设服荠苨[23]，使六疾不瘳[24]。知人参为累，则茶累尽矣。

[注释]

1 嘉木：美好的树木，优良的树木。嘉，同“佳”，美好。陆羽称茶为嘉木，北宋苏轼称茶为嘉叶，都是夸赞茶的美好。

2 伐而掇（duō）之：伐，砍斫、砍削树木的枝条。《诗经·周南》：伐其条枚。掇，拾拣。

3 栟榈（bīng lǘ）：即棕树。《说文》：“栟榈，棕也。”

4 蒂：花或瓜果与枝茎相连的部分。

5 根皆下孕，兆至瓦砾：下孕，植物根系在地下滋生发育。兆，裂开，指核桃与茶树生长时根将土地撑裂，方始出土成长。

瓦砾，破碎的砖头瓦片，引申为硬土层。

6《开元文字音义》：字书名。唐玄宗开元二十三年（七三五）组织编定的一部字书。早佚。

7 蔎（shè）：茶的别名。本为香草名。《玉篇》：“蔎，香草也。”

8 杨执戟：西汉扬雄的别称。三国·魏·曹植《与杨德祖书》：“昔杨子云先朝执戟之臣耳，犹称壮夫不为也。”杨雄，擅长辞赋，与司马相如齐名。著有《方言》等书。

9 郭弘农：即郭璞。晋时人。文学家、训诂学家，博洽多闻，注释过《方言》《尔雅》等字书。

10 烂石：碎石。

11 艺而不实：艺，指种植技术。实，结实。

12 阳崖：向阳的山崖。阴林：茂密的树林。因数目众多浓荫蔽日，故称阴林。

13 叶卷上，叶舒次：新叶叶片成卷状者质量好，舒展平直者质量差。

14 不堪：不能，不可。采掇：摘取。

15 性凝滞，结瘕（jiǎ）疾：凝滞，凝结不散。瘕，腹中肿块。《正字通》：“腹中肿块，坚者曰症，有物形曰瘕。”

16 醍醐、甘露：皆为古人心中最美妙的饮品。醍醐，酥酪上凝聚的油，味极甘美。甘露，即露水，古人说它是“天之津液”。《老子》：“天地相合以降甘露。”

17 卉（huì）莽：野草。

18 累：过失，妨害。

19 上党：唐时郡名，治所在今山西南部的长治市，长子、潞城一带。上党历史久远，早在一万多年前就有人类繁衍生息。中华民族始祖炎帝，曾在此建耆国、尝百草、教农桑，完成了从迁徙到定居、从渔猎到农耕的转变。

20 百济、新罗：唐朝时，朝鲜半岛上的两个小国，百济是扶余人（公元前三世纪）南下在朝鲜半岛西南部建立的国家。新罗在半岛东南部。

21 高丽：又称高丽王朝、王氏高丽，是朝鲜半岛古代国家之一。公元九一八年，泰封君主弓裔部下起事推翻弓裔，拥立王建为王，九三五年合并新罗，九三六年灭后百济，实现了“三韩一统”。

22 泽州、易州、幽州、澶州：皆为唐时州名。

23 荠苨（qí nǐ）：药草名，一种形似人参的野果。又名地参。

24 六疾不瘳（chōu）：六疾，指人遇阴、阳、风、雨、晦、明得的多种疾病。瘳，病愈。

[释文]

茶，是我国南方地区的一种优良的木本植物。树高一尺、二尺，有的甚至高达几十尺。在巴山、峡川一带，有的树杆粗到两人才能合抱的。要将树枝砍下来之后，才能采摘到茶叶。茶树的树形很像瓜芦木，叶子形状很像栀子，花很像白蔷薇，种子很像棕榈子，蒂很像丁香，根很像胡桃树根。【瓜芦木，叶子和茶相似，味道非常苦涩。栟榈属蒲葵类植物，种子与茶籽相似。胡桃树与茶树树根都往地下生长很深，碰到硬土层时，苗木开始向上萌发生长。】“茶”字，从字形、部首上来说，有的从“草部”，有的从“木”部，有的“草”“木”两部。【从草部，当写作“茶”，其字出自《开元文字音义》；从木部，当写作“樑”，其字出自《本草》；从草木的，写作“荼”，其字出自《尔雅》。

茶的名称有五种：一是“茶”，二是“槚”，三是“蔎”，四是“茗”，五是“荈”。【周公说：“槚，就是苦荼。”杨雄说：“四川西南人称茶。”郭璞说：“早采的称作茶，晚采的称作茗，也有的称作荈。”】茶树生长的土壤，上等茶生长在岩石充分风化的土壤中，中等茶生长在碎石子的砾壤，下等茶生长在黄色粘土中。一般说来，如果茶苗移栽的技术掌握不当，播种种子却不踩踏结实，或者移栽后的茶树，很少长得茂盛。种植茶的方法应该像种瓜一样，一般种植后三年就可以采摘。茶叶的品质，以山野自然生长的最好，在园圃栽种的较差。在向阳山崖，林荫覆盖下生长的茶树，芽叶呈紫色的好，绿色的差一点；芽叶以节间长，外形细长如笋的好，芽叶细弱展开如牙板的较差。芽叶反卷的为好，叶面平展的较差。生长在背阴的山坡或山谷的品质不好，不值得采摘。因为它的性质凝滞，喝了会让人腹 中结块。

茶的功用，因其性质冷凉，能够降火，最适合品行端正有节俭谦逊美德的人饮用。如果发烧、口渴、胸闷、头疼、眼涩、四肢无力、关节不畅，只要喝上几口茶，它的效果与最好的饮品醍醐、甘露不相上下。但是，如果采摘茶叶不合时节，制作的不够精细，夹杂着野草败叶，喝了就会生病。

茶和人参一样，产地不同，质量差异就很大，甚至会带来不利的影响。上等的人参出产在上党 ，中等的人参出产在百济、新罗，下等的人参出产在高丽。出产在泽州、易州、幽州、檀州的质量最差，作药用没有疗效，更何况那些比它们还不如的人参呢！如果误把荠苨当人参服用了，将会使疾病不能痊愈，明白了人参对人的妨害，劣茶的不良影响，也就能够明白了。

附一：茶之品类鉴赏

俗话说："开门七件事，柴、米、油、盐、酱、醋、茶。"在中国几乎无人不知，无人不晓，但要品饮到一杯佳茗却非易事。明代茶人许次纾在《茶疏》中说："茶滋于水，水借乎器，汤成于火，四者相须缺一而废。"也就是说要想喝到一杯好茶，不仅要有好茶、好水、好茶具、好的冲泡方法，还要讲究好的环境和氛围，这样看来饮茶还真是一门学问呢！

《茶经》开篇首句便是"茶者，南方之嘉木也。"嘉者美也，好也。如何鉴茗？只有选择适合自己的茶叶才能真正体味其中之美。任何人都有自己喜欢的口味，对饮茶而言，不同的人会喜欢不同的茶，有的人仅仅是配合饮食的需要，把饮茶看成是日常饮食的一部分，有的是口渴就想饮茶，一杯茶在更大的意义上是解渴之用，而越来越多的人把饮茶当成是一种享受，讲究饮茶的环境与泡茶的艺术。那么，如何理解饮茶在生活中扮演的角色，茶的不同种类及其特性也会影响我们的选择。

一、绿茶

绿茶是我国产量及花色品种最多的一种茶类，遍布我国十多个产茶省 。绿茶不仅产区广、产品多而且质量好，是出口的主要茶类，出口量占世界绿茶总出口量的大半。绿茶的品质特点为：干茶外形呈绿色，条索紧结，香气清高，滋味鲜爽，汤色清澈明亮，叶底黄绿。

各种绿茶的生产都要经过三道工序，即杀青、揉捻、干燥。杀青就是利用高温打破鲜叶中酶的活性，阻止多酚类的氧化，保持鲜叶的色泽，并使鲜叶散失部分水分，变得柔软，为揉捻造型打下基础，还可去除青草气，杀青是制作绿茶的第一步，更是形成绿茶品质的关键工序，杀青方式分为加热杀青和蒸汽杀青两种，揉捻就是揉搓茶叶表面使之形成一定的形状，同时适当的揉破茶叶细胞，使茶汁敷于茶叶表面，便于冲泡后茶汁溶解于水中。干燥的目的是为了蒸发茶叶里剩余的水分、固定品质、塑造外形以便于储藏。干燥分晒干、烘干、炒干三种方法，晒干的绿茶称做晒青绿茶，烘干的称为烘青绿茶，用铁锅加热炒干的叫炒青绿茶。

（一）晒青绿茶

利用阳光晒干制作成的茶称为晒青绿茶，产品有滇晒青、陕青、川青、鄂青、贵青、豫青、湘青、粤青等。

晒青茶因原料较粗糙，制作过程简单，品质不及烘青、炒青绿茶，从上个世纪七十年代开始逐渐被炒青及烘青茶所代替，目前除云南、四川、陕西等一些地区由于长期饮用形成习惯，仍保持少量生产外，其他地区产量极少。

（二）烘青绿茶

用烘干方法所制的绿茶称烘青绿茶，它具有外形条索完整紧直，干茶色泽翠绿或墨绿，汤色清明，滋味醇和，叶底显黄等特点，其中又分为普通烘青和特种烘青。

普通烘青：一般用来制作窨制花茶的茶胚，经鲜花窨制后，外形基本没有变化，但内质香气却因鲜花品种不同发生了很大的变化，具有明显的花香，香气高鲜，滋味浓厚。普通烘青绿茶主要产于福建、浙江、安徽、江苏、湖南、湖北、贵州、江西等地。

特种烘青：多采用细嫩的芽叶，经过精细加工后制作成的绿茶，如安徽的太平猴魁、黄山毛峰、敬亭绿雪，浙江的顾渚紫笋、天目青顶，还有产于福建和湖南的优质烘青绿茶等。下面向您介绍几种有代表性的名优烘青绿茶。

太平猴魁

太平猴魁，中国传统名茶，属于绿茶类尖茶，产于安徽省黄山市黄山区(原为太平县)新明乡的猴坑、猴岗、颜村三村。猴坑一带所产尖茶，外形魁伟，品质最好，号称尖茶的魁首，故名魁尖。

黄山区产茶历史可追溯到明朝以前。清朝末年，南京一些知名茶庄，纷纷在太平茶区设茶号收购加工尖茶，后来猴坑茶农王老二（王魁成）在太平境内最高峰凤凰尖茶园，选肥壮幼嫩的茶芽，精工细制成“王老二魁尖”（现称“魁尖”），由茶商高价运往南京销售，因风格独特，质量超群引起饮用者的极大兴趣。茶商争相定货，制法不断改进，品质日趋完美。

猴坑一带，天然林木苍郁，年平均气温十四到十五摄氏度，年平均降水量一千六百五十到二千毫米，土层肥沃，通气透水性好，茶树生长良好，芽肥叶壮，持嫩性强。茶园多分布在坐南朝北的山上或夹谷里，阳光照射时间短，昼夜温差大，有利于营养物质的积累，并且采摘猴魁之时，正是兰花开花吐芳的季节，遍野的兰花对猴魁的品质产生了很大的影响。

太平猴魁采摘特别讲究，谷雨前后，当芽梢长到一芽三叶初展时即可采摘，并严格做到“四拣八不要”。拣山——拣高山、阴山茶园；拣棵——拣生长旺盛的茶树；拣枝——拣挺直茁壮的幼枝；拣尖——拣匀整一致的一芽二叶，“尖头”要求芽叶肥壮，老嫩适度，且芽尖和叶尖长度相齐。“拣尖”时，无芽不要、芽叶过大不要、过小不要、瘦弱不要、弯曲不要、色淡不要、紫芽不要、病虫危害不要。一般上午采，中午拣，当天制做完成。

太平猴魁的品质特点是：两叶抱一芽，芽藏而不露，有“两刀夹一枪”之称；成茶挺直，呈两头尖、不散不翘不弓弯的特点，有“猴魁两头尖，不散不翘不卷边”的美名。色泽苍绿匀润，绒毫多而不显，叶脉绿中隐红。冲泡后，汤色清澈明亮，香气高爽，带有明显的兰花香，滋味醇厚，具有香高持久、耐泡的特点。质量上乘的猴魁，开水冲泡时，杯中芽叶成朵，或浮或降，叶碧汤清，相映成趣。

黄山毛峰

黄山毛峰是中国十大名茶之一，产于安徽省黄山（徽州）一带，所以又称徽茶。明代许次纾《茶疏》中记载：“若吴之虎丘，钱塘之龙井，美味浓郁，并可与山介雁行，次浦极称黄山”。说明黄山茶在三百年前就已经声名远播。据《黄山志》记载：“连花庵旁就石隙养茶，多清香冷韵，袭人断腭，谓之黄山云雾茶”，这就是黄山毛峰的前称。

黄山地区，由于山高，土质好，温暖湿润，“晴时早晚遍地雾，阴雨成天满山云”，云雾缥缈，很适合茶树生长，产茶历史悠久。黄山境内海拔一千四百多米的桃花峰、云谷寺、吊桥庵、慈光阁一带为黄山毛峰的主产地。风景区以外的汤口村、岗村、杨村、芳村也是黄山毛峰的主要产区。现在黄山毛峰的产区已经扩展到黄山市的徽州区、黄山区、歙县等地。这里山高谷深，溪涧遍布，植被繁茂，气候温和，雨量充沛，年平均气温十五到十六摄氏度，年降水量一千八百到二千毫米，土壤属山地黄壤，土层深厚，质地疏松，透水性好，含有丰富的有机质和磷钾肥，呈酸性，适宜茶树生长。优越的生长环境，为黄山毛峰优良品质的形成创造了极其良好的条件，加之茶区遍生香花，采茶季节正是山花烂漫之时，由于花香熏染，使茶香气馥郁芬芳，滋味醇厚甘甜。

黄山毛峰分一至三级，采制非常精细，在清明节前后采制特级茶，以一芽一叶初展为标准，茶农称为“麻雀嘴微开”，茶叶采回后还要精心拣剔，拣出不符合要求的叶、梗，剔除冻伤叶和病虫害叶，保持整齐、纯净。

黄山毛峰的品质特点是：外形细扁稍卷曲，形似雀舌有峰毫，奶叶（又称鱼叶）呈金黄色，色泽嫩绿油润，俗称“象牙色”。冲泡后，芽叶肥壮成朵，香气清高，汤色杏黄清澈，滋味醇回甘。芽叶在水中徐徐下沉，宛如兰花，具有很强的观赏性。

六安瓜片

六安瓜片产于安徽省六安、金寨和霍山三县之毗邻的山区和低山丘陵，因形如瓜子故得名“瓜片”，六安瓜片分内山瓜片和外山瓜片两个产区，内山瓜片产地有金寨县的响洪甸、鲜花岭、龚店，六安县的黄涧河、双峰、龙门冲、独山，霍山县的诸佛庵一带，外山瓜片产地有六安市的石板冲、石婆店、狮子岗、骆家庵一带。产量以六安为最多，品质以金寨为最优，又以金寨县齐云山蝙蝠洞一带的茶品为最好，故而又名“齐山名片”。

据史料记载，六安茶自唐朝以来，一直享有盛名。在唐代被称为“庐州六安茶”；在明代被称为“六安瓜片”，为上品、极品茶；清为朝廷贡茶。但六安瓜片的历史渊源，至今无从考证。经茶学工作者多年考察认为：六安瓜片问世于一九〇五年前后，由六安茶行一位评茶师，从收购的绿大茶中拣取嫩叶，剔除梗朴，作为新产品投入市场获得青睐，其后多家茶行受到启发，在采摘时，挑选细嫩的叶片，精心加工后，成茶似葵花子，遂称瓜子片，后称片茶。

六安瓜片产区年平均气温十五摄氏度，年平均降水量一千二百到一千三百毫米，土壤质地疏松，土层深厚，茶园多在山坡冲谷之中，生态环境优越。

六安瓜片的采制与 其他茶叶不同，春茶要在谷雨后，新梢以形成“开面”，采摘标准以一芽二、三叶或二、三叶对开为准，采回后，将嫩叶、老叶分离制作。六安瓜片的采摘、扳片、炒制、烘焙功能皆有独到之处，品质也别具一格。

六安瓜片的品质特点：似瓜子形的单片，自然平展，叶缘微翘，色泽宝绿，大小匀整，不含芽尖、茶梗。冲泡后清香高爽，滋味鲜醇回甘，汤色碧绿清澈，叶底厚实嫩绿明亮。

顾渚紫笋

顾渚紫笋，因其鲜茶芽叶微紫，嫩叶背卷似笋壳，故而得名。该茶产于浙江省湖州市长兴县水口乡顾渚山一带，又名湖州紫笋，是我国著名的贡茶。

顾渚紫笋早在唐代便被茶圣陆羽论为“茶中第一”。在唐朝广德年间开始进贡，那时因紫笋茶的品质优良，还被朝廷选为祭祀宗庙用茶。当时的皇室规定，紫笋贡茶分为五等，第一批茶必须确保“清明”前抵达长安，以祭祀宗庙。这第一批进贡的茶就被称为“急程茶”。可以说紫笋茶是我国名茶中产制历史最悠久的茶品之一，自从顾渚贡茶园创建以来，紫笋茶已四易其品：唐朝时为蒸青碾压饼茶，宋朝时为蒸青、研膏、压模龙团茶，明时以炒青芽茶为贡品，二十世纪七十年代末的紫笋茶已改制为半烘炒的条形茶，现为浙江省的名茶。

顾渚紫笋要采摘一芽一叶初展，极为幼嫩的鲜叶。鲜叶采回后需经五到六小时摊放，待含水量降至百分之七十二左右发出清香时炒制。

顾渚紫笋的品质特点：外形卷叠，银毫显露，色泽翠绿；香气馥郁，汤色清澈，茶味鲜醇，汤色明亮。

江山绿牡丹

江山绿牡丹产于浙江开化，曾名仙霞化龙茶。始制于唐代，宋代仙霞茶就有“奇茗极精”的美誉。北宋文豪苏东坡誉之为“奇茗”，后明代正德皇帝命名为绿茗，列为御茶。民国时绝迹，至一九八〇年重新研制出来，命名为江山绿牡丹。因色泽翠绿，形似牡丹，产于仙霞岭而得名。

绿牡丹产于仙霞岭北麓，浙江江山县保安乡尤溪两侧山地，以裴家地、龙井等村所产品质最佳。产地土壤肥沃，雨量充沛，山高雾浓，适宜茶树生长。

绿牡丹采制需技术精湛，清明节前采摘，谷雨后结束，要求做到“四不采”：雨露叶不采，紫色叶不采，瘦小叶子不采，病虫叶不采。采摘标准为一芽一叶，或一芽二叶初展，芽长于叶。

绿牡丹自研制成功后，广受赞誉。

江山绿牡丹的品质特点：条直似花瓣，形态自然，犹如牡丹，白毫显露，色泽翠绿诱人，冲泡后，香气清高，滋味鲜醇爽口，汤色碧绿清澈，芽叶朵朵分明，叶色嫩绿明亮。

敬亭绿雪

产于安徽省宣城县的敬亭山，明代时期曾列为贡茶，是安徽最早的名茶之一。饮评者有诗赞誉此茶：“形似雀舌露白毫，翠绿匀嫩香气高，滋味醇和沁肺腑，沸泉明瓷雪花飘。”

敬亭绿雪曾闻名江南，但到近代采制工艺失传，在二十世纪七十年代中期重新恢复研制，获得成功，失传多年的历史名茶再度饮誉神州大地。

敬亭山展黄山余脉，原名昭亭山，山区峡谷幽深，山石重叠，竹小荫浓，云雾蒸腾，日照时间短，气候温和湿润，土壤肥沃疏松，茶树生长繁茂，芽叶肥壮鲜嫩。每年清明至谷雨间采摘，专采“一叶抱一心”的刚刚开展的细嫩芽叶。

采摘时还要做到以下四点：一要做到对加叶、鱼叶、老叶、紫芽、病虫叶、焦边叶等六不采；二要做到轻采轻放，勤采勤放，防止鲜叶变质；三要做到及时摊放；四要做到当天鲜叶当天制完。

敬亭绿雪的品质特点：形似雀舌，挺直饱润，芽叶色绿；冲泡后香气清鲜持久，带有兰花香，滋味醇和鲜爽，汤色清澈碧绿，叶底嫩绿明亮，连续冲泡两三次滋味不减。

峨眉毛峰

峨眉毛峰产于四川省雅安市雨城区凤鸣乡。原名凤鸣毛峰，现改为峨眉毛峰。四川雅安地区茶叶栽培生产历史悠久，早在唐代陆羽《茶经》中就有记载，迄今已有一千二百多年的历史。一九七八年雅安地区茶叶公司与桂花村联合，在原基础上，选早春一芽一叶初展优质原料，采用炒、揉、烘交替进行的工艺，创制出特种绿茶名品峨眉毛峰。

雅安地处四川盆地西部边缘，与西藏高原东麓接壤，受西藏高原大地形和雅安所处四面环山地形的影响，雨量充沛，气候温和，冬无严寒，夏无酷暑，群山青翠，烟雨蒙蒙，土壤肥沃，土层深厚，表土疏松，酸度适宜，茶树长势良好，持嫩性强，内含物质丰富，为名茶生产创造了良好的条件。

峨眉毛峰的品质特点：条索紧卷，嫩绿油润，银芽秀丽，白毫显露；冲泡后，香气鲜洁，滋味浓爽，汤色微黄而碧，叶底嫩绿匀整。

天山绿茶

此茶是福建省的历史名茶，为闽东烘青绿茶的极品，主要产于福建的宁德、古田、屏南三县的天山山脉，尤以里天山、中天山和外天山所产的茶品为最优。天山绿茶产制历史久远，生产工艺经历多次变革。宋代生产团茶和饼茶，到了元、明代生产“茶饼”供作礼品和祭祀品，一七八一年前后，天山所产的芽茶被列为贡品。明、清以后改制成炒青，到了一九七九年，又改制为烘青绿茶。历史上天山所产绿茶品种繁多，而今，除少数品种失传外，多数已经恢复，如天山雀舌、凤眉、明前、清明等，并创制了清水绿、天山毛峰、天山银毫、四季春毛尖等新的品种。

天山位于东海之滨，这里山峰险峻，海拔一千三百米左右，林木参天，云海翻滚，年均气温十五摄氏度左右，年降水量一千八百到一千九百毫米左右，土壤肥沃，结构疏松，茶树多长在岩间或山坡上，树壮芽肥，是制作天山绿茶的优质原料。

天山绿茶花色品种不同，所需原料也不同，如雀舌和凤眉等传统珍品，选用叶质肥厚，持嫩性强的天山菜茶品种为原料，采摘标准为一芽一叶或一芽二叶初展。制作清水绿等新创制的名茶，则选用大、中叶种的芽叶为原料，采摘标准以一芽二叶初展为主。

天山绿茶的品质特点：素以“香高、味浓、色翠、耐泡”四大特色著称。外形条索壮实、嫩匀、色泽翠绿、油润；冲泡后，香气芬芳带珠兰香，滋味鲜爽回甘耐泡，汤色清澈明亮，叶底鲜翠嫩匀。一般认为天山绿茶具有三绿的特色，即色泽翠绿，汤色碧绿，叶底嫩绿。冲泡三到四次，茶味犹存。饮后幽香四溢，齿颊留香，令人心旷神怡。

平水珠茶

产于浙江省绍兴镇东南的平水茶区，因珠茶外形圆紧，呈颗粒状，重实如珍珠，故以“珠”命名。

平水产茶历史悠久，唐代平水就是茶叶的集散地，到了清代，浙东茶叶几乎都在平水加工转运出口，平水珠茶在国际茶叶市场上名声显著。

平水茶区包括嵊县、绍兴、新昌、余姚、上虞、奉化、鄞县、东阳等市、县，整个茶区为会稽山、四明山、天台山诸大名山所环抱。境内峰峦起伏，云雾缭绕，溪流纵横，土地肥沃，气候温和，景色秀丽。且山高林密，雨量充沛，属亚热带季风气候。全年无霜期在二百四十天以上，适宜茶叶等作物生长，再加上种茶僧人的精心培育和细心炒制，终于形成珠茶极品。

平水珠茶的品质特点：形似珍珠，浑圆紧结，故又称“圆茶”。冲泡后，色泽绿润，香味浓郁，经久耐泡，被誉为“绿色的珍珠”。

径山茶

径山茶又名径山香茗，因产于浙江省余杭县西北境内之天目山东北峰的径山而得名，为浙江省传统历史名茶之一。

据《续余杭县志》记载：产茶之地，有径山四壁坞及里坞，出者多佳，至凌霄峰尤不可多得，径山寺僧采谷雨茗，用小缶贮之以馈人，开山祖钦师曾植茶树数株，采以供佛，逾年蔓延山谷，其味鲜芳特异，即今径山茶是也。据《新唐书·隐逸传》记载，陆羽一度隐居双溪将军山麓，并在径山植茶、制茶、研茶。唐上元元年（七六〇年），陆羽写成了传世名著——《茶经》，其使茶由饮而艺而道，融茶禅于一味。

径山位于浙江省余杭、临安交界处，分东西两径，东径通余杭，西径连临安的天目山，故又有“两径”之称。这里属亚热带季风气候区。径山有凌霄、堆珠、鹏博、晏坐、御爱五大峰，茶树多分布在峰谷的山坡中。这里群山环抱，云遮雾罩，泉水潺潺，参天古树为茶树遮挡着阳光，日照短，昼夜温差大，常年日照一千九百七十小时左右，无霜期二百四十天左右，年降水量一千六百到一千八百毫米，土壤肥沃，土层深厚，土质疏松，对茶树生长十分有利。

径山茶属烘青绿茶，于每年谷雨前采制的品质为佳。采摘标准为一芽一叶或一芽二叶初展，通常制作一公斤径山茶需采六万两千个左右的芽叶。

径山茶的品质特点：条索纤细苗秀，芽毫显露，色泽翠绿。冲泡后，香气清幽，滋味鲜醇，汤色嫩绿莹亮，叶底嫩匀明亮，经饮耐泡。

南糯白毫

南糯白毫，因产于世界“茶树王”所在地——云南西双版纳州勐海县的南糯山而得名。创制于一九八一年，是云南名茶的后起之秀，曾连续两年被评为全国名茶。

南糯山原始森林遮天避日，这里气候宜人，年平均气温十八到二十一摄氏度，昼夜温差明显，雨量充沛，年平均降水量一千五百毫米左右，土壤肥沃，腐殖层厚达五十厘米左右，矿物质含量丰富，非常适宜茶树生长。

南糯白毫选用云南大叶种，芽叶肥嫩，叶质柔软，茸毫特多，富含茶多酚、咖啡碱等成份，为南糯白毫的优良品质提供了物质基础。

南糯白毫一般只采春茶，三月上旬开采，采摘标准为一芽二叶，为烘青类绿茶。

南糯白毫的品质特点：茶条紧结、壮实、匀整，白毫密布而耀眼。冲泡后，茶汤清澈，香气馥郁，滋味醇厚，回味甘美，爽口润喉。

（三）炒青绿茶

用铁锅炒干的方式制作成的茶称炒青绿茶，因加工过程中受到的作用力不同，制作成成品茶后，形成了长条形、扁平形、圆珠形、针形、螺形等不同形状，故又名长炒青、圆炒青、扁炒青和特种炒青等。

长炒青：加工过程中将鲜叶整理成长条状，经过精制后，统称眉茶，分特眉、珍眉、凤眉、绣眉、贡熙、片茶、末茶等花色，主要产于江西、浙江、安徽三省，此外湖南、贵州、河南也有出产。

长炒青应具备外形条索紧结，色泽润绿，香气高爽，汤色明亮，滋味浓厚鲜爽，叶底嫩绿明亮的特点，但因产地不同，制作技术有所差别，除具有炒青绿茶的共同特点外，又各具特色。

特种炒青：之所以叫特种炒青，是因为鲜叶要采摘细嫩的原料，在加工过程中，为了保持芽叶的完整，在炒制到接近成品茶时，改用烘干机具烘干而成。如洞庭碧螺春、信阳毛尖、蒙顶甘露、安化松针、金奖惠明、庐山云雾、古丈毛尖、桂平西山茶等等。

下面介绍几种有代表性的名优炒青绿茶：

西湖龙井

西湖龙井，因产于杭州西湖山区的龙井而得名。

西湖产茶历史悠久，早在陆羽《茶经》中就记载杭州天竺、灵隐二寺产茶。到了宋代，上天竺香林洞产的宝云茶、香林茶和下天竺白云峰产的白云茶，被列为贡品。明代已把龙井茶列为上品，据说清朝乾隆皇帝南巡杭州时，曾到狮峰山下胡公庙品饮龙井茶，赞不绝口，并将庙前十八棵茶树，封为御茶。

龙井茶区分布于“春夏秋冬皆好景，雨雪晴阴各显奇”

的杭州西湖风景区，山清水秀，景色宜人。在狮峰山上，梅家坞里，云栖道旁，虎跑泉边，满觉陇中，灵隐寺周围，九溪十八涧沿岸，都会看到翠岗起伏，绿树婆娑的诱人景象，真可谓风景如画，得天独厚。以狮子峰所产最佳，称为狮峰龙井，其色泽嫩黄，高香持久；龙井村所产，以其芽叶肥嫩，芽锋显露，茶味较浓为特色；梅家坞所产龙井，做工精湛，色泽翠绿，形似碗钉，扁平光滑，汤色碧绿，味鲜爽口，这些地方多为海拔三十米以上的坡地，西北有白云山和天竺山为屏障，阻挡冬季寒风的侵袭，东南有九曲十八涧河谷深广，产地林木繁茂，年平均气温十六摄氏度，年降水量一千五百毫米左右。尤其春茶吐芽时节，常常细雨蒙蒙，云雾缭绕，茶区土壤深厚，多为沙质酸性红土，通气透水性好，致使茶树根深叶茂。龙井茶区的茶树品种，柔嫩而细小，富含丰富的氨基酸、儿茶素、叶绿素和多种维生素。优越的自然条件和优良的茶树品种，为龙井茶优良品质的形成提供了良好的条件。

龙井茶的采制技术相当讲究，有三大特点：一早，二嫩，三要勤。清明前采头茶，称为“明前茶”，其嫩芽初绽，形似莲心，故称“莲心”，每制一千克干茶需鲜叶七万个左右，极为珍贵。谷雨前采制的称“雨前茶”，采一芽一叶，叶似旗，芽似枪，称“旗枪”。立夏之季采摘的茶，因茶芽发育较大，附有两片叶子，形似雀舌，称“雀舌”。

西湖龙井茶的品质特点：西湖龙井茶具有“色绿、香郁、味甘、形美”的品质特点。外形似碗钉，扁平挺秀，光滑齐匀，色泽翠绿，香气浓郁，冲泡后香郁味醇，香而不冽，饮后觉得有一种“太和之气”弥留于唇齿之间。

碧螺春

产于江苏省吴县太湖的洞庭山，又名洞庭碧螺春，为绿茶中的珍品。洞庭产茶历史悠久。据《清嘉录》记载，碧螺春的由来有这样一个传说，洞庭东山有个碧螺峰，石壁上生出几株野茶，茶叶长得特别茂盛，大家看到后，不停地采摘，竹篓都装不下了，于是就将茶叶放在怀中，鲜叶受了热气，散发出一股奇特的香气，大家禁不住惊呼“吓煞人香”！从此以后，就把这种茶叶叫作“吓煞人香”（意思是真是太香了）。有一年清朝康熙皇帝巡视浙江回京，途经太湖，当地巡抚进献“吓煞人香”茶。康熙饮后赞不绝口，但觉名称不雅，于是赐名“碧螺春”。

洞庭山分东、西两山，东山为半岛连接陆地，西山则是屹立于太湖之中的岛屿。洞庭二山，气候温和，年平均气温十五点五到十六点五摄氏度，年降水量一千二百到一千五百毫米，太湖上空水汽升腾，空气新鲜，云雾弥漫。土壤呈酸性或微酸性，土质疏松肥沃，自然环境可谓得天独厚。

春天登上洞庭山，山上的李、桃、杏、白果、石榴等各种鲜花竞相开放，碧螺春那一簇簇鲜嫩的茶蓬就生长在果树之间，果树犹如一把把巨伞为茶树挡风遮雪，掩映骄阳。茶树、果树根脉相连，茶吸果香，花窨茶味，——这也许就是碧螺春茶独有的天然花香果味的奥妙所在。

采制碧螺春茶需高超的技艺，每年春分前开采，谷雨前后结束，通常采一芽一叶初展，叶的背面密生绒毛，采回后，要马上去粗取精，剔除老叶、大叶及变色叶。制作一斤高级碧螺春大约需要六到七万朵细嫩的鲜叶。从采、拣到制作，三道工序都必须精细。稍有疏忽，制成的鲜叶质量差别很大。

碧螺春茶的品质特点：外形条索纤细，卷曲如螺，绒毫密披，嫩绿隐翠，冲泡后，清香幽雅，滋味甘醇鲜爽，汤色碧绿清澈，叶底嫩绿明亮。

品尝碧螺春，可在白瓷杯或洁净透明的玻璃杯中放入三克茶叶，不必加盖，可先用少许热水浸润茶叶，待茶叶稍展开后，续加八十摄氏度热水冲泡；也可先往杯中注水，后投茶叶，静待二到三分钟后即可闻香、观色、品评，瞬时间碧绿纤细的芽叶沉浮于杯中，犹如白云翻滚，雪花飞舞，叶底成朵，鲜嫩如生。欣赏碧螺春在杯中的奇妙变化后，随之会有扑鼻的清香徐徐而来，细啜慢品碧螺春的花香果味，头酌色淡、幽香、鲜雅；二酌翠绿、芬芳、味醇；三酌碧清、香郁、回甘，使人心旷神怡，仿佛置身于洞庭东西山的茶园果圃之中，领略那“入山无处不飞翠，碧螺春香百里醉”的意境，真是其贵如珍，不可多得。

南京雨花茶

南京雨花茶是绿茶炒青中的珍品，也是中国三针之一，创制于一九五八年，原产于南京中山陵和雨花台园林风景区，雨花茶品质优良，闻名中外。

雨花茶的采制十分讲究，要求嫩度均匀，长度一致，不采空心芽，病虫芽，紫芽。具体采摘标准是采摘半开展的一芽一叶为原料，当新梢萌发至一芽二、三叶时采下一芽一叶，芽叶长度二到三厘米。特级茶一芽一叶占总量的百分之八十以上，通常炒制一公斤特级雨花茶，需采九到十万个芽叶。

雨花茶的品质特点：外形似松针，条索紧直、浑圆，两端略尖，锋苗挺秀，茸毫隐露，色呈墨绿，香气浓郁高雅，滋味鲜醇，汤色绿而清澈，叶底嫩匀明亮。沸水冲泡，芽芽直立，上下沉浮，犹如翡翠，清香四溢。品饮一杯，齿颊留芳，滋味醇厚，回味甘甜，色、香、味俱全，是上等佳品，有止渴、清神、消食、治喘、去腻等功效。

信阳毛尖

信阳毛尖产于河南省南部大别山区的信阳县，信阳产茶已有二千多年历史，这里群峦叠翠，溪流纵横，云雾缭绕，这里还有豫南第一泉“黑龙潭”和“白龙潭”，景色奇丽，曾有诗人赞曰：“立马层崖下，凌空瀑布泉。溅花飞雾雪，暄石向晴天。直讶银河泻，遥疑玉洞开。”这缕缕之雾滋生孕育了肥壮柔嫩的茶芽，为制作独特风格的茶叶提供了得天独厚的条件。

欲知毛尖独特风格，须知细采巧烘炒。采摘是制好毛尖的第一关，一般自四月中下旬开采，分二十到二十五批次采，每隔二到三天巡回采一次。以一芽一叶或一芽二叶初展为特级和一级毛尖，一芽二、三叶制二到三级毛尖。芽叶采下，分级验收，分级摊放，分别炒制。

鲜叶经适当摊放后，进行炒制。分生锅和熟锅两次炒，炒生锅的主要作用是杀青并轻揉。鲜叶投入斜锅中，每次投叶七百五十克为佳，用竹茅扎成束的扫把，有节奏地挑动翻炒。经三到四分钟，叶变软时，用扫把末端扫拢叶子，在锅中呈弧形地团团抖动，使叶子初步成条。炒熟锅是用扫把呈弧形来回抖动，予以紧条和理条，使茶叶外形达到紧、细、直、光。然后将茶叶摊放在焙笼上，约经半小时，再放到坑灶上烘焙。

信阳毛尖的品质特点：条形细紧壮实，色泽翠绿光润，白毫显露。冲泡后，香气清高持久，有熟板栗香，滋味醇厚，回甘生津，汤色明亮清澈。

蒙顶茶

“扬子江中水，蒙山顶上茶。”蒙顶茶是我国名茶中的佼佼者。

蒙顶茶，据古籍、古碑和清代《四川通志》载，自西汉名至今已有二千多年历史。西汉甘露普惠妙济大师吴理真，“携灵茗之种，植于五峰之中”。吴理真在上清峰栽了七株茶树。

茶树“高不盈尺，不生不灭，迥异寻常”，久饮该茶，有益脾胃，能延年益寿，故有“仙茶”之誉。

蒙顶茶产地具有优越的自然条件，蒙山位于四川省雅安市名山区西部，由上清、玉女、井泉、甘露、菱角等五峰组成。诸峰相对，状若莲花，山势巍峨，峻峭挺拔。年降水量二千到二千二百毫米，常年细雨蒙蒙、烟霞满山。这种云雾弥漫的生态环境，能减弱太阳光直射，使散射光增多，有利于茶叶中合氮物质的形成，也增加了氨基酸、蛋白质、咖啡碱、茶素、维生素 C 的含量。

蒙顶茶的品质特点：蒙顶茶是蒙山所产各式名茶的总称，其中品质最佳的有“蒙顶甘露”“蒙顶石花”“蒙顶黄芽”等。

蒙顶甘露：外形紧卷多毫，色泽嫩绿油润，叶嫩芽壮，汤色清明，香馨高爽，味醇甘鲜。

蒙顶石花：外形扁直整齐，汤色碧绿，香气纯正鲜爽，滋味持久。

蒙顶黄芽：外形扁直黄亮，芽呈金黄色，汤色清黄明亮，香气清爽纯正，滋味浓烈鲜美。

婺源茗眉

婺源茗眉产于江西省婺源县，属绿茶类珍品之一，因条索纤细似古代仕女的秀眉而得名。婺源县早在唐代就已经栽培生产茶叶了，距今已有一千二百年的历史。婺源历来以产茶量多，品质优良而著称。茗眉茶更是采用上梅州茶树良种和本地大叶种的鲜叶为原料精细加工而成，该茶芽叶肥壮，满披白毫，萌芽早而匀齐，含有丰富的营养成份。

婺源县是江西省的主要绿茶产区之一，特别是婺源境内的鄣公山、溪头、江湾、沱川、古坦等地，大部分茶园都分布在山明水秀、傍溪靠涧的谷地里或山坡上，这里日照稀少，夏无酷热，冬无严寒，年平均温度在十六到十七摄氏度，年降雨量一千七百到一千八百毫米之间，空气湿度大，云山雾海，四季雾不绝；土层深厚、肥沃，适宜于茶树生长 。

婺源茗眉的采摘标准为一芽一叶初展，白毫浓密，芽叶肥壮，大小一致，嫩度一致，无病虫害，忌采紫色芽叶，要求在晴天雾散后采，采摘时不能用指甲掐采，以免造成红蒂。

婺源茗眉的品质特点：外形紧细纤秀，弯曲似眉，锋毫显露，色泽翠绿光润。冲泡后，香气鲜浓持久，有兰花异香，滋味爽口，汤色清彻，叶芽幼嫩明亮。

庐山云雾

在峰峦起伏，云雾缭绕的庐山之巅，盛产着“叶质肥厚，芽大，被盖白毫，香气清而悠长，滋味鲜洁甘甜”的绿茶珍品“庐山云雾茶”。 庐山种茶，历史悠久。远在汉朝，这里已有茶树种植。据《庐山志》记载，东汉时，佛教传入中国，当时庐山梵宫寺院多至三百余座，僧侣云集。他们攀危崖，冒飞泉，竞采野茶；在白云深处，劈崖填峪，栽种茶树，采制茶叶。东晋时庐山已成为佛教中心之一，据载，当时名僧慧远，在山上居住三十余年，聚集僧徒，讲授佛学，在山中种茶制茶。

庐山北临长江，东毗鄱阳湖，最高峰海拔一千五百四十三米，山峰陡峭，峡谷幽深。长江中游，是我国夏季最热的地区之一，可登上庐山暑气顿消。似春的气候有利于茶树的生长和优质品质的形成。由于江湖水汽蒸腾，形成云雾，年雾日平均一百九十五天，春夏之交，更是云雾最多的季节，月雾日平均二十多天。茶树的萌芽期一般在四月下旬至五月初，这时云雾弥漫，即使身在山中，也难见此山全貌。湿度大，云雾多，是茶树生长的理想条件，造就了云雾茶的独特品质。

采制庐山云雾茶一般在谷雨后至立夏前。采摘标准为一芽一叶初展，长度不超过五厘米，剔除紫叶、病虫害叶，经过精细加工后制成成品茶。

庐山云雾茶的品质特点：外形芽壮叶肥，条索秀丽光滑，白毫显露，色泽翠绿，香气芬芳，高长，汤色绿而透明，滋味鲜爽，浓醇味甘，经久耐泡。

惠明茶

又名云和惠明、景宁惠明，浙江省景宁畲族自治县特产，国家地理标志产品。相传在唐朝大中年间，畲族老人雷太祖在惠明寺周围，辟土种茶，成为赤木山区发展茶叶生产的创始人。据《处州府志》记载，惠明茶于明成化十八年（一四八二年）就成为贡品，年贡芽茶两斤。“入 京马上争矜贵，黄封红裹呈枫宸”，可见，入京进贡场面非凡。一九一五年在巴拿马举办的万国博览会上，中国选送的“惠明茶”被公认为茶中珍品，荣获金质奖章，人们称其为“金奖惠明”，遂即成为闻名下的名茶。

惠明茶产区，自然条件十分优越，赤木山林木葱茏，云山雾海，气象变化万千，每当春秋季节，从山上远眺，但见山下茫茫烟霞，经月不散，这里土壤以酸性黄壤和香灰土为主，土壤肥厚而润泽。受气候和土壤的影响，长期以来，逐渐形成了茶树本地品种的特点。茶农把这里的茶树分为大叶茶、竹叶茶、多芽茶、白芽茶和白茶等品种，大叶茶因叶片宽大而出名，是制作惠明茶的优良品种。

惠明茶的鲜叶采摘标准为一芽二叶初展为主，采回后进行筛分，使芽叶大小一致。精细加工后制成成品茶。

惠明茶色泽翠绿光润，银毫显露。冲泡后滋味鲜爽甘醇，汤色清澈，嫩匀成朵，旗枪辉映，芽芽直立，花香幽郁，果味甘爽，带有兰花及水果香气，茶汤清澈明绿。

休宁松萝

松萝茶为历史名茶，创于明初，产于黄山市休宁县休歙边界黄山余脉的松萝山。

松萝山位于休宁城北约九公里，与琅源山、五陵山相望，最高峰海拔八百八十二米，茶园多分布在海拔六百到七百米之间，山势险峻，崖悬壁峭，松萝交映，连绵数里，风景秀丽，

“松萝雪齐”为休宁海阳八景之一。山上气候温和，雨量充沛，土壤肥沃，土层深厚，土壤为杂有风化成片状碎石的乌沙土，生态环境适宜茶树生长。

松萝茶的采摘要求严格，在谷雨前后开园，采一芽二、三叶，鲜叶采回后要经过验收，不能夹带鱼叶、老片、梗等，并做到现采现制。

松萝茶条索紧卷匀壮，色泽绿润，香气高爽，滋味浓厚，带有橄榄香味，汤色绿明，叶底绿嫩。饮后令人神驰心怡，古人有“松萝香气盖龙井”之赞辞。

都匀毛尖

产于贵州都匀地区，又名“白毛尖”“细毛尖”“鱼勾茶”，是黔南三大名茶之一，都匀产茶历史悠久，相传，明代时，都匀毛尖已列为贡品。

都匀毛尖主要产地在团山、哨脚、大槽一带，这里山谷起伏，海拔千米，峡谷溪流，林木苍郁，云雾笼罩，冬无严寒，夏无酷暑，四季宜人，年平均气温为十六摄氏度，年平均降水量在一千四百多毫米。加之土层深厚，土壤疏松湿润，土质是酸性或微酸性，内含大量的铁质和磷酸盐，这些特殊的自然、条件不仅适宜茶树的生长，而且也形成了都匀毛尖的独特风格。

都匀毛尖外形条索纤细，披白毫，香清高，色黄绿;冲泡后，香气清鲜，滋味鲜浓，汤色清澈;叶底匀绿泛黄。“三绿透三黄”

是都匀毛尖的特色，即干茶色泽绿中带黄，汤色绿中带黄，叶底绿中显黄。

覃塘毛尖

覃塘毛尖茶，广西壮族自治区贵港市覃塘区特产，产于平天山上，这里海拔高达一千一百米，山高林密，云雾缭绕，漫射光多，昼夜温差明显，溪渠纵横，空气湿润，紫叶岩风化土深厚、肥沃、疏松，适宜茶树生长。

覃塘毛尖创制于一九七〇年，选取从福建引进的福鼎大白茶嫩梢，采摘标准为一芽一叶或一芽二叶初展，采回的鲜叶要精心挑选，选择长短、色泽均匀一致的芽叶，剔除紫芽叶、病虫叶等。

覃塘毛尖的品质特点：条索纤细圆直，色泽绿翠，锋毫显露；冲泡后，汤色绿明亮，香气清高持久，带嫩板栗香，滋味鲜醇甘爽；叶底嫩绿明亮，匀整。

桂平西山茶

桂平西山茶是广西传统名绿茶之一，因产于广西桂平市佛教胜地西山（古称“思灵山”）而得名，相传由西山僧尼选育而成。它起源于唐代，到明代已闻名两广和湘、闽等地。

桂平市的西山海拔七千米左右，集名山、名寺、名泉、名茶于一地，山中古树参天，绿林浓荫，云雾弥漫，乳泉晶莹，冬不枯，夏不溢，气候温和，雨量充沛。山腰的奇峰怪石之间，是茶树生长的理想环境。

西山茶于每年的二月底或三月初开采，挑选一芽一叶或一芽二叶初展，长度不超过四厘米，要求芽叶大小、长短、色泽均匀一致，保持芽叶完整新鲜。通常炒制一公斤西山茶需采八万个左右的芽叶，勤采嫩摘是西山茶的采摘特点。

西山茶的品质特点：条索紧结、纤细习整，成龙卷状，茸毫显露。冲泡后，香气幽香持久，汤色碧绿清澈，滋味醇和鲜爽，叶底嫩绿明亮。

涌溪火青

涌溪火青属珠茶，生产历史已有五百余载，曾为历朝之贡茶。产于安徽省泾县城东七十千米涌溪山的枫坑、盘坑、石井坑湾头山一带。其中丰坑的团结岩、阴上岩岩脚下，盘坑的鸡爪坞、兰花坑、饭井坑，石井坑的鹰窝岩等地的茶叶品质为佳，是我国极品绿茶之一。

火青茶产区山高谷深，河溪密布，清泉长流，气候温和，雨量充沛。茶园土壤为乌沙土，土层深厚，有机质含量丰富，为茶树生长创造了得天独厚的环境。

火青茶每年清明节后三到五天开采。采摘标准为一芽二叶，芽叶长度为三厘米左右，个头均匀，肥壮挺直。采回的鲜叶，要严格拣剔，做到“十二不要”：鱼叶、病虫叶、阔叶、芽叶不齐及节间长的叶、“半边翘”的叶、对夹叶、老叶、团叶、破碎叶、单片叶、受冻叶、芽头萎缩及超过长度的叶，一概不要。鲜叶要摊放六小时左右方可制作。

火青茶的品质特点：外形独特美观，颗粒细嫩重实，色泽墨绿莹润，银毫密披。冲泡形似兰花舒展，汤色杏黄明亮，清香馥郁，味浓甘爽，并有特殊清香。可冲泡四到五次，以第二、三次最好。其具有明目清心，止渴解暑、利尿解毒、提神消腻之功效。

安化松针

安化松针产于湖南省安化县。安化古称梅山，产茶历史悠久，素有“茶乡”之称。安化县的芙蓉山、云台山，早在宋代，茶树已经是“不种自生”。安化所产“芙蓉青茶”“云台云雾”两茶，曾被列为贡品。但历史几经变迁，采制方法失传。一九五一年，安化茶叶实验场派技术人员赴芙蓉山、云台山挖掘名茶遗产，并总结国内名茶采制特点，历经四年终于创制出绿茶珍品——安化松针。

安化松针外形细直秀丽，翠绿匀整，宛如松针，白毫显露；冲泡后，香气浓厚，滋味甜醇，茶汤清澈明亮；叶底嫩匀。

峨眉竹叶青

峨眉竹叶青历史悠久，宋代苏东坡题诗赞曰：“我今贫病长苦饥，盼无玉腕捧峨眉。”著名诗人陆游也题诗赞曰：“雪芽近自峨眉得，不减红镶顾渚春。”峨眉竹叶青是在总结峨眉山万年寺僧人长期种茶制茶基础上发展而成的，于一九六四年由陈毅命名，此后开始批量生产。一九八五年第二十四届优质食品评比会上获金质奖。

在峨眉山海拔八百到一千二百米山腰的万年寺、清音阁、白龙洞、黑水寺一带，是盛产竹叶青的好地方，这里群山环抱，终年云雾缭绕，翠竹茂密，为茶叶生长创造了良好的条件。来峨眉山不仅可赏山景品好茶，丰富的茶文化亦很值得探求。例如在峨眉山报国寺有一茶联：半壁山房待明月，一盏清茗酬知音。万年寺亦有茶联曰：赐茗出龙团，奇书观鸟迹。

制造竹叶青茶，要求采摘早春一芽一叶或一芽二叶初展的细嫩匀整的鲜叶，大小一致。

竹叶青茶的品质特点：外形扁平挺直，两头尖细，形似竹叶，色泽嫩绿油润，香气高鲜，汤色清明，滋味浓醇；叶底浅绿匀嫩，饮后余香回甘。

日铸雪芽

日铸雪芽，简称日铸茶，又有“兰雪”之名，是中国传统名茶，属炒青绿茶创制于北宋年间，因芽细而尖，遍生雪白茸毛而得名。

其地古木交荫，野竹丛生，接近岭有上祝、下祝两村，为该茶产地。御茶湾在下祝村下，为著名产地之一。产区云雾缭绕，土质肥沃，年均气温十六点五摄氏度，年均降水量一千四百一十八毫米，全年无霜期二百三十天左右。该地茶树较 其他茶园地势低，萌芽期来得迟缓一些。

日铸茶，清明节开采，采摘标准为一芽一叶初展，采摘时要挑选细嫩肥壮的芽梢，采回的鲜叶要精心拣剔。

日铸茶外形条索浑圆，紧细略钩曲，形似鹰爪，银毫显露，色泽绿翠，茶香清鲜持久，滋味醇厚回甘，汤色黄绿明亮，叶底嫩匀成朵。

紫阳毛尖

紫阳毛尖产于陕西汉江上游、大巴山北麓的紫阳县近山峡谷地区，早在汉唐时期就曾作为贡茶，随着丝绸之路销往西域和海外。在清代紫阳毛尖已被列入全国名茶。

陕西省紫阳县汉江两岸的近山峡谷地区，层峦叠峰，云雾缭绕，冬暖夏凉，气候宜茶。茶园土壤多为花岗岩和片麻岩发育而成的黄沙土和薄层黄沙土，呈酸性和微酸性，矿物质丰富，有机质含量高，土质疏松，通透性良好，是茶树生长的适宜地区。另外紫阳县还是我国两个富硒区之一，因土壤中含硒量高，茶叶及 其他植物中含硒量都十分丰富。

紫阳毛尖的品质特点：外形条索圆直紧细、肥壮、匀整，色泽翠绿，白毫显露；内质香气持久，汤色嫩绿、清亮，滋味鲜爽回甘，叶底肥嫩完整，嫩绿明亮。

古劳茶

产于广东省高鹤县古劳镇的丽水、茶山、麦水、下陆等地，是广东省的历史名茶，至今已有一千六百多年历史。

古劳镇所处海拔二千四百米，这里气候温暖，年平均气温二十一点八摄氏度，全年基本无霜，年降水量一千七百毫米左右，云雾笼罩，空气湿润。茶园绿树遮阴，碧草铺地，土层深厚，土地肥沃，有机质和矿物质含量丰富，非常适宜茶树生长。

古劳茶主要有古劳茶、古劳银针和古劳青茶三个品类。古劳银针为古劳茶的珍品，以丽水所产翠岩银针品质最佳。早在清初已负盛名，但到了光绪年间，古劳银针几乎失传。直到二十世纪五十年代后期，这一古老的历史名茶才得以重生。

古劳茶树分青芽和红芽两种类型。前者称青蕊，后者称红蕊。红芽型鲜叶制成的古劳茶香气较低，青芽型鲜叶制成的古劳茶香气清高。高级占劳银针采用青芽型鲜叶加工而成，于春分前后采摘一芽一叶初展，芽叶长度一点五到二点零厘米，芽色黄绿，茸毛密披，称为“雪谷芽”；普通古劳银针清明前后开采，采摘标准为一芽二叶初展，色泽深绿，称为“黑蕊”；古劳青茶采摘标准为一芽二、三叶，称为“劈蕊”。

古劳银针的品质特点：条索紧结圆直如针，色泽银灰显毫，香气高醇持久，滋味醇和回甘，汤色绿而明亮，叶底细嫩匀整。

无锡毫茶

无锡毫茶产于美丽富饶的太湖之滨，属于绿茶类别，是无锡茶树品种研究所等单位的科技人员从一九七三年开始研制，几经周折，终于获得成功，相继获得了省、市重大科技成果奖，优质名茶称号，一九八六年被商业部定为全国名茶之一，一九八九年，荣获全国名茶称号。

无锡地处江苏南部的水网区域，属海洋性气候，一年四季分明，气候温和，年均气温十五点五摄氏度，日照适宜，年相对湿度百分之八十以上，优越的生态条件适宜于从福建引进的无性大毫良种的生长。该种具有吐芽早，萌发力强，芽头肥壮，茸毫特多和内含成份丰富的特点。

无锡毫茶鲜叶原料标准分为四级，一级以一芽一叶初展为主；二级以一芽一叶半开展为主；三级以一芽一叶开展为主；四级以一芽二叶初展为主。夏、秋茶以一芽二叶开展为主。一、二级的芽长三到三点五厘米，加工一公斤一级毫茶需三到四万个芽叶。

无锡毫茶的品质特点：条索肥壮卷曲，色灰透翠，身披茸毫，香高持久，滋味鲜醇，汤色绿而明亮，叶底肥嫩。

金坛雀舌

产于江苏省金坛县方麓茶场，是江苏省新创制的名茶之一。

金坛区地处北亚热带季风气候区，地貌分为丘陵缓岗、低洼圩区、高亢平原三种类型，茶园全部分布于以茅山和方山为北、南两大主峰的丘陵缓坡岗区内，该地域内森林覆盖率达百分之五十五以上，土壤质地为下蜀系黄棕壤，土层深厚，完全适宜茶树的生长。

金坛雀舌于清明前后开采，采摘标准以芽苞和一芽一叶初展为主。特级茶以芽苞为主，要求芽长三厘米以下，细嫩匀整，色泽一致。一斤特级雀舌需四到四点五万个芽叶，采回的鲜叶进厂后要均匀地摊放在竹匾上，并要精细拣剔，剔除鱼叶、单片、紫芽等芽叶，并放在通风阴凉处摊薄三到四小时后，方可炒制。

金坛雀舌的品质特点：扁平挺直，条索匀整，状如雀舌，色泽绿润，香气清高、，滋味鲜爽，汤色明亮，叶底嫩匀。

九华毛峰

九华毛峰一般指九华佛茶，九华佛茶为历史名茶。历史上称闵园茶、黄石溪茶，现统称九华佛茶，产于佛教圣地九华山及九华山山脉南北邻近地域。主产区位于下闵园、大古岭、黄石溪、庙前等地。

九华山脉位于青阳县城南，北临长江，南连黄山，方圆约二百华里，主峰十王峰海拔高度一千三百四十二米。此外千米以上的高峰还有十四座。山间多奇峰、怪石、山泉、瀑布，林木茂密，竹海连绵。九华山区和黄山山区为安徽省两个主要毛峰茶产区，为安徽省主要历史名茶。

九华山产茶历史悠久，始于唐代，兴于宋代，初时为寺庙和尚所栽，只供坐禅驱睡和招待香客、游人使用。据南宋《九华山录》记载：“至化城寺，……谒金地藏塔，……僧祖瑛独居塔院，献土产茶，味敌北苑。”北苑茶产于建州（福建省建阳县），是当时的名茶，作者以此来赞誉九华山茶。

九华毛峰于四月中、下旬开采，采摘标准为一芽一、二叶初展，按鲜叶芽叶组成分为三等。一等一芽一、二叶占百分之八十以上，无对夹叶；二等一芽一、二叶占百分之六十到百分之八十，有少量对夹叶；三等一芽一、二叶占百分之四十到百分之六十，有少量初展的一芽三叶，同时要求无表面水，无鱼叶、茶果等杂质。采回的鲜叶摊放待制。

九华毛峰的品质特点：外形条索稍曲，匀齐显毫，色泽绿润稍泛黄，香气高长，汤色黄绿明亮，滋味鲜纯回甘，叶底柔软匀亮成朵。

舒城兰花

产于安徽省舒城、桐城、庐江、岳西一带。以舒城晓天白桑园的产品最著名，为兰花茶的上品。

兰花茶名的来历有两种说法：一是茶叶相连于枝上，形状好像一枝兰花草；二说采制时正值山中兰花盛开，茶叶吸附兰花香，故而得名。

舒城晓天一带地处大别山支脉，土壤属山地乌沙土，肥沃疏松，通气透水性好。茶园处于高山密林，碧草芳花之中，并常年在云烟飘渺、雾露笼罩下生长，加上茶农的精心培育管理，故而根深枝繁，芽叶肥壮。

兰花茶采摘从清明节开始，采摘标准为一芽二、三叶，采回的鲜叶凉干表面的水分后，及时加工，力求现采现制。

兰花茶的品质特点：外形条索细卷呈弯钩状，芽叶成朵，色泽翠绿匀润，毫锋显露；冲泡后，香气成兰花香型，鲜爽持久，滋味甘醇，汤色嫩绿明净，叶底匀整，呈黄绿色，属绿茶类。

（四）蒸青绿茶

杀青时以热蒸气高温处理，再进行揉捻、干燥，故称为蒸青绿茶。蒸气杀青是我国古代的杀青方式，唐朝时传到日本，沿用至今。

代表性的名优蒸青绿茶如下：

仙人掌茶

创始于湖北省当阳县玉泉山的玉泉寺，创始人是玉泉寺的中孚禅师，中孚禅师俗姓李，是唐代著名诗人李白的族侄。中孚禅师不但喜爱饮茶，更制得一手好茶。每年春天春茶萌芽的时候，中孚禅师就采摘玉泉山上的细嫩茶叶，精心制作扁形如掌、清香甘醇的好茶。有一年，中孚禅师云游江南，在金陵（现南京）恰遇其叔李白，中孚就以随身携带的茶作为礼物送与李白。李白品饮后，觉得此茶如掌，清香芬芳，与自己品饮过的不少名茶相比，别有一番滋味。又因是中孚禅师创制，遂命名为仙人掌茶。并作诗称赞此茶。

玉泉山远在战国时期就被誉为“三楚名山”，山势巍峨，山间云雾弥漫，溪流纵横，山花烂漫，翠岗起伏，仅树木品种就多达三百余种，生产仙人掌茶的玉泉寺长住和尚一千余人，如今这里办起了玉泉寺茶场。一九八一年开始恢复仙人掌茶的制作。

仙人掌茶加工时，经蒸汽杀青、炒青做形、焙干定型三道工序加工而成，历代本草多有记载，仙人掌茶含有多种氨基酸、维生素和微量元素。此外尚含有三萜类成分、抱壁莲、角蒂仙及绿原酸、黄酮等活性成分。经科学实验，对流感病毒、腺病毒、链球菌有较强的抑菌作用。

仙人掌茶的品质特点：外形扁平似掌指，色泽翠绿，白毫披露。冲泡后，芽叶舒展，嫩绿成朵，汤色清澈明亮，清香淡雅，滋味鲜醇，回味甘甜。

恩施玉露

产于湖北省恩施市东郊的五峰山，这里气候温和，雨量充沛，云雾缭绕，土质深厚肥沃，良好的生态环境，不但促进了茶叶生长，而且茶树内含的叶绿素、蛋白质、氨基酸和芳香物质，特别丰富，为制造优质的玉露茶创造了天然的条件。远在宋代，这里就已经生产茶叶了。恩施玉露的制作，相传始于清康熙年间，因茶的味道鲜爽，外形翠绿，豪白如玉，格外显露，故名为“玉露”。

恩施玉露茶是中国传统蒸青绿茶，选用叶色浓绿的一芽一叶或一芽二叶鲜叶经蒸汽杀青制作而成。恩施玉露对采制的要求很严格，芽叶须细嫩、匀齐，成茶条索紧细匀整，紧圆光滑，色泽鲜绿，匀齐挺直，状如松针，白毫显露。“三绿”：茶绿、汤绿、叶底绿，为其显著特点。日本自唐代从中国传入茶种及制茶方法后，至今仍主要采用蒸青方法制作，其玉露茶制法与恩施玉露大同小异，品质各有特色。

玉露茶的品质特点：外形条索紧圆光滑、纤细挺直如针，色泽苍翠绿润。经沸水冲泡，芽叶复展如生，初时婷婷地悬浮杯中，继而沉降杯底，平伏完整，汤色嫩绿明亮，如玉露，香气清爽，滋味醇和。观其外形，赏心悦目；饮其茶汤，沁人心脾。

二、红茶

红茶，以适宜制作本品的茶树新梢为原料，经萎凋、揉捻、发酵、干燥等工艺精制而成。因干茶色泽和冲泡后的茶汤以红色为主调，故得名。

红茶出现于绿茶之后，红茶与绿茶相比，无论外形、色泽，还是香气、滋味都大不相同。首先，加工红茶时，鲜叶不经过杀青，而是先萎凋，使其失掉一部分水分和青草气；接着进行揉捻、发酵，使鲜叶里的化学成份发生变化，从而使绿色变成红色，香气物质由原先的五十多种，增至三百多种；最后通过适时干燥，使茶叶停止发酵，制成成品茶。

由于红茶制作方法不同，成品茶的品质风格也有所不同，分为工夫红茶、红碎茶和小种红茶。

（一）工夫红茶

工夫红茶是我国特有的红茶品种，因制造工艺讲究、技术性强而得名。加工中特别强调：发酵时一定要到绿叶变成铜红色才能烘干，而且要烘出香甜浓郁的味道才算恰到好处。

我国有十九个产茶省，其中有十二个省先后生产工夫红茶。我国工夫红茶品种多、产地广。主要工夫红茶花色品种有产于安徽祁门一带的祁红，产于云南西双版纳、临沧、风庆一带的滇红，产于福建闽北一带的闽红，江西一带的宁红，四川的川红，湖北的宜红，湖南的湖红，浙江的越红等。下面介绍几种有代表性的工夫红茶：

祁门红茶

祁门红茶，简称祁红，是我国传统功夫红茶的珍品，出产于十九世纪后期，是世界三大高香茶之一，有“茶中英豪”“群芳最”“王子茶”等美誉。祁门红茶依其品质高低分为一到七级，主要产于安徽省祁门县，与其毗邻的石台、至东、黟县及贵池等县也有少量生产，主要出口英国、荷兰、德国、日本、俄罗斯等几十个国家和地区，多年来一直是我国的国事礼茶。

在公元一九一五年的“巴拿马－太平洋国际博览会”上，祁门红茶曾获得特等奖，一九八〇年祁红获国家优质产品奖章，一九八三年获国家出口商品优质荣誉证书。

祁门红茶外形条索紧细秀长，完整均匀，略带弯曲，金黄芽毫显露，锋苗秀丽，色泽乌润（俗称“宝光”），为棕红色。

祁门红茶采制标准十分严格，高档茶以一芽二叶为主，一般系一芽三叶及相应嫩度的对夹叶。分批多次留叶采，春茶采摘六到七批，夏茶采六批，一般少采或不采秋茶。

其制作分初制和精制两大过程。初制经过萎凋、揉捻、发酵，使芽叶由绿色变成紫铜红色，香气透发，然后进行文火烘焙至干；精制则将长、短、粗、细、轻、重、直、曲不一的毛茶，经毛筛、抖筛、分筛、紧门、撩筛、切断、风选、拣剔、整形，审评提选，分级归堆，为了提高干度，保持品质，便于储藏和进一步发挥茶香，须再行复火、拼配，成为形质兼优的成品茶。

祁门红茶的品质特点：外形条索紧细秀长，芽毫显露，锋苗秀丽，色泽乌润，汤色明艳清澈，叶底鲜红明亮，香气浓郁高长，似蜜糖香，又似蕴含兰花香，滋味醇厚，回味持久，在国际市场上被誉为“祁门香”。

滇红工夫

滇红工夫茶，主产云南的临沧、保山等地，是中国工夫红茶的后起之秀，以外形肥硕紧实，金毫显露和香高味浓的品质独树一帜，而称著于世。

云南六山五水构成山岭纵横，错综复杂的地形地貌，这种帚形地系、水系，使云南西北高东南低，即可抵挡西北大陆性气候的入侵，又可接受来自印度洋、太平洋温暖季风，随地形产生温度水平、垂直的变化，形成独特的高原气候和山地气候。茶区山峦起伏，云雾缭绕，雨量充沛，土壤肥沃，多红黄壤土，腐殖质丰富，具有得天独厚的茶叶种植的自然条件。

滇红工夫因采制时期不同，其品质具有季节性变化，一般春茶较好，夏茶稍差，秋茶最差。春茶条索肥壮，身骨重实，净度好，叶底嫩匀。夏茶正值雨季，茶叶生长快，虽芽毫显露，但净度较低，叶底较硬，秋茶因茶树生长代谢作用转弱，成茶身骨轻，净度低，嫩度差。

滇红茸毫显露为其品质的一大特点，其毫色可分为淡黄、菊黄、金黄等类。产于凤庆、云县、昌宁等地的滇红，毫色多呈菊黄色；产于勐海、临沧、普文、双江等地的滇红，毫色多呈金黄色。同一茶园春季采制的一般毫色较浅，夏茶较深。

滇红的品质特点：外形条索紧结，肥硕雄壮，干茶色泽乌润，金毫特显。冲泡后，汤色艳亮，香气鲜郁高长，滋味浓厚鲜爽，富有刺激性。叶底红匀嫩亮。

宁红工夫

宁红工夫是我国最早的工夫红茶之一，主要产于江西省修水县。修水产茶，迄今已有一千余年的历史。宁红制作则始于清代中叶。光绪三十年（一九〇四年），宁红的珍品太子茶被列为贡品，故又有公茶之称。曾获俄、美等八国商人所赠之“茶盖中华，价甲天下”奖匾。修水远在唐代时就已盛产茶叶。修水县生产红茶始于清朝道光年间（一八二三年），而且宁州工夫红茶很快就成为当时著名的红茶之一。“宁红”条索紧结秀丽，金毫显露，锋苗挺拔，色泽乌润，香味持久，叶底红亮，滋味浓醇。一九一四年，宁红工夫茶参加上海赛会，荣获“茶誉中华，价甲天下”的大匾。

宁红茶产区峰峦叠嶂，林木苍翠，雨量充沛，土质肥厚，气候温和，在春夏之间，正当茶树发芽之时，常云凝深谷，雾罩山岗，浓雾日达八十到一百天，相对湿度百分之八十左右，茶树生长根深叶茂，茶芽肥硕，叶肉厚软，内含化学成份丰富。

宁红的品质特点：条索紧结，圆直多毫，锋苗挺拔，略显红筋，乌黑油润，汤色浓亮红艳，滋味醇厚甜和，香高持久似祁红。

川红工夫

川红工夫，产于四川省宜宾市筠连县、高县等地，是二十世纪五十年代问世的工夫红茶。七十多年来，川红红贵人、醒世黄金白露、叙府金芽、早白尖贵妃红等川红工夫茶品牌享誉省内外。

四川省是我国茶树发源地之一，茶叶生产历史悠久。四川地势北高南低，东部形成盆地，秦岭、大巴山挡住北来寒流，东南向的海洋季风可直达盆地。年降雨量一千到一千二百毫米，气候温和，年均气温十七到十八摄氏度，茶园土壤多为山地黄泥及紫色砂土，十分适合茶树生长。川红工夫产于四川东南部地区，即长江流域以南边缘地带，包括宜宾、江津、内江、涪陵四地区及重庆、自贡两市所属部分地区。这里茶树发芽早，采摘期长，全年采摘期长达二百一十天以上。秋茶产量占全年的百分之三十左右。

川红工夫的品质特点：条索肥壮圆紧，显金毫，色泽乌黑油润；冲泡后，香气清鲜带桔糖香，滋味醇厚鲜爽，汤色浓亮，叶底厚软红匀。

宜红工夫

产于湖北宜昌、恩施两地。湖北宜昌地区是我国古老的茶区之一，茶圣陆羽曾在《茶经》中把宜昌地区的茶叶列为山南茶之首。一八六一年汉口被列为通商口岸，英国即设洋行大量收购红茶。因交通关系，由宜昌转运汉口出口的红茶取名“宜昌红茶”，宜红因此而得名。一八七六年，宜昌被列为对外通商口岸，宜红出口猛增，声誉极佳。一九五一年中国湖北茶叶进出口公司成立，在五峰、鹤峰、长阳、宜昌、恩施、宜恩、利川及湖南石门设点收购宜红。后来，随着各地茶厂的建立，宜红的生产逐渐恢复。宜红已成为宜昌、恩施两地区的主要土特产品之一，产量约占湖北省茶叶总产量的三分之一。

宜红工夫产地山林茂密，河流纵横，年均气温十三到十八摄氏度，年降水量八百到一千五百毫米，无霜期二百二十到三百天，气候温和，雨量充沛，土壤大部分属于酸性黄红壤土，非常适宜茶树生长。

宜红工夫的品质特点：条索紧细有毫，色泽乌润；冲泡后，香气甜纯高长，滋味鲜纯，汤色、叶底红亮。茶汤冷却后，有“冷后浑”的现象产生，是我国高品质的工夫红茶之一。

闽红工夫

闽红工夫茶系政和工夫、坦洋工夫和白琳工夫的统称，盛兴百年而不衰。

政和工夫：政和工夫产于闽北，主产地为政和县。政和县全县山岭重叠，丘陵起伏，气候温和雨量充沛，年平均气温为十八点五摄氏度，年降水量为一千六百毫米以上，茶园多开辟在缓坡处，土层深厚，非常适合茶树生长。

政和工夫茶一经问世，即享有盛名。但自二十世纪六十年代后，因改制绿茶，仅保持少量生产。

政和工夫有大茶和小茶之分。大茶采用政和大白茶制成，是闽红三大工夫茶的上品，外形近似滇红，但条索较细，毫多，色泽乌润，冲泡后，香气高而鲜甜，滋味浓厚，汤色红浓，叶底肥壮；小茶用小叶种茶树原料制成，条索紧细，色泽暗红，冲泡后，香似祁红，滋味醇和，汤色浅，叶底红匀。

坦洋工夫：产于福建福安、拓荣、寿宁、周宁、霞浦一带。相传清咸丰、同治年间（公元一八五一～一八七四年），坦洋村人胡福四（又名胡进四），试制红茶成功，经广州运销西欧，很受欢迎。从此后，茶商纷纷进山采购，并设立洋行，周围各县茶叶亦渐云集坦洋。

坦洋工夫的品质特点：外形细长匀整，有白毫，色泽乌黑有光泽；冲泡后，香气清醇甜和，滋味鲜醇，汤色鲜艳呈金黄色，叶底红匀。

白琳工夫：产于福鼎县太姥山白琳、湖林一带。太姥山地处闽东偏北，与浙江毗邻，地势较高，山上植被繁茂，岩壑争奇，茶树生长在崖林之间，茶树根深叶茂，芽毫雪白。自一九世纪五十年代白琳工夫产生以来，人们不断改进提高制作方法，精选福鼎大白茶的细嫩芽叶制成的工夫红茶，外形条索紧结纤秀，含有大量的橙黄白毫，香气鲜爽，汤色叶底艳丽红亮，取名“桔红”意思是像桔子般红艳的工夫红茶，风格独特，在国际市场上很受欢迎。

白琳工夫的品质特点：外形条索细长弯曲，茸毫多呈绒球状，色泽黄黑；冲泡后，香气鲜爽带甘草香，滋味清鲜甜和，汤色浅亮，叶底鲜红带黄。

湖红工夫

湖红工夫茶主产湖南省安化、新化、桃源、涟源、邵阳、平江、浏阳、长沙等县市，湘西石门、慈利、桑植、大庸等县市所产的工夫茶谓之“湘红”，归入“宜红工夫”范畴。湖红工夫是中国历史悠久的工夫红茶之一，对中国工夫茶的发展起到十分重要的作用。

湖南省是茶叶的发祥地之一，汉志有“茶陵以山谷产茶而名之”的记载，茶陵也称“茶王城”，绕城而过的洣水亦称为“茶水”。然而，湖南红茶的产制，仅百余年的历史。据史料记载，清咸丰四年（一八五四年）广东茶商来新化收购红条茶并指导生产加工，新化茶远销美英俄等国。说明早在此前已生产红茶。

湖红工夫的主产区安化、新化、涟源一带，位于湘中地段，处雪峰山脉，位于资江中游，四季分明，土壤为红黄土，微酸性，适宜茶树生长。湖南不但产制红茶历史悠久，而且具有众多的适制红茶品种的种质资源，著名茶学专家吴觉农先生评论湖南："这里有同祁门和宜昌一样为国外所欢迎的高香红茶，还可以栽培和发展与云南相同的国际上著名的大叶种红茶。"

湖红工夫的品质特点：安化所产，外形条索紧结尚肥实，锋毫好，香气高，滋味醇厚，汤色浓，叶底红，稍暗；平江所产，香高，但欠匀净；长寿街及浏阳大围山一带所产香高味厚；新化、桃源所产，条索紧细，豪较多，锋苗好，但叶肉较薄，香气较低；涟源所产，条索紧细，香气较淡。

越红工夫

越红工夫茶系浙江省出产的工夫红茶，产于绍兴，诸暨、嵊县等县。

浙江省系我国绿茶的主要产地之一，早期平阳、泰顺等地生产的工夫红茶称为"温红"。一九五五年绍兴、诸暨、嵊县等县，由绿茶生产改为红茶生产，后又扩大至长兴、德清、桐炉等县，称为"越红"。越红工夫以条索紧结挺直，重实匀齐，显锋毫，净度高的优美外形著称。杭县、富阳县部分地区生产的称为"杭红"，后因龙井、旗枪的发展，杭红很少生产。另外杭州市周浦的湖、上堡、张余、冯家、社井、上阳、下阳、仁桥一带还生产“龙井红茶”——“九曲红梅”，以湖埠大坞山所产最佳，据今已有百余年的历史。外形条索细如发丝，相互钩挂呈环状，色泽乌润，滋味浓郁，香气芳馥，汤色鲜亮，叶底红艳成朵。九曲红梅系内销的高级工夫红茶，其品质优异，畅销上海、杭州、苏州等大中城市。

越红工夫的品质特点：条索紧细挺直，色泽乌润；冲泡后香气纯正，滋味浓醇，汤色红亮，叶底稍暗。

（二）小种红茶

福建省的特产，因产地和品质不同，分为正山小种和外山小种。正山小种产于崇安县星村乡桐木关一带，也称“桐木关小种”或“星村小种”。政和、坦洋、古田、沙县等地所产的仿照正山小种的小种红茶，统称外山小种。

正山小种“正山”之意，乃表明是真正的“高山地区”所产。崇安县星村的曹墩和桐木关一带，地处武夷山脉的北段，地势高峻，海拔一千到一千五百米，冬暖夏凉，年平均气温十八摄氏度，年降水量二千毫米左右。春夏之间，终日云雾缭绕。该地土层深厚，土质肥沃，因此茶蓬繁茂，叶质肥厚嫩软。

正山小种的品质特点：外形条索肥实，色泽乌润，泡水后汤色橙黄透亮，香气自然，类花果香，滋味醇厚；烟熏小种带松烟香，桂圆汤味。

（三）红碎茶

红碎茶是国际茶叶市场的大宗产品，目前占世界茶叶总出口量的百分之八十左右，印度是红碎茶生产和出口最多的国家，有百余年的历史。

滇红碎茶：滇红制作系采用优良的云南大叶种茶树鲜叶，先经萎凋、揉捻或揉切、发酵、干燥等工序制成成品茶，再加工制成滇红工夫茶，又经揉切制成滇红碎茶。

滇红碎茶是经萎凋、揉切、发酵、干燥而制成。由于采用的原料为云南大叶种品种，其芽叶肥壮，含有的茶多酚、咖啡碱等物质丰富，金毫显露，汤色红艳，香气高醇，滋味浓厚，红碎茶滋味强烈富有刺激性。在当时国家制定的红碎茶四套标准样中，以云南大叶种茶树鲜叶加工的红碎茶品质最好，据说当时 其他省区生产的红碎茶要出口，必须拼入云南茶叶，以提高滋味的浓强度，方能获得好价，故滇红碎茶当时又被称之为“茶叶味精”。

南川红碎茶：具有“浓、强、鲜、香”的品质特点，质量稳定。获得外商青睐，一九八二年以来先后接待了来自日本、美国、英国、巴基斯坦等国家的茶叶界人士，他们对南川茶叶给予了很高的评价。

南川也曾先后三次派人到日本、美国考察，“峨嵋牌”红碎茶土特产曾获一九八六年日内瓦第二十五届国际食品博览会金奖，一九八八年又获中国世界博览会金奖，南川“向阳牌”红碎茶畅销国内外，南川红碎茶被誉为四川茶叶五朵金花之一，南川被定为优质红碎茶商品出口基地。

南川红碎茶以云南大叶种茶树的一芽二、三叶的二、三级鲜叶为主要原料，其中一芽二叶鲜叶占百分之五十以上，同等嫩度的对夹叶，单片叶不超过百分之二十。加工工艺：鲜叶萎凋—揉捻—揉切—抖筛（筛面反复揉切、筛分）—发酵—干燥。南川红碎茶外形颗粒紧结重实，色泽乌润；内质香气香高持久，滋味浓强鲜爽，汤色红而明亮，叶底红亮嫩匀。

三、乌龙茶

乌龙茶又叫青茶，是我国特有的茶类。

乌龙茶由宋代贡茶龙团、凤饼演变而来，一七二五年（清雍正年间）前后创制。福建《安溪县志》记载：“安溪人于清雍正三年首先发明乌龙茶做法，以后传入闽北和台湾。”另据史料考证，一八六二年福州即设有经营乌龙茶的茶栈，一八六六年台湾乌龙茶开始外销。现在乌龙茶除了内销广东、福建等省外，主要出口日本、东南亚和港澳地区。

乌龙茶香气清冽、浓而不涩、滋味醇厚，以第二、第三泡茶汤最为香醇，并以陈茶为贵。其品质介于绿茶和红茶之间，属温性，既有绿茶的清香芬芳，又有红茶的浓鲜味，其鲜明的特色，通常是“茶痴”的最爱，并有“绿叶红镶边”的美誉，品后齿颊留香，回味甘甜。乌龙茶还有一定的药理作用，突出表现在分解脂肪、减肥健美等方面，所以在日本又被称为“美容茶”“健美茶”。

（一）品质特征

乌龙茶是鲜叶经萎凋、做青、杀青、揉捻和烘干等工序制成的，兼有红茶和绿茶的品质特征，汤呈金黄色，香气滋味也兼有绿茶的鲜浓和红茶的甘醇，叶底为绿叶红镶边。

优质乌龙茶的特征

外形：水仙茶条索肥壮、紧实，带扭曲条形；铁观音茶条索壮结重实，略呈圆曲；乌龙茶条索结实肥重、卷曲。

色泽：色泽沙绿乌润或青绿油润。

香气：有花香。

汤色：汤色橙黄或金黄、清澈明亮。

滋味：茶汤醇厚、鲜爽、灵活。

叶底：叶脉和叶缘部分呈红色，其余部分呈绿色，绿处翠绿稍带黄，红处明亮。

目前乌龙茶审评的方法有两种，即传统法和通用法。

第一，传统法：使用一百一十毫升钟形杯和审评碗，冲泡用茶量为五克，茶与水的比例为一：二十二。审评顺序：外看→香气→汤色→滋味→叶底。首先将审评杯碗用沸水烫热，然后将称取的五克茶叶投入钟形杯内，以沸水冲泡。一般要冲泡三次，其中头泡二分钟，第二泡三分钟，第三泡五分钟。每次都在未沥出茶汤时，手持审评杯盖，闻其香气。在同一香味类型中，常以第三次冲泡中香气高、滋味浓的为好。

第二，通用法：使用一百五十毫升的审评杯和容量略大于杯的审评碗，冲泡用茶量为三克，茶与水的比例为一：五十。将称取的三克茶叶倒入审评杯内，再冲入沸水至杯满（接近一百五十毫升），浸泡五分钟后，沥出茶汤，先评汤色，然后闻其香气，尝滋味，最后看叶底。

以上两种审评方法，只要技术熟练，了解乌龙茶的品质特点，都能正确评出茶叶品质的优劣，其中通用法操作方便，审评条件一致，有利于正确快速得出审评结果，不分地区、品种，按乌龙茶的综合品质进行评定。

乌龙茶属于半发酵茶，介于红茶（全发酵）和绿茶（不发酵）之间，风味独具，但其种类繁多，质量等次也参差不齐。

选购乌龙茶时，用望、闻、摸、沏四步骤就可以选到好茶叶。

第一是望，即观其外形。将干茶捧在手上对着光线检视，看茶叶颜色是否鲜活，冬茶颜色应该是翠绿，春茶则为墨绿色，最好有砂绿白霜，如果茶灰暗枯黄就是劣品。同时注意是否隐存红边，有红边表明发酵适度，而那些颗粒微小、油亮如珠、白毫绿叶犹存的则是发酵不足的嫩芽。

第二是闻，即闻其味。手捧干茶，吸三口气，如果香气持续甚至愈来愈浓，则是好茶，较次者香气不足，而有青气或杂味者则为伪劣品。

第三是摸，即看茶叶手感，球型茶叶手握柔软则是干燥不足，好茶拿在手上抖动时会觉得有分量，太轻的茶叶滋味淡薄，而太重的易苦涩。条形茶叶，如果叶尖有刺手感，则是茶青太嫩或退青不足造成“积水”的现象，喝起来可能会苦涩。

第四是沏，即开汤冲泡。这也是试茶最要紧的步骤。试茶通常将茶壶塞满。通常只要一只瓷杯，五克茶叶，冲一百五十毫升的开水静置五分钟。然后取一支小汤匙，拨开茶叶观察汤色。如果浑浊，则是炒青不足；如果淡薄，则是嫩采和发酵不足；如果叶片焦黄碎裂，则是炒得过火。好的茶汤，颜色明亮浓稠，依品种及制法不同，由淡黄、蜜黄到金黄。把汤匙拿起来闻，有草青味的茶，如果增大投茶量，再稍加久浸，必然滋味苦涩，汤色变深。另外，好茶即使茶汤冷却，香气依然存在。

选购乌龙茶的基本原则是多冲水、少投叶、长浸泡。这样茶叶的优缺点就会充分呈现，一览无余。

（二）品饮

乌龙茶泡饮具有独特的技艺，在品啜的过程中也别有一番情趣。

选茶

根据个人的品味，选好高中档乌龙茶，如武夷水仙、铁观音、黄金桂、凤凰单丛、冻顶乌龙等。

备好茶具

茶具与名茶都是珠联璧合的。俗话说："水乃茶之母，器乃茶之父"，有了好茶叶，更需好水好茶具，才能将其神韵表现得淋漓尽致。乌龙茶茶具以"宜陶景瓷"（宜兴的陶器，景德镇的瓷器）为佳。

潮汕人品饮乌龙茶总备有一套专门的茶具，人称"烹茶四宝"，即潮汕烘炉、玉书碨、孟臣罐、若琛瓯。潮汕烘炉是粗陶炭炉，用白铁制成，小巧玲珑，专门用来加热；玉书碨是一把缩小的瓦陶壶，能盛四两水，高柄长嘴，架在风炉之上，专门用来烧水；孟臣罐是一把比普通茶壶小一些的陶壶，多出自宜兴，以紫砂壶最为名贵，这种壶不仅造型独特，颜色浑厚，尤以紫色最佳，而且吸水力非常好，泡出的茶叶香味能够持久不散，专门用来泡茶；若琛瓯是个白色小瓷杯，容水大概只有三四十毫升，通常三到五只不等，多出自景德镇，专门用来饮茶。茶壶用的时间越久，泡出来的茶叶香气也越醇厚。

整形

将乌龙茶按需倒在白纸上，经轻轻抖动后，将茶叶粗细上下分开。然后用竹匙将粗茶和细末儿分别摊开。

置茶

通常先将碎末茶放入壶底，在上面再盖上粗条，以免茶叶冲泡后，碎末儿堵塞茶壶内口，阻碍茶汤的顺畅流出。冲泡乌龙茶，茶叶的用量比名优茶和大宗花茶、红茶、绿茶要多，以装满紫砂壶容积的二分之一最佳，大约十克重。

冲茶

冲茶时，盛水壶需在较高的位置循边缘把开水缓缓地冲入茶壶，使壶中茶叶打滚，形成圈子，促使茶叶散香，俗称“高冲”。

刮沫

冲茶时，冲入的沸水要满过茶壶，溢出壶口，此时应该用壶盖轻轻刮去浮在茶汤表面的浮沫。也有人将茶冲泡后，立即将水倒去，俗称“茶洗”，把茶叶表面尘污洗去，并使茶的真味得以保存。其实，刮沫和茶洗道理相同，就是达到洗茶的作用。

洗盏

刮沫后，立即加上壶盖，在上面再淋一下沸水，称之为“内外夹攻”。与此同时，用沸水冲泡茶杯，使之清洁，又利于提高茶具本身的温度。

斟茶

待壶中的水静置二到三分钟后，茶的精美真味已经泡出来了，这时用拇、食、中三指操作，食指轻压壶盖的钮，中、拇指紧夹壶的把手。斟茶时，注汤不宜高冲，需低斟入杯，防止失香散味。茶汤要轮流注入几个杯中，每杯先注一半，再来回倾入，循环往复，渐至八分满时止，这就是所谓的“关公巡城”。如果一壶的水正好斟完，就是“恰到好处”。讲究点儿的，还将最后几点浓茶，分别注入各杯，此谓“韩信点兵”。

第二次斟茶，仍先用开水烫杯，这个过程也十分讲究。以中指顶住杯底，大拇指按在杯沿，放进另外一个盛满开水的杯中，让它侧立，大拇指弹动，整个杯立刻飞转成花。经过这样烫杯之后，才可斟茶。

品饮

品茶时，通常用右手食指和拇指夹住茶杯杯沿，中指抵住杯底，把茶杯从鼻端慢慢移到嘴边，先看汤色，再趁热闻香，然后尝味道。如此品茶，不但满口生香，而且韵味十足，能真正领会到品乌龙茶的妙处。

尤其是品饮武夷岩茶和铁观音，皆有浓郁花香。闻香时不必把茶杯久置鼻端，而是慢慢地由远及近，又由近及远，来回往返三四遍，顿觉阵阵茶香扑鼻而来，慢慢品饮，则茶的香气、滋味妙不可言，能够达到最佳效果。

乌龙茶因冲泡时壶小，茶的用量大，加之乌龙茶本身又耐泡，一般可以泡饮五到六次，仍然余香犹存，好的乌龙茶也有泡七次的，称“七泡有余香”。泡茶的时间也很重要，泡的时间要由短到长，第一次冲泡时间短些，两分钟左右，随冲泡次数的增加，泡的时间也相对延长。这样使每次茶汤的浓度基本一致，便于品饮欣赏。

品饮乌龙茶有三忌：一是空腹不能饮，容易感到饥肠辘辘，甚至会头晕眼花，翻胃欲吐，即俗称的“茶醉”；二是睡前不能饮，否则会使人难以入睡；三是冷茶不能饮，乌龙茶冷后性寒，对胃不利。

（三）乌龙茶清饮法

乌龙茶清饮法即使用冲泡绿茶的方法和器具来冲泡乌龙茶。

从茶叶历史的发展过程分析，我国茶叶冲泡方法一直随着茶品的发展而变化，从唐代的煎茶法到宋代的点茶法，从明代初期的烹茶法到清代早期的撮泡法，再到近代流行的冲泡法，都是因为茶叶的生产加工方法不同，冲泡方法才随之改变。乌龙茶清饮法的出现，正是顺应了这样的趋势。

和传统的“功夫茶”法相比较，乌龙茶清饮法有很多特点和变化，下面做一些简单介绍。

投茶量的改变

传统铁观音投茶量以容器的三分之一到三分之二为合适，无论用孟臣罐还是盖瓯，茶叶张开后刚好能撑满杯子，香气也会溢满茶室。现在的铁观音投茶量应该少一些，以容器的六分之一到五分之一为合适，茶叶张开后恰恰能抵到杯沿，这样有利于香气酝酿。

茶器的变化

安溪地区冲泡铁观音一般用盖瓯（俗称盖碗），它不仅能使茶发真香、真味，中间还可以翻瓯，这样有利于充分冲泡茶叶。现在的铁观音除了用茶瓯冲泡外，也可以用紫砂壶，还可以用普通瓷杯、玻璃杯，但是，最好是用紫砂壶。如果是在办公室，当然最方便和实用的就是玻璃杯了，可以准备两个玻璃杯，一个用来冲泡，另一个用来品饮，茶汤冲泡好后立即过滤到品饮杯中，否则茶汤会有闷熟感。

水温的掌控

冲泡传统铁观音最好用三沸水，同时还要淋壶以增加温度，这样才能“逼出”茶叶的香气和滋味。但是如今发酵程度很轻的铁观音不适合这样的高水温，它最适宜的水温是九十摄氏度左右。

乌龙茶清饮法仍然属于“功夫茶”法。用这种方法饮茶，可以培养品饮者的修养——清幽雅致的饮茶情怀。正如周作人先生在《喝茶》一文中所说的：“喝茶当于瓦屋纸窗之下，清泉绿茶，用素雅的陶瓷茶具，同二、三人共饮，得半日之闲，可抵十年的尘梦。”

（四）香味

乌龙茶在香味上虽有差异，但从审评角度看，不管采用任何品种制得的青茶依照其香味优劣，大致可分为四大类型：花果香型、细腻花果香型、老火粗味型、老火香型。

花果香型

它与细腻花果香型相比，香味类型相同，有水蜜桃香，滋味清爽，但入口后缺乏鲜爽润滑的细腻感，在青茶中属于二类产品，这种茶大多产于秋季，制作条件与一类的相同，产量大致占青茶总产量的百分之五十二。

细腻花果香型

青茶中品质最好的一类，其品质的最大特点是具有类似水蜜桃或兰花的香气，滋味清爽润滑，细腻优雅，汤色橙黄明亮，叶底主体色泽绿亮，呈绿叶红边，发酵程度较轻。干茶外形重实，色泽深绿油润，大多用春茶和秋茶制作。如广东潮安凤凰单枞、福建安溪铁观音等。

老火粗味型

在青茶中是品质最次的一类，它的制作方法与第三类相同，但原料更粗老，大多是夏茶中的低档鲜叶，因而既有老火香型，又带有粗老气味。

老火香型

干茶色泽暗褐显枯，汤色深黄，叶底暗绿，无光泽。这类产品，由于鲜叶不十分粗老，香味上显老火香味，而无粗老气味。

（五）分类鉴赏

乌龙茶由于产地、加工工艺的不同，分为闽北乌龙、闽南乌龙、广东乌龙和台湾乌龙。

闽北乌龙茶

花色品种很多，久负盛名的是武夷岩茶，如大红袍、肉桂、白鸡冠、铁罗汉、千里香、水金龟、不知春等，闽北乌龙除武夷岩茶外还有闽北水仙、闽北乌龙等品种。

（1）武夷岩茶

武夷岩茶是中国传统名茶，是具有岩韵（岩骨花香）品质特征的乌龙茶。产于福建闽北“秀甲东南”的武夷山一带，茶树生长在岩缝之中。武夷岩茶具有绿茶之清香，红茶之甘醇，是中国乌龙茶中之极品。武夷岩茶属半发酵的青茶，制作方法介于绿茶与红茶之间。最著名的武夷岩茶是大红袍茶。

武夷山是我国红茶、乌龙茶的发源地。早在南北朝时期就有将鲜叶制作成饼状，以“森伯之祖”而闻名。在唐代武夷茶就已经作为馈赠的珍品了。到了北宋时期，民间斗茶盛行，武夷茶作为贡茶，技术和品质不断改进，制作出的外形精美的龙团、凤饼可与黄金争价，而且数量极少。到了元代，武夷山设立“御茶园”专门从事御茶生产。明代武夷山自安徽传入松萝茶制法，改进了岩茶的加工过程，使岩茶气味更清香，并停止团茶制作，改为散形茶，就成为现有岩茶的前身。明朝末期，武夷岩茶声名远播，结果引起了大小官吏的种种敲诈勒索，茶农不胜其扰，纷纷逃离茶区，以致出现山荒茶枯的景象。十八世纪中叶，武夷茶又开始复兴。十八世纪末期武夷岩茶销往欧美等国。

武夷山坐落在福建武夷山脉北段东南麓，面积七十平方公里，有“奇秀甲于东南”之誉。群峰相连，峡谷纵横，九曲溪萦回其间，气候温和，冬暖夏凉，雨量充沛。年降雨量二千毫米左右。地质属于典型的丹霞地貌，多悬崖绝壁，茶农利用岩凹、石隙、石缝，沿边砌筑石岸种茶，有“盆栽式”茶园之称根据生长条件不同有正岩、半岩、洲茶之分。

武夷山的中心地带，盘卧着一条高低起伏的深长峡谷，谷底两侧的九座危峰，分南北对峙骈列。谷中松柏成林，竹海连绵，谷底成行成列的茶树娇翠欲滴。茶树倚山岩而植，是为岩茶。武夷岩茶的茶园几乎都在“九龙窠”的岩壑幽涧之中，借谷底冬暖夏凉，雨量充沛的条件，特别是这里的土壤属于酸性岩石风化后形成孕育出岩茶独特韵味。

武夷岩茶独特的制作工艺更决定了岩茶的优良品质，武夷岩茶制作精巧兼有红绿茶制造原理的精华，又不断创新和发展，使岩茶的制作技术日臻完善。

岩茶的采摘不同于 其他茶类,标准采法是“三叶半开面”，即顶端驻芽开一半，以下三叶全展开时最好。采摘春茶一般在谷雨后立夏前，夏茶在夏至前，秋茶在立秋后。鲜叶力求新鲜完整。雨天不采，有露水不采，烈日不采，名丛、单丛的鲜叶分开制作，使之成为尽善尽美的成品。

武夷岩茶产茶地点不同，品质也不尽相同，武夷岩中心地带所产的茶叶，其品质香高味醇厚，岩韵特显。武夷岩边缘地带所产的茶叶，称为半岩茶，岩韵略逊于正岩茶。崇溪、九曲溪、黄柏溪溪边靠武夷岩两岸所产的茶叶，称洲茶，品质又低一等。

武夷岩茶的品质特点：条索壮结匀整，色泽青褐油润呈“宝光”，叶面呈蛙皮状沙粒白点，俗称“蛤蟆背”；冲泡后香气馥郁隽永，具有特殊的岩韵，滋味醇厚回甘，清活爽口。汤色橙黄，清澈艳丽；叶底“绿叶红镶边”，呈三分红七分绿，且柔软红亮。

武夷岩茶品名众多，而又各具特色，武夷名丛属岩茶之王，在名丛中，又以大红袍、铁罗汉、白鸡冠、水金龟武夷四大名丛最为珍贵。

大红袍：在武夷名丛中享有极高声誉。它既是茶名，又是茶树名。大红袍产于天心岩九龙巢的高岩峭壁上。岩顶终年有细小甘泉由岩谷滴落，滋润茶地，随水滴落的还有丰富的有机质化合物，形成大红袍得天独厚的生长条件。

武夷山大红袍为武夷岩茶四大名枞之首，素有“茶中之王”的美誉，具有显著的健胃养胃药理作用。大红袍最大的特点就是性质温和，适合四季饮用，还有突出的健胃养胃功效，肠胃不好和寒气重的人可饮用。此外，还有防辐射和防日晒的作用。

大红袍的品质很有特色， 其他名丛冲泡七次后茶味已极淡，但大红袍冲泡九次后仍保持原茶真味，不失桂花香。

铁罗汉：茶树生长在武夷山慧苑岩的鬼洞。武夷山最早的名丛，清代郭柏苍《闽产录异》（一八八六年）记载：“铁罗汉、坠柳条，皆宋树，又仅止一株，年产少许。”传说原产地在慧苑岩内鬼洞和竹窠岩长窠。据传，惠安施集泉茶店于十九世纪中叶经营武夷岩茶，以“铁罗汉”最为名贵，有疗热病的功效，极受欢迎。

白鸡冠：茶树原生长在武夷山慧苑岩火焰峰的外鬼洞中，因茶树嫩叶白中带嫩黄色，叶片向上卷曲似鸡冠故得名。白鸡冠之名在明代已有传闻，早于大红袍。白鸡冠树高一点七五米，分枝颇多，该树叶色呈淡绿，嫩叶浅绿微黄，叶面开展，春稍顶芽微弯，茸毫显露似鸡冠。这也是白鸡冠名称之由来。

水金龟：据说该茶长在武夷山天心崖葛寨峰下，属天心寺庙所有。后经大雨冲至牛栏坑半山岩石凹处，为此，兰谷山业主就势砌石保护此茶。这种茶树与众不同，枝条纵横交错，形似龟背上的花纹，且绿叶浓密，油光发亮，似只大金龟，故命名为水金龟。

（2）武夷肉桂

武夷肉桂茶，又称玉桂茶。因具有典型的桂皮香而得名，原产于武夷山慧苑岩，另说原产于武夷山马振峰，现产于武夷山水帘洞、三仰峰、马头岩、桂林岩等峰岩之中和九曲溪畔。

乾隆十六年（一七五一年）《武夷山志》载：“茶产不一，唯武夷为最，他产性寒，此独温也。其品分岩茶、洲茶。附山为岩，沿溪为洲，岩为上品，洲为次之。”武夷肉桂茶是产于山岩的岩茶，为乌龙茶的上品，品质特点为：味甘泽而香馥郁，没绿茶之苦，无红茶之涩，性和不寒，久藏不坏，香久益清，味久益醇。清代蒋衡的《茶歌》中，对肉桂茶的独特品质特征有很高的评价，指出其香极辛锐，具有强烈的刺激感："奇种天然真味好，木瓜徽酽桂徽辛；何当更续歌新谱，雨甲冰芽次第论。"

武夷肉桂的品质特点：肉桂茶条索匀整，紧结卷曲，色泽褐绿油润有光泽。叶背有青蛙皮状白点。肉桂的桂皮香明显，佳者带乳香，冲泡四、五次后仍有余香。滋味醇厚回甘，咽后齿颊留香汤色橙黄清澈，叶底黄亮。红点鲜明，呈绿叶红镶边。

（3）闽北水仙

闽北水仙始于清道光年间，因其味似水仙花而得名。始产于百余年前闽北建阳县水吉乡大湖村带，发源于福建建阳小湖乡大湖村的严义山祝仙洞，现主产区为建瓯、建阳两县。

闽北水仙的品质特点：条索紧结沉重，色泽油润暗沙绿；冲泡后，香气浓郁，具兰花清香；滋味醇厚回甘；汤色清澈橙黄；叶底厚软，呈"三红七绿"状。

闽南乌龙茶

最著名的是安溪铁观音，此外还有黄金桂、黄檬、乌龙、奇兰、水仙、毛蟹、梅占等品种。

（1）安溪铁观音

产于福建省安溪县。铁观音既是茶名又是茶树名，主产区在福建省安溪县西部的内安溪一带。宋元时期，铁观音产地安溪不论是寺观或农家均已产茶。据《清水岩志》载：“清水高峰，出云吐雾，寺僧植茶，饱山岚之气，沐日月之精，得烟霞之霭，食之能疗百病。老寮等属人家，清香之味不及也。鬼空口有宋植二、三株其味尤香，饮之不觉两腋风生，倘遇陆羽，将以补茶话焉。”

铁观音茶一年分四次采制，谷雨至立夏为春茶，约占年产量的百分之五十，香高味重，耐泡；夏至至小暑为夏茶，叶单薄带苦涩味；暑茶在大暑后，较夏茶好；秋分至寒露为秋茶，香气高锐，但茶味不及春茶浓厚。鲜叶采摘标准必须在茶芽形成驻芽，顶叶形成小开面或中开面时，及时采下二、三叶。采时要做到八不：强烈日光下不采，雨水茶不采，雾水茶不采，采时不折断鲜叶，不折叠叶张，不碰碎叶尖，不带单片，不带鱼叶和老梗。一般午后开采，当晚加工，制茶均在夜间进行。

铁观音茶的品质特点：成品茶外形条索卷曲、壮结、沉重、匀整，色泽油润，呈沙绿色红点明显，呈蜻蜓头状，叶表带白霜，汤色金黄，浓艳清澈，叶底肥厚明亮，滋味醇厚甘鲜有蜜味，香气高锐浓烈，馥郁持久，有“七泡留余香”的说法。

（2）黄金桂

黄金桂原产于安溪虎邱罗岩村，是乌龙茶中风格有别于铁观音的又一极品。因其汤包金黄，香气奇特似桂花，故名黄金桂。在现有乌龙茶品种中是发芽最早的一种，制成的乌龙茶，香气特别高，所以在产区被称为“清明茶”，“透天香”，有“一早二奇”之誉。

一般四月中旬开始采制，采摘标准为一芽二、三叶，新梢刚刚形成驻芽，顶叶呈小开面或中开面时采下。过嫩，成品茶香味低闷带苦涩，过老味道淡薄，香粗次。

黄金桂的品质特点：条索紧细，色泽润亮油润，冲泡后，香气优雅，有桂花香，滋味甘鲜，汤色金黄明亮，叶底中央黄绿，边缘朱红，柔软明亮。

（3）永春佛手

永春佛手茶树属大叶型灌木，因其树势开展，叶形酷似佛手柑，因此得名“佛手”。福建省永春县地处闽南山区，种植永春佛手茶已有三百多年的历史。

香橼茶区位于载云山下，境内山峦起伏，树木苍翠，四季如春，香橼茶树为无性系品种，灌木型、大叶类、中芽种，适应性广，抗逆性较强，单产高，树姿形态奇特，分枝稀疏。枝条细软似蔓，披张到地，叶大，呈椭圆形，大的如掌，多水平着生，叶片扭曲隆起，主脉弯曲，叶缘锯齿稀钝，缺刻较不明显。

永春佛手分四季采制，以春季为最好，采摘标准为新梢展开四至五叶，顶芽形成驻芽时采下二、三叶，一般是下午采，傍晚制作。

永春佛手长期以来，在闽、粤、港、澳等地区及东南亚侨胞中备受欢迎。产区群众常用以制作盐茶和柚米茶，调理痢疾、中暑、高血压等症。

永春佛手茶的品质特点：条索紧结、肥壮、卷曲呈虾干状，色泽沙绿乌润；冲泡后，香气浓锐，滋味甘厚，且耐泡，汤色橙黄清澈，叶底黄绿明亮。

广东乌龙茶

包括凤凰单枞、凤凰水仙、饶平乌龙等品种。

凤凰水仙：原产于广东省潮安县凤凰山区，相传在南宋时期已有栽培，迄今已有九百余年历史。传说南宋末年，宋帝南下潮州，经过凤凰山区乌山时，侍从采下一种像鸟嘴一样尖的茶叶为宋帝解渴，饮后止咳生津，效果甚佳。为此广为栽种，称为“宋种”。至今乌山还保留着三千余棵树龄在百年以上的单株大茶树。

凤凰山区位于潮安县东北部，四面青山环绕，气候温暖，雨量充沛，茶树均生长在海拔一千一百米以上的山区，终年云雾弥漫，空气湿润，昼夜温差大，年平均气温在二十二摄氏度以上，年降水量为一千九百毫米左右，土壤肥沃深厚，有机质含量丰富，是理想的植茶之地。

凤凰水仙生长在广东潮安、饶平、丰顺、焦岭、平远等县。凤凰水仙清明前后到立夏采摘为春茶，采摘标准为嫩梢形成驻芽后，第一叶开展到中开面时为适宜，过嫩，成茶苦涩，香气低沉，过老，茶味粗淡，不耐泡，采摘时间以午后为最好。

凤凰水仙由于选用原料优次及制作精细程度不同，按品质优劣可分为凤凰单枞、凤凰浪菜、凤凰水仙三个品级，其中凤凰单枞被评为全国名茶。

凤凰单枞系凤凰水仙群体中选拔优良单株茶树，精心培育、采摘、加工而成的。因香气、滋味的差异，当地习惯将单枞茶按香型分为黄枝香、桃仁香、芝兰香、玉桂香、通天香等多种。凤凰单枞有形美、香郁、味甘等特点。

凤凰水仙的品质特点：条索挺直肥大，色泽黄褐，俗称“鳝鱼皮”色，油润有光；冲泡后香气持久，有天然花香，滋味醇爽回甘，耐冲泡，汤色橙黄清澈，沿碗沿显金黄色彩圈，叶底肥厚柔软，边缘朱红，叶腹黄亮。

台湾乌龙茶

台湾地区最初的制茶方法，是从福建武夷山和安溪引进的，主要生产乌龙茶，以后创制出有台湾特色的包种茶。二十纪四十年代初，由于太平洋战争爆发，乌龙茶在美国的市场受到冲击，致使台湾地区乌龙茶生产一落千丈，开始向印度引进“阿萨母”种，发展红茶生产。五十年代初台湾地区应市场的需要，又扩大了绿茶的生产。目前台湾地区茶类众多，但仍以青茶为主要茶类。台湾地区制茶工业同业公会为了出口方便，将台湾地区生产的青茶统称为乌龙茶，其中包括台湾乌龙和台湾包种，并按其发酵程度及香味风格分为三种，即清香乌龙茶、浓香乌龙茶、香槟乌龙茶。

（1）清香乌龙茶

多为台湾包种类，因发酵较轻，干茶外形呈绿色，冲泡后汤色金黄清澈，香气清新有天然花果香，滋味清醇，留香持久，喉韵无穷，叶底柔嫩明亮，芽叶完整。其中包括；文山包种、冻顶乌龙、高山茶等。

文山包种茶：轻度半发酵乌龙茶。又叫“清茶”，是台湾乌龙茶种发酵程度最轻的清香型绿色乌龙茶。产于台湾省北部的台北市和桃园等县，其中以台北文山地区所产制的品质最优，香气最佳，所以习惯上称之为“文山包种茶”。

文山包种茶采制工艺讲究，雨天不采，带露水不采，晴天要在上午十一时至下午三时这段时间采摘，这时鲜叶经过雨露的滋润，又经一段晨光的照射，叶面的露水已蒸发，茶叶所含水分适中；采摘要选择新梢顶芽形成驻芽后的一、二日，其下二、三叶尚未硬化时，采下一芽二、三叶；采时需用双手弹力平断茶叶，断口成圆形，不可用力挤压断口，以免影响茶质。一般在谷雨前后及白露前后是采制高级包种茶的季节。

文山包种茶的品质特点：成品茶外形自然卷曲，条索紧结，干茶具有兰花香气；冲泡后汤色碧绿，鲜艳明亮，入口滋味清香甘醇，有天然花香，留香持久，叶底鲜绿，芽叶完整。

文山包种茶具有香、浓、醇、韵、美五大特色，并含有丰富的营养保健成份，可起到强心、利尿、消除疲劳、防止血管硬化等功效。

冻顶乌龙茶：冻顶乌龙茶，产地为台湾鹿谷乡凤凰村、永隆村、彰雅村（冻顶巷），茶区海拔约六百到一千米，以上三点为核心产区，被誉为“茶中圣品”。冻顶乌龙茶汤清爽怡人，汤色蜜绿带金黄，茶香清新典雅，香气清雅，喉韵回甘浓郁且持久，香气独特。台湾鹿谷附近冻顶山，山多雾，路陡滑，上山采茶都要将脚尖“冻”起来，避免滑下去，山顶叫冻顶、山脚叫冻脚。所以冻顶茶产量有限，尤为珍贵。

冻顶乌龙茶的品质特点：外形呈半球状，条索紧结整齐，叶尖卷曲成球，色泽墨绿鲜艳，并带有青蛙皮状的灰白点，干茶具有强烈的芳香。冲泡后，汤色橙黄，清澈明亮，清香幽雅，近似桂花香，滋味醇厚，喉韵甘滑，回甘力强，叶底柔嫩明亮，叶身淡绿，叶橼红镶边。

台湾高山茶：台湾高山茶准确地说是台湾高山乌龙茶，系指茶区在海拔一千米以上的高山所产的茶叶。高山茶园是一九八〇年以后陆续开辟出来的茶区，大部分种植青心乌龙种。茶区主要分布在阿里山、玉山、雪山、中央山、台中山等山区。高山茶产品常以其产地山名命名，如阿里山茶、玉山茶、梅山茶、雾社茶、庐山茶、梨山茶等，都属于高山优质茶。

高山茶的品质特点：外形美观整洁，色泽墨绿有光泽，芽叶柔软，叶肉厚，果胶质含量高。冲泡后，色泽翠绿鲜活，滋味甘醇，滑软，厚重带活性，香气淡雅，水色蜜绿显黄及耐冲泡。

（2）浓香乌龙茶

用传统方法制作，焙制时间长，外观呈褐色的半发酵乌龙茶。滋味浓厚独特，有助消化、去油腻的作用，故又名健康茶。台湾地区的铁观音茶就是这种茶的代表。

台湾铁观音：又名木栅铁观音，产于台湾地区台北市郊指南宫风景游览区以南的木栅县。

木栅铁观音虽是仿照福建安溪铁观音的制作方法，但无论从干茶的外形还是茶汤的口味，都不同于福建的铁观音。木栅铁观音发酵程度比较重，达到百分之五十，在烘焙上采取三揉三焙，文火长焙的方法。干茶的外形卷曲呈球形，颜色墨绿油润。冲泡后汤色金黄，清澈明亮，滋味甘滑，香气浓郁，带乳香。

一九七六年时任台北市长张丰绪先生到木栅地区视察时，品尝到木栅铁观音后，赞赏其好似天上的甘露一样，并命名为“一滴露”。

香槟乌龙茶：香槟乌龙茶是一种接近红茶的重发酵茶，属于台湾乌龙茶的乌龙类，因采摘嫩芽焙制，外观白毫点点，又称白毫乌龙茶。此茶传入欧美后，欧美人视它为台湾乌龙的代表，称其为“东方美人茶”。品饮此茶时如滴入一、二滴白兰地酒，风味更佳，故又称之为“香槟乌龙茶”。一九八〇年台湾知名人士谢东闵视察苗栗茶区时，因该茶白毫似寿眉，寓“福如东海，寿比南山”之意，引申名为“福寿茶”。此茶还有一个名字叫“膨风茶”，膨风茶的“膨风”一词是台湾苗粟一带客家话中形容人说大话、吹牛吹到尽头的意思，但膨风茶品质优异，故称之为“膨风茶”。

东方美人茶的产区分布在台湾北部，主要产区有台北县的文山，台北市的南港，新竹的峨眉、北埔、横山，苗粟的头屋、三湾、头份等，以台北文山区的坪林为最佳，但坪林一带以生产文山包种茶为主，东方美人茶的产量不及苗粟县。

适合制作东方美人茶的品种有：青心大冇、硬枝红心、白毛猴、青心乌龙、大叶乌龙等。白毛猴幼嫩芽叶茸毛多而长，尤其适合制作东方美人茶。

制作东方美人茶要在五、六月份，五、六月份的台湾天气炎热，茶园易遭到一种名叫小绿叶蝉的害虫危害，此虫又叫浮尘子，身体很小，多栖于芽叶背面，刺吸芽梢汁液，严重时致使芽梢红褐枯焦，芽叶萎缩，茶叶无收。但是制作东方美人茶却要选用被小绿叶蝉轻度危害过的茶园，这时，遭小绿叶蝉吸食过的茶树新梢，长出一芽二、三叶便停止生长，嫩叶呈金黄色，芽苞肥大茸毛显露，正适合制作东方美人茶。

东方美人茶以其独特的外观和汤美、味香的内质，赢得了国内外客商的赞誉，并不是“膨风”（吹牛）的结果，它优异、稳定的品质风格使其百年不衰，在台湾乌龙茶的外销市场上保持着崇高的声誉，成为台湾茶的代表。

东方美人茶的品质特点：外形似花朵，叶片褐红，心芽嫩白，嫩梗黄褐，色泽油润，三色交映，独具特色。冲泡后，汤色呈琥珀般橙红色，香气幽雅，滋味甘润。耐冲泡，五泡后仍有余香。叶底淡褐有红边，叶片完整，芽叶连枝。

四、黄茶

黄茶是中国特有茶类之一，生产历史悠久。自唐代蒙顶黄芽被列为贡品以来，历代有产，产区主要浙江平阳，湖南君山、沩山、北港，安徽金寨，湖北远安，四川蒙山，广东韶关等地。

黄茶是人们在炒青绿茶的过程中发现的，由于茶叶在杀青、揉捻后干燥不足或不及时，叶色变黄，于是产生了新的品类——黄茶。黄茶是轻发酵类，发酵度为百分之十到百分之二十，加工工艺近似绿茶，只是在干燥过程的前或后，增加一道“闷黄”的工艺，促使其多酚叶绿素等物质部分氧化。

由于品种和加工技术不同，黄茶的形状有明显差别。如君山银针以形似针、芽头肥壮、满披毫的为佳，芽瘦扁、毫少为差。蒙顶黄芽以条扁直、芽壮多毫为上品，条弯曲、芽瘦少为差。鹿苑茶以条索紧实卷曲呈环形、显毫为佳，条松直、不显毫的为差。它的品质特点表现在黄叶黄汤、香气清爽、滋味醇厚，性质属凉性。

黄茶是沤茶，在沤的过程中，会产生大量的消化酶，对脾胃最有好处，消化不良、食欲不振、懒动肥胖者，都可饮而化之。

黄茶，按鲜叶的嫩度和芽叶的大小，分为黄大茶、黄小茶和黄芽茶三类。

黄大茶中著名的品种有安徽黄大茶、广东的大叶青茶等。

黄小茶中著名的品种有湖南岳阳的北港毛尖、宁乡的沩山毛尖、湖北的远安鹿苑、浙江的平阳黄汤等。

黄芽茶中著名的品种有湖南岳阳的君山银针、安徽霍山的霍山黄芽、浙江德清的莫干黄芽、四川名山的蒙顶黄芽等。

（一）君山银针

这是黄茶中的极品，产自湖南省岳阳市洞庭湖君山岛，为黄茶类针形茶，属芽茶。其芽头肥壮重实，紧实而挺直，长短大小均匀，恰似一根根银针；内呈橙黄色，外裹一层白毫，茸毛满披，芽身金黄光亮；色、香、味、形俱佳，世称“四美”。汤色橙黄明净，香气清爽，滋味甘醇，叶底嫩黄匀亮，即使放置很久味道也不会发生改变；产品分特号、一号、二号三个档次，以壮实、挺直、亮黄为上品。

君山银针不但是茶中佳品，而且是一种造型优美的艺术珍品。在一九五六年国际莱比锡博览会上，被誉为“金镶玉”，并赢得金质奖章；一九五七年被定为中国十大名茶之一，君山银针，以其高超品质，奇异风韵，赢得了中外茶学界和品茗者的极大兴趣和高度评价。

君山银针的制作非常精细，分为摊青、杀青、初包、复烘、摊凉、复包、足火等工序，历时七十二小时。

君山银针的品质特点：外形芽头肥壮挺直、匀齐、满披茸毛，色泽金黄泛光，有“金镶玉”之称；冲泡后，香气清鲜，滋味甜爽，汤色浅黄，叶底肥厚嫩黄。

用玻璃杯冲泡君山银针，别有一番奇妙美景。当水注入杯中时，芽头冲向水面，几分钟后，茶芽慢慢下沉，竖立于杯底，沉浮起落，往返三次，故君山银针有“三起三落”之称。最后茶芽竖立于杯底，似鲜笋萌发，芽光水色，浑然一体，茶香四溢，妙趣横生。

（二）蒙顶黄芽

产于四川名山县的蒙山。蒙山产茶，距今已有二千多年的历史。自唐代至清代，此茶皆为贡品，是我国历史上最有名的贡茶之一。现今，一些传统品类的名茶如蒙顶甘露、石花、黄芽、米芽、万春银叶、玉叶长春等，均被保留下来，并加以改进提高。

蒙顶山区气候温和，年平均气温一三摄氏度，年平均降水量二千毫米左右，一年中云雾日长达二百六十多天，有云多、雾多、雨多的特点。茶区土层深厚，林木苍翠，清泉遍渠。在这上有天雾覆盖，下有沃壤滋养的自然环境中，茶树生长繁茂，茶芽鲜嫩。

蒙顶黄芽于每年清明节前开始采摘，挑选肥壮的芽和一芽一叶初展的芽头，要求做到五不采：紫芽不采、露水芽不采、瘦芽不采、病虫危害芽不采、空心芽不采。采回的芽要及时摊放，及时加工。

蒙顶黄芽的品质特点：外形扁平，色泽微黄，芽毫毕露；冲泡后甜香浓郁，滋味鲜醇回甘，汤色黄亮，叶底全芽，嫩黄匀齐，为蒙山茶中的极品。

（三）霍山黄芽

产于安徽霍山，为唐代二十种名茶之一。清代为贡茶，然而经过历代的变迁，现在的霍山黄芽是二十世纪七十年代恢复生产的，主要产于佛子岭水库上游的大化坪、姚家畈、太阳河一带，其中以大化坪的金鸡坞、金山头，金竹坪和乌米尖即“三金一乌”所产的黄芽品质最佳。

黄芽产区位于皖西大别山区，海拔八百米以上，这一带峰峦叠嶂，泉多溪长，树木繁密，大量鸟类栖息，撒下大量粪便，土壤十分肥沃，年平均温度十四到十六摄氏度，年降水量一千四百毫米左右，生态环境优越，所产茶叶芽嫩、叶肥、品质优良。

霍山黄芽开采期一般在谷雨前三到五天，采摘标准为一芽一叶或一芽二叶初展，要求采摘非常细嫩的幼芽，并保持新鲜。

霍山黄芽的品质特点：形如雀舌，芽叶细嫩，多毫，色泽黄绿；冲泡后，香气鲜爽，有熟栗子香，滋味醇厚回甘，汤色黄绿清明，叶底黄亮嫩匀。

（四）沩山毛尖

沩山毛尖产自湖南省宁乡县境内，宁乡县多为丘陵地带，西部的沩山区域是雪峰山庞大东部地带的南侧主干区，往东则是雪峰山余脉向东北滨湖平原过渡地带，境内地貌有山地、丘岗、平原。地表轮廓大体是北、西、南缘山地环绕，东南丘陵起伏，北部岗地平缓，东北低平开阔，整个地势由西向东呈阶梯状逐级倾斜。

沩山毛尖，在唐代就已著称于世，历史上一直是贡茶。

清同治年间，《宁乡县志》曾记载："沩山茶，雨前采摘，香嫩清醇，不让武夷、龙井。"

沩山毛尖于清明节后七到八天开采，芽叶标准为一芽一叶或一芽二叶初展。采摘时要求严格，要做到紫叶不采，虫伤叶不采，鱼叶不采。当天采当天制，以保持新鲜。沩山毛尖制作工艺特殊，分杀青、焖黄、轻揉、烘焙、拣剔、烟熏六道工序。其中烟熏是沩山毛尖的独特之处，熏烟时间长达十六至二十小时，直至足干，从而使茶叶具有烟香。对一般茶来说，具有烟味，会影响茶的品质，而对沩山毛尖来说，带有烟香，却是质量上乘的标志。

沩山毛尖的品质特点：叶缘微卷，呈片状，形似兰花，色泽黄亮光润，身披白毫；冲泡后内质、汤色橙黄鲜亮，烟香浓厚，滋味醇甜爽口，风格独特。

五、白茶

白茶属轻微发酵茶，因成品茶多芽头，满披白毫，色白隐绿而得名。目前我国白茶产地主要在福建省福鼎、政和、松溪、建阳等县。主要种植品种有福鼎大白茶、政和大白茶及水仙等，这些品种，幼嫩芽叶上披满白色茸毛，为人们采制白茶提供了物质条件。

白茶基本制作工艺简单，但对原料有特殊要求，必须采摘嫩芽以及以下一到二片嫩叶都满披白毫。制作时，不炒不揉，只晒干或用文火烘干即可，使白色茸毛在茶的外表完整地保留下来。

白茶的主要品种有白毫银针、白牡丹、贡眉（寿眉）等。

（一）白毫银针

产于我国福建福鼎、政和等地，属于白茶类也就是微发酵茶，又被称为白毫、白毫银针，过去因为只能用春天茶树新生的嫩芽来制造，产量很低，所以相当珍贵，一九八二年被商业部评为全国名茶，白毫银针在海外也被视为珍品。银针茶性寒凉，有解毒、退热、祛暑、降火的功效，被视为治疗麻疹的良药。

一八八九年白毫银针被创制，其原料采摘标准为春茶嫩梢萌发一芽一叶时即将其采下，采回后再行“抽针”，制法特殊，工艺简单。制作过程中，不炒不揉，只分萎凋和烘焙两道工序，其中主要是萎凋和晾干，使茶芽自然缓慢地变化，形成其独特的品质风格。

白毫银针的泡饮方法与绿茶基本相同，但因其未经揉捻，茶汁不易浸出，冲泡时间宜较长。一般每三克银针置沸水烫过的无色透明玻璃杯中，冲入二百毫升沸水。开始时茶芽浮于水面，五到六分钟后茶芽部分沉落杯底，部分悬浮于茶汤上部，此时茶芽条条挺立，上下交错，望之有如石钟，蔚为奇观。约十分钟后茶汤呈杏黄色，此时，闻之，香气清鲜；品之，滋味醇和且回甘，尘俗尽去，意趣盎然。

白毫银针的品质特点：外形挺直如针，芽头肥壮，满披白毫，色白如银，此外因产地不同品质略有差异，福鼎所产茶芽茸毛厚，色白，富光泽，汤色呈浅杏黄色，滋味清鲜爽口；政和产者，滋味醇厚，香气清芬。

（二）白牡丹

产于福建政和、建阳、松溪、福鼎等县，以绿叶夹银色白毫芽，形似花朵，冲泡后，绿叶托着嫩芽，宛若蓓蕾初绽而得名，于二十世纪二十年代创制于建阳水吉乡。

制作白牡丹的原料主要采自政和大白茶和福鼎大白茶良种茶树芽叶，有时少量采用水仙品种茶树芽叶。传统采摘标准是春茶第一轮嫩梢采下一芽二叶，要求芽叶满披白色茸毛，芽与叶的长度基本相等，制作工艺简单，只有萎凋及焙干两道工序。

白牡丹的品质特点：外形似枯萎花朵，二叶抱一芽，芽心肥壮，叶张肥嫩，色泽灰绿或暗青苔色，叶背布满白色茸毛；冲泡后，香气清芬，滋味鲜爽，汤色杏黄或橙黄，叶底浅灰，叶脉微红，芽叶连枝。其性清凉，有清热降火之功效，为夏季佳饮。

（三）贡眉（寿眉）

贡眉，又称寿眉。主产于福建建阳县；此外，建瓯、浦城等县也有生产，产量占白茶总产量的一半以上。制造贡眉选用一芽一叶至一芽二、三叶，含有嫩芽、壮芽的茶树新梢为原料。制作工艺与白牡丹基本相同。

贡眉的品质特点：毫心显露而多，色泽翠绿，汤色橙黄或深黄，叶底匀整、柔软、鲜亮，叶张主脉呈红色，味醇爽，香鲜纯。

六、黑茶

黑茶属于后发酵茶，是很多紧压茶的原料。由于采用的原料粗老，在加工制作的过程中，堆积发酵的时间较长，叶色多呈暗褐色，故称黑茶。同时黑茶因为大部分是紧压茶，散装较少，并且以此为特色，所以被称为紧压茶。

黑茶叶张宽大，叶底黄褐，条索卷曲成泥鳅状，色泽细黑，汤色橙黄，具有扑鼻的松烟香味，是我国特有的茶类，品种丰富，历史悠久。早在北宋熙宁年间（公元一〇七四年）就有用绿毛茶做色变黑的记载。制成的紧压茶主要边销，部分内销，少量外销，因此又把黑茶制成的紧压茶称为边销茶。此茶主要供少数民族饮用，维吾尔族、蒙古族和藏族群众喜好饮黑茶，并且将它们作为日常生活中的必需品。

黑茶分为紧茶（也叫紧压茶）和散茶两种，主要品种有云南的普洱茶、广西的六堡散茶、湖南的黑茶、湖北的佬扁茶、四川的边茶等。其中云南普洱茶最为有名。

（一）湖南黑茶

原产于湖南安化，现已扩大到桃江、沅江、汉寿、宁乡、益阳、临湘等地。

湖南黑茶历史上最多的时期，是在清光绪年间，当时年产十四到十五万担，现代产量大增。

湖南黑茶的品质特点：湖南黑茶分为四个级别，一级茶条索紧卷、圆直，叶质较嫩，色泽黑润；二级茶条索尚紧，色泽黑褐尚润；三级茶条索欠紧，呈泥鳅色；四级茶叶张大而粗老，条松扁，色黄褐。湖南黑茶的内质要求是香气醇厚，无涩味，有松烟香，汤色橙黄，叶底黄褐。

以湖南黑茶为原料制成的紧压茶有黑砖茶、花砖茶、茯砖茶和湘尖等。

（二）四川边茶

产于四川。雅安、天全、荣经等地所产的边茶专销康藏，称为南路边茶，是压制康砖和金尖的原料。而灌县、崇庆、大邑等地所产的边茶，专销四川西北部，称为西路边茶，是压制茯砖和方包茶的原料。

南路边茶有毛庄茶和做庄茶之分，毛庄茶是用采割下来的鲜枝叶，杀青后不经蒸揉而直接干燥制作而成的。毛庄茶又称金玉茶，叶质粗老，呈摊片状，色泽枯黄，香气清淡。做庄茶是用采割下来的枝叶，杀青后，还要经过扎堆、晒茶、蒸茶、馏茶、渥堆发酵后再进行干燥制作而成。成品做庄茶，茶叶粗老含有少量茶梗，叶张卷折成条，色泽棕褐如猪肝色，内质香气纯正，有老茶香，滋味平和，汤色黄红明亮，叶底棕褐粗老。

（三）老青茶

主产于湖北蒲圻、咸宁、通山、崇阳、通城等地；此外，湖南的临湘也有生产，距今已有一百多年的生产历史。

老青茶是压制青砖茶的原料，分为里茶和面茶两种。面茶较精细，制作时经过杀青、初揉、初晒、复炒、复揉、渥堆、晒干而制成。里茶是经过杀青、揉捻、渥堆、干燥而制成。

老青茶的品质特点：一级茶（洒面），条索较紧，稍带白梗，色泽乌绿。二级茶（二面）叶子成条，红梗为主，叶色乌绿微黄。三级茶（里茶）叶面卷皱，红梗，叶色乌绿。

（四）普洱茶

普洱茶既不是绿茶，也不是红茶，更不是一般人所认为的黑茶。它是将绿茶或黑茶经蒸压而成的各种云南紧压茶的总称，包括沱茶、饼茶、方茶、紧茶等。根据二〇〇三年三月云南省标准计量局公布的标准：“普洱茶是以云南省一定区域内的云南大叶种晒青毛茶为原料，经过后发酵加工成的紧茶和压缩茶。”

普洱茶是我国传统十大名茶之一，主要产自云南的昌宁县以南，沿着澜沧江东西两岸的凤庆、临沧、双江、永德、勐海、思茅、景洪等县，其中尤以西双版纳一带为最多。

普洱茶的历史可以追溯到东汉时期，距今已达两千年之久。民间有“武侯遗种”（武侯是指三国时期的丞相诸葛亮）的说法，故普洱茶的种植利用，至少已有一千七百多年的历史。

历史上普洱茶，是指以“六大茶山”为主的大叶种茶为原料制成的青毛茶，以及由青毛茶压制成各种规格的紧压茶。如普洱方茶、普洱沱茶、七子饼茶、藏销紧压茶、圆茶、竹筒茶、拼装散茶等。

据南宋李石《续博物志》记载，西藩用普洱茶已自唐朝。清代普洱府即现代普洱县周围所产的茶叶运至普洱府集中加工后再运销，普洱成为集散地，蒙、康、藏各地普洱茶因此得名。

普洱茶的品质特点：外形条索粗壮肥大，色泽乌润或褐红色，香气浓郁，耐泡；汤色明黄，滋味醇厚回甘，并具有独特的陈香。

普洱茶，历来被认为具有降低血脂、减肥、助消化、暖胃、抑菌、生津、止渴、醒酒、解毒等功效。

七、再加工茶类

（一）花茶

花茶，又名熏花茶、窨花茶、香片茶等。茶叶吸收了花的香气，使茶既有花香又有茶味，在我国北方地区，是一种非常受消费者欢迎的茶品。花茶的历史悠久，早在唐代陆羽《茶经·六之饮》中记载："用葱、姜、蒜、枣、橘皮、茱萸、薄荷之属，煮之百沸"。可见当时已经有在煮饮茶汤时，加入调料，以益茶味的做法。宋代，花茶生产有了更加详细的记载，明代花茶生产有所扩展，无论对茶叶和花的选择，还是用花量与茶叶的配比，都更加地成熟。清代，开始出现大量商品花茶的生产。

花茶的品种很多，因窨花的香花不同，分为茉莉花茶、珠兰花茶、玫瑰花茶、玳玳花茶、白兰花茶、柚子花茶、桂花花茶、金银花花茶等。因茶胚原料不同，可分为烘青花茶、炒青花茶、红茶花茶、乌龙茶花茶等。茶胚不同，所窨香花也不同，如炒青绿茶，有浓郁的板栗香，不如烘青绿茶香气鲜爽纯和，所以烘青绿茶更适合窨制茉莉花茶，红茶滋味醇厚，窨制玫瑰花可以提高红茶的花香果味，乌龙茶最好选用香气浓郁的桂花。

各种花茶，虽各有特点，但总的品质要求一致，即高级花茶既要花香鲜灵持久，又要保持茶叶本身的滋味；冲泡后，香气清锐芬芳，不闷不浊，滋味醇厚，汤色清澈，叶底匀亮。

茉莉花茶

茉莉花茶是花茶的珍品，迄今已有七百余年的历史，它产区辽阔，品种丰富。主产于广西、四川、湖南、福建、江苏、浙江等地。在茶叶分类中，茉莉花茶仍属于绿茶。有“在中国的花茶里，可闻春天的气味”的美誉。

茉莉花茶主要采用烘青绿茶和茉莉花拼合窨制而成，其窨制过程是根据茶叶独特的吸附性能和茉莉花的吐香特性，在一定条件下进行水热作用，经过一系列工艺流程加工窨制而成。这其中既有物理变化又有化学反应。在一定的温度下，茶叶中的多酚类物质缓慢分化，从而削减了茶坯的涩味，一部分原来不溶于水的蛋白质分解为氨基酸，从而使成品茉莉花茶的汤色变深变黄，滋味鲜醇，这是茉莉花茶比同品种、同等级绿茶不仅好喝，而且滋味醇厚的原因。

茉莉花茶的色、香、味、形与茶坯的种类、质量及鲜花的品质密切相关。大多数茉莉花茶都是以烘青绿茶为主要原料，统称茉莉烘青。

茉莉花茶的品质特点：干茶外形紧结匀整，色泽绿而油润，香气鲜灵持久，滋味醇厚鲜爽，汤色黄绿明亮，叶底嫩匀柔软。

珠兰花茶

从明代开始珠兰花茶就有生产，是我国主要花茶产品之一，因其香气芬芳幽雅，持久耐储而深受消费者青睐。

珠兰花茶有珠兰黄山芽、珠兰烘青特级和一至六级、珠兰茶片、珠兰茶末、珠兰圆茶、珠兰魁针、珠兰大方特级和一至六级、珠兰大方片、珠兰大方茶蕊等。通常茶叶原料好，花香清雅鲜爽而持久，既耐冲泡，又耐储藏。

珠兰黄山芽为珠兰花茶的珍品，其品质特征是，外形条索紧细匀齐，锋苗挺秀，白毫显露，色泽深绿油润，花干整枝成串，宛如一串珍珠。一经冲泡，茶叶徐徐沉入杯底，花如珠帘，在水中悬挂，妙趣横生。汤色黄绿明亮，细细品啜，既有兰花特有的幽雅芳香，又兼高档绿茶鲜爽甘美的滋味。

珠兰花茶的品质特点：外形条索紧细匀整，色泽墨绿油润，花粒黄中带绿；冲泡后，珠兰花似珠帘悬于杯中，茶叶徐徐沉入杯底，美不可言；既有幽雅芳香的花香，又有高档绿茶的鲜爽甘美，汤色淡黄透明，叶底黄绿细嫩。

珠兰花的香气隽永持久，在窨制完后，并不将珠兰干花筛去，而是同茶叶一起密封在干燥的茶箱中三至四个月，这样往往比刚窨制好的茶的香气更加沁人心脾。

玫瑰花茶

玫瑰花茶，是用紫红色的玫瑰花瓣窨制的花茶，在我国明代钱椿年编写的《茶谱》中就有详细记载。我国目前生产的玫瑰花茶主要有玫瑰红茶、玫瑰绿茶、墨红红茶、玫瑰九曲红梅等花色品种。

玫瑰原名徘徊花，原产于我国、朝鲜及日本，是蔷薇科的落叶灌木，品种繁多，是花中最大的家族。因玫瑰花中富含香茅醇、橙花醇、香叶醇、苯乙醇及苄醇等多种挥发性香气成分，故具有甜美的香气，是窨制花茶的主要原料。

通常玫瑰花采下后，经适当摊放、折瓣，拣去花蒂、花蕊，以净花瓣付窨。不同的玫瑰花茶有不同的用花量：广东玫瑰红茶实行单窨，下花量为一百千克茶用十至十六千克花；福建玫瑰绿茶两窨一提，总下花量为一百千克茶用五十千克花；九曲红梅一窨一提，用花量为二十千克。

品饮玫瑰花茶时，可以用瓷器、陶器，也可以用玻璃的茶具，用素净的玻璃杯最佳，因为沉香梦般的玫瑰花茶需要一个唤醒的过程，需要目光的轻抚和搅拌。同时也便于欣赏花与茶在杯中舒展、沉浮、飘荡、聚集的情景。

水质对于泡玫瑰花来说十分重要，一般用矿泉水或者山泉水。玫瑰花茶不宜用温度太高的水来洗。玫瑰花茶最好热饮，热饮时花的香味浓郁，闻之沁人心脾。

品饮玫瑰花茶不但是一种享受，而且常喝玫瑰花茶还能起到很好的保健作用。

玫瑰花茶性质温和，降火气，可调理血气，促进血液循环，养颜美容。且有消除疲劳，愈合伤口，保护肝脏胃肠功能，长期饮用也有助于促进新陈代谢。

玫瑰花茶的品质特点：既保持茶胚原有的滋味，又具有鲜花浓郁甜美的香气，深受福建、广东、浙江等地消费者的欢迎。

桂花花茶

桂花花茶产于广西桂林、四川成都、重庆、湖北咸宁、福建安溪等地。窨制花茶的桂花主要有颜色金黄，具有浓郁芬芳的金桂、花色为金红色，香气稍淡的丹桂、花为白色，香气浓郁的银桂、花为黄白色，香气淡雅的四季桂等。

桂花香气浓郁而高雅、持久，无论窨制绿茶，还是窨制乌龙茶、红茶均可取得较好的效果。桂花花茶中的主要品种有桂花绿茶、桂花乌龙茶、桂花红茶等。

桂花烘青绿茶：是桂花茶中的大宗品种，主产于广西桂林、湖北咸宁。主要品质特点是：外形条索紧细匀整，色泽墨绿光润，冲泡后，香气浓郁持久，滋味醇香爽口，汤色黄绿明亮，叶底嫩黄柔软。

桂花乌龙：产于福建安溪，品质特点是：条索粗壮重实，色泽褐润，香气高雅隽永，滋味醇厚回甘，汤色橙黄明亮，叶底深褐柔软。

桂花红茶：主要以红碎茶为茶胚，外形颗粒紧细匀一，色泽乌润，冲泡后，香气浓郁，滋味甜爽，汤色红亮，叶底红匀。

（二）紧压茶

紧压茶生产历史悠久，诸如唐代的团饼茶、宋代的龙团凤饼等。制作时，采用茶树鲜叶经杀青、磨碎、压磨成型、烘干等工艺制作而成。现代的紧压茶与古代的制法不同，大多是以绿茶、红茶、黑茶的毛茶为原料经蒸压成型而制成，属再加工茶。紧压茶因主要销往边疆少数民族地区，故习惯上又称之为边销茶。紧压茶具有较强的防潮性能，便于运输和贮藏，并具有较强的消食祛腻的功效，成为边疆地区各民族日常生活的必需品。我国的紧压茶产区集中在湖南、湖北、四川、云南、贵州等省。花色品种多，加工方法也不尽相同。主要品种有沱茶、米砖茶、黑砖茶、花砖茶、茯砖茶、青砖茶、普洱方茶、竹筒香茶、方包茶、湘尖、六堡茶、紧茶、圆茶、饼茶等。

沱茶

主要产于云南下关茶厂，此外重庆也有少量生产。沱茶早在明代万历年间就已经开始生产，距今已有三百年的历史。沱茶从表面上看似圆面包，从底下看像厚壁碗，中间下凹，独具特点。沱茶的种类因原料不同分为绿茶沱茶和黑茶沱茶。绿茶沱茶是以较细嫩的晒青绿毛茶为原料，经蒸压后制作而成，又称云南沱茶；黑茶沱茶是以普洱茶为原料，蒸压而成，又称云南普洱沱茶。重庆沱茶选用中上等晒青、烘青和炒青毛茶加工而成。

云南沱茶：以一、二级滇青为原料，蒸压成碗状，外观显毫，香气馥郁，滋味醇厚回甘，汤色橙黄明亮。

云南普洱沱茶：用普洱散茶蒸压而成，外形似碗状，紧结，色泽褐红，有独特的陈香，滋味醇厚回甘，汤色红浓明亮。

重庆沱茶：以所用原料的优次分为“特级重庆沱茶”“重庆沱茶”“山城沱茶”三种。成品茶外形似碗状，色泽乌黑油润，汤色橙黄明亮，叶底较嫩匀，滋味醇厚甘和，香气馥郁陈香。

竹筒香茶

主要产于云南西双版纳的勐海县，文山州的广南县、腾冲等地，因具有浓郁的竹筒香味而得名，是云南省特有的茶类，距今已有二百多年的历史。制作方法独特，制作时将鲜叶和糯米饭同蒸，蒸软并吸收糯米饭香，装入竹筒慢慢烤干后制成。也有将杀青、揉捻后的茶叶放入竹筒中，慢慢烤干制作成的。

竹筒香茶的品质特点：外形呈圆柱形，直径三到八厘米不等，长八到二十厘米不等，柱体光滑，茸毫较多，色泽绿色或深褐色。冲泡后，香气浓郁芬芳，具有竹香、糯米香、茶香三香一体，滋味醇厚清澈，叶底肥嫩柔亮。

六堡茶

原产于广西苍梧的六堡乡而得名，是广西特产，已有二百多年的历史。六堡茶区位于桂林南郊，历史上以崇州村和黑石村茶最为有名，据地方志记载：“崇州村所产的茶叶，其地处崇山峻岭，树木翳天，所植茶树得水已足，且在高山得雾独多，每当午后，太阳不能照射，则蒸发少，故茶嫩且厚而大，其味独浓而香。黑山村所产之茶，其山为黑石与水亦足，而茶叶亦大而厚，味亦浓。”

六堡茶的制作是采用当地的大叶种茶树的鲜叶作为原料，经杀青、揉捻、渥堆、复揉、干燥五道工序制成。杀青特点是低温杀青；揉捻则是以整形为主，细胞破碎为辅；渥堆是形成六堡茶独特品质的关键性工序，其目的是通过渥堆湿热作用，促进内含物质的变化，减掉苦涩味，使滋味变醇，消除青臭气，并使叶色变为深黄褐青。渥堆时期，掌握到出现黏汁，发出特有的醇香，即为适度，所以属于后发酵茶。

六堡茶的品质特点：叶呈长椭圆披针形，叶色褐黑光润，间有黄花点，叶底红褐。冲泡后，香气醇陈，汤色红浓明净似琥珀色，滋味醇厚甘和，有槟榔味。

米砖茶

米砖茶，是产于“中国砖茶之乡”——湖北赤壁市羊楼洞古镇的一种特有茶，为紧压的红茶——红砖茶。因面茶和罩茶均为红茶茶末，故称米砖。早在十九世纪中叶就有山西人在湖北设茶庄，收购毛茶，制作砖茶。清道光年间宜红问世。至一八七三年前后，俄商在汉口设厂，用机械加工米砖，并转运俄国销售，开始了米砖出口的历史。现在一些西方国家有的家庭，还将外形美观的米砖作为工艺品，放在客厅陈设观赏。

米砖茶的品质特点：外形美观，砖模棱角分明，纹面图案清晰秀丽，色泽乌亮，四角平整，表面光滑；冲泡后，香气平和，滋味醇甘，汤色深红，叶底均匀红暗。

二之具

籝[1]，一曰篮，一曰笼，一曰筥[2]。以竹织之，受五升[3]，或一斗、二斗、三斗者，茶人负以采茶也。【籝，音盈，《汉书》所谓“黄金满籝，不如一经。”[4]颜师古云：“籝，竹器也，容四升耳。”】灶，无用突[5]者。

釜，用唇口者。

甑[6]，或木或瓦，匪腰而泥。篮以箅之，篾以系之[7]。始其蒸也，入乎箅；既其熟也，出乎箅。釜涸，注于甑中，【甑，不带而泥之。】又以榖木枝三桠者制之，散所蒸芽笋并叶，畏流其膏。

杵臼，一名碓，惟恒用者为佳。

规，一曰模，一曰棬。以铁制之，或圆，或方，或花。

承，一曰台，一曰砧。以石为之。不然，以槐、桑木半埋地中，遣无所摇动。

襜[8]，一曰衣。以油绢或雨衫、单服败者为之。以襜置承上，又以规置襜上，以造茶也。茶成，举而易之。

芘莉[9]，一曰籯子，一曰筹筤[10]，以二小竹，长三尺，躯二尺五寸，柄五寸。以篾织方眼，如圃人土罗，阔二尺，以列茶也。

棨[11]，一曰锥刀。柄以坚木为之。用穿茶也。

扑[12]，一曰鞭。以竹为之。穿茶以解[13]茶也。

焙[14]，凿地深二尺，阔二尺五寸，长一丈。上作短墙，高二尺，泥之。

贯，削竹为之，长二尺五寸，以贯茶焙之。

棚，一曰栈。以木构于焙上，编木两层，高一尺，以焙茶也。茶之半干，升下棚；全干，升上棚。

穿（音钏），江东、淮南剖竹为之；巴川峡山，纫榖皮为之。江东以一斤为上穿，半斤为中穿，四两五两为小穿。峡中[15]以一百二十斤为上穿，八十斤为中穿，五十斤为小穿。穿字旧作钗钏之"钏"字，或作贯"串"。今则不然，如"磨、扇、弹、钻、缝"五字，文以平声书之，义以去声呼之，其字，以"穿"名之。

育，以木制之，以竹编之，以纸糊之。中有隔，上有覆，下有床，傍有门，掩一扇。中置一器，贮塘煨火，令煴煴然[16]。江南梅雨时，焚之以火。【育者，以其藏养为名。】

[注释]

1 籯：用竹编织而成的箱、笼、篮子等采茶器具。《扬子·方言》陈宋楚魏之间谓筲为籯。《前汉·韦贤传》邹、鲁谚曰：遗子黄金满籯，不如一经。《注》如淳曰：籯，竹器，受三四斗，今陈留俗有此器。

2 筥：盛物的圆形竹筐。

3 升：唐代一升约合今天的六百毫升。

4 黄金满籯，不如一经：语出《汉书·韦贤传》："遗子黄金满籯，不如一经。"谓留给儿孙满箱黄金，不如留给他一本经书。

5 无用突者：突，烟囱。陆羽认为，不要使用有烟囱的灶，这样能使火力集中于锅底。

6 甑：古代蒸炊器，用木头或陶土制成。今蒸笼。

7 篮以箅之，篾以系之：箅，蒸笼中的竹屉。篾，长条细簿竹片，在此作从甑中取出箅的理耳。

8 檐：又叫作衣，可以用油绢或穿坏了的雨衣、单衣制作而成。

9 芘莉：两种草名，此处指竹制的盘子类器具。

10 篣筤：篣、筤本为两种竹名，此处指笼、盘一类盛物器具。

11 棨：用以在茶饼上钻孔的锥刀。

12 扑：穿茶饼的绳索、竹条。

13 解：搬运、运送。

14 焙：温火烘烤。

15 峡中：指三峡地带。

16 令煴煴然：煴，没有光焰的火。煴煴然，火热微弱的样子。颜师古说：“煴，聚火无焰者也”。

[释文]

籝，又叫作蓝，又称为笼或筥，用竹编织而成，容积五升，或一斗、二斗、三斗，它是采茶人背着采茶叶用的。【籝，读“盈”音，在《汉书》中有“黄金满籝，不如一经”（出自《汉书·韦贤传》的说法，意思是留给子孙满筐黄金，不如教其熟读一种经书）之说。颜师古（唐代训诂学家，曾为《汉书》等古典文集作注）曾说：“籝，是一种竹器，容量四升。”】灶，不要使用有烟囱的，这样能使火力集中于锅底。

锅，要用锅口外翻且有唇边的。

甑，用木头或陶土制成。腰部不能突出，并用泥巴封固好。甑内放入竹篮作甑箅，用竹片系牢。开始蒸的时候，将叶子放到箅里；等到熟之后，从箅里倒出。锅里的水快煮干时，从甑中加水进去。【甑，腰部不需用捆绑，而是用泥巴封起来。】还要用三杈的榖木翻拌。蒸了之后的嫩芽叶及时摊开，以防止茶汁流走。

杵臼，又叫碓，经常用于捣茶的杵臼是最好的。

规，又叫作模，又叫作棬，用铁制作而成，有的是圆形，有的是方形，有的像花的形状。

承，又叫作台，又叫作砧，用石头制作而成。如果用槐树、桑树做，就要把下半截埋进土中，使它不能摇动。

檐，又叫作衣，可以用油绢或穿坏了的雨衣、单衣制作而成。把“檐”放在“承”上，“檐”上再放上模型，用来制造压紧的饼茶。压成一块之后，拿起来，另外换一个模型再做。

芘莉，又叫作籯子或筹筤。用两根各长三尺的小竹竿，制作成身长二尺五寸，手柄长五寸，宽二尺的工具，用竹篾织成方眼状的竹匾，就好像种菜人用的土筛，用来放置刚制成的茶饼。

棨，又叫作锥刀，用坚实的木料做柄，用来给饼茶穿孔。

扑，又叫作鞭，用竹子编成，用来把茶饼穿成串，以便于搬运。

焙，在地上挖坑深二尺，宽二尺五寸，长一丈，上砌矮墙，高二尺，用泥涂抹平整。

贯，竹子削制而成，长二尺五寸，烘焙时用来贯穿茶饼。

棚，又称栈，用木制成架子，放在焙上，分上下两层，相距一尺高，用来烘焙茶饼。茶饼半干时，放到棚的下层；全干后，升到棚的上层。

穿，江东淮南地区劈开竹竿做成；巴山峡川用榖树皮做成，用来贯串制好的茶饼。江东淮南把一斤称为“上穿”，半斤称为“中穿”，四两、五两称为“小穿”。巴山峡川则称一百二十斤为“上穿”，称八十斤为“中穿”，称五十斤为“小穿”。“穿”字，之前作钗钏的“钏”字，或作贯“串”。现在不一样，“磨、扇、弹、钻、缝”五个字，字形还是按读平声的字形，读音却是读去声，意思也按读去声的来讲。

育，是用木制成框架，用竹篾编织外围，再用纸裱糊。中有间隔，上有盖，下有托盘，旁开一扇门。中间放一器皿，里边盛有火灰，这样的火势微弱没有火焰。江南梅雨季节时，烧火除湿。【育，对茶有很好的保藏养益功能，故此得名。】

附一：采茶诗词

即 目

唐·李商隐

小鼎煎茶面曲池，白须道士竹间棋。
何人书破蒲葵扇，记著南塘移树时。

赠隐者

唐・温庭筠

茅堂对薇蕨，炉暖一裘轻。
醉后楚山梦，觉来春鸟声。
采茶溪树绿，煮药石泉清。
不问人间事，忘机过此生。

湖州歌九十八首其四十八

宋・汪元量

江头杨柳舞婆娑，万马成群啮短莎。
北客醉中齐拍手，隔船又唱采茶歌。

忆秦娥・游人绝

宋・刘克庄

游人绝。绿阴满野芳菲歇。
芳菲歇。养蚕天气，采茶时节。
枝头杜宇啼成血，陌头杨柳吹成雪。
吹成雪。淡烟微雨，江南三月。

初夏喜事

宋·陆游

箕颍元非争夺场，潇湘自古水云乡。
采茶歌里春光老，煮茧香中夏景长。
敛版早知游宦恶，署门晚悟世情常。
茹芝却粒虽无术，散发犹当效楚狂。

咏贡茶

元·林锡翁

百草逢春未敢花，御花葆蕾拾琼芽。
武夷真是神仙境，已产灵芝又产茶。

采茶词

明·高启

雷过溪山碧云暖，幽丛半吐枪旗短。
银钗女儿相应歌，筐中摘得谁最多？
归来清香犹在手，高品先将呈太守。
竹炉新焙未得尝，笼盛贩与湖南商。
山家不解种禾黍，衣食年年在春雨。

附二：茶具十二先生

十二先生出自南宋审安老人的《茶具图赞》，是我国第一部以图谱形式写茶事的专著。审安老人真名董真卿，他于宋咸淳五年（公元一二六九年）集宋代点茶用具之大成，以传统的白描画法画了十二件茶具图形，称之为“十二先生”。并按宋时官制冠以名、字、号，足见当时上层社会对茶具钟爱之情。

明野航道人长洲朱存理题的数语，并表示：“愿与十二先生周旋，尝山泉极品，以终身此闲富贵也。”

韦鸿胪—炙茶用的烘茶炉

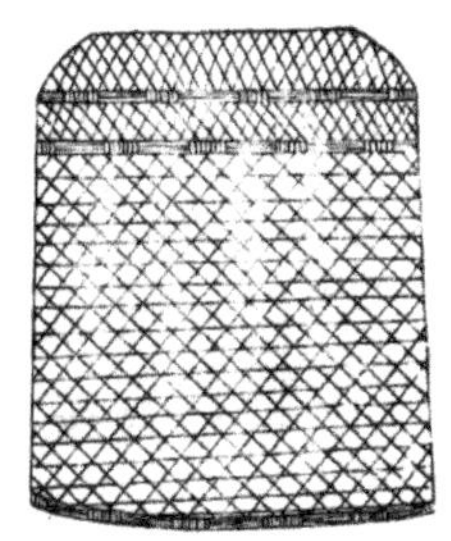

木待制—捣茶用的茶臼

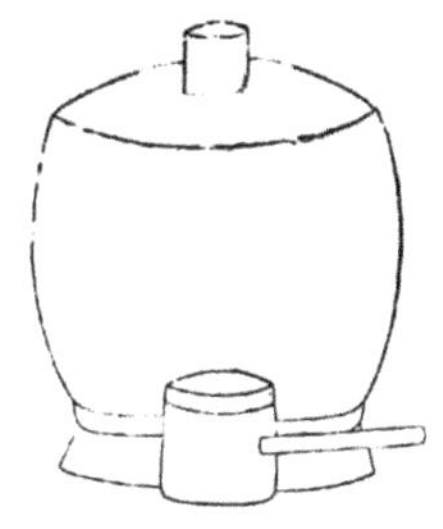

金法曹—碾茶用的茶碾

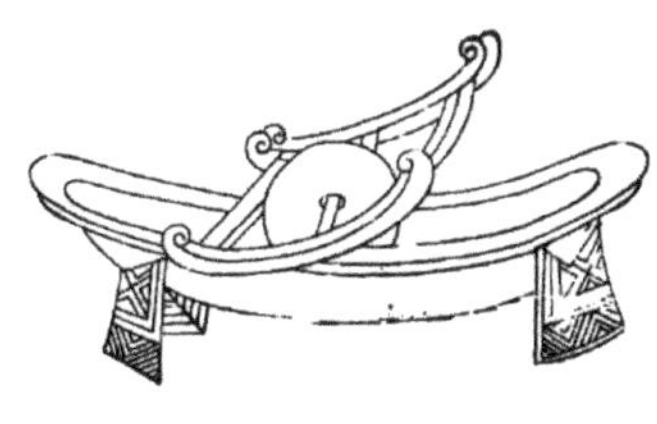

石转运—磨茶用的茶磨

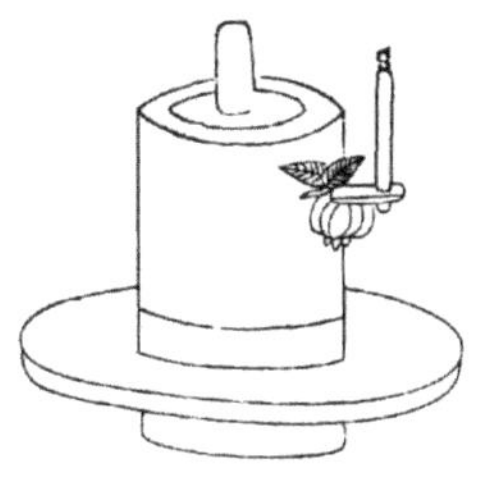

胡员外—量水用的水杓

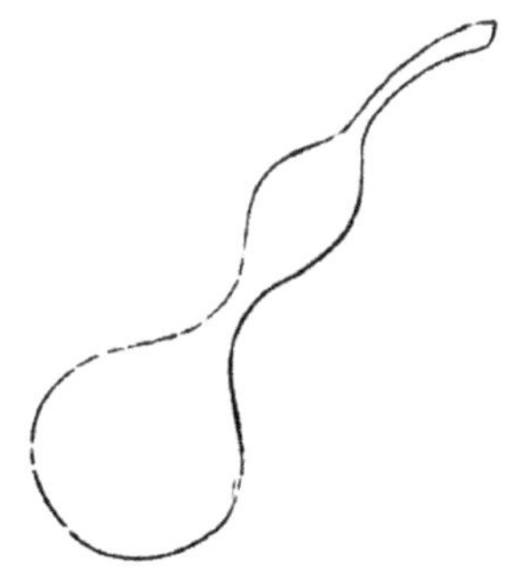

罗枢密—筛茶用的茶罗

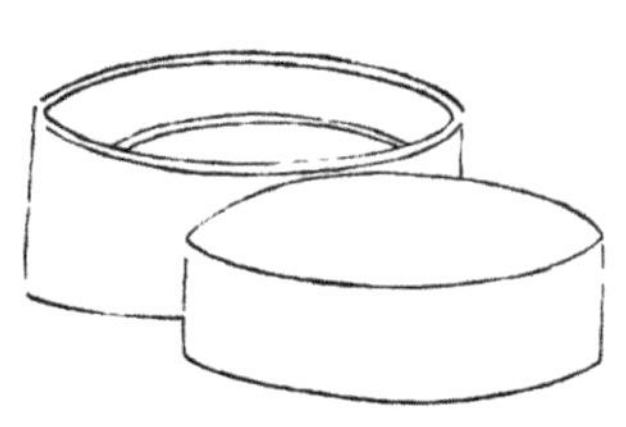

宗从事—清茶用的茶帚

漆雕密阁—盛茶末用的盏托

陶宝文—茶盏

汤提点—注汤用的汤瓶

竺副帅—调沸茶汤用的茶筅

司职方— 清洁茶具用的茶巾

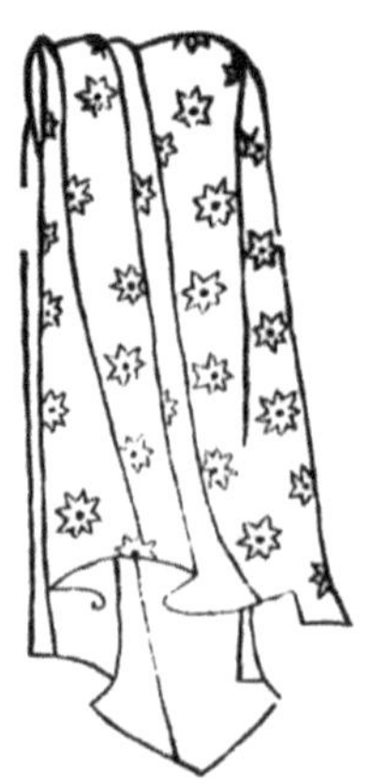

三之造

凡采茶，在二月、三月、四月之间。茶之笋者，生烂石沃土，长四、五寸，若薇蕨始抽，凌露采焉[1]。茶之芽者，发于蘩薄[2]之上，有三枝、四枝、五枝者，选其中枝颖拔者采焉。其日，有雨不采，晴有云不采；晴，采之，蒸之，捣之，焙之，穿之，封之，茶之干矣。

茶有千万状，卤莽而言，如胡人靴者，蹙缩然；【京锥文也[3]。】犎[4]牛臆者，廉襜然[5]；浮云出山者，轮囷[6]然；轻飙拂水也，涵澹然[7]；有如陶家之子，罗膏土以水澄泚[8]之；【谓澄泥也。】又如新治地者，遇暴雨流潦之所经；此皆茶之精腴。有如竹箨[9]者，枝干坚实，艰于蒸捣，故其形籭簁然[10]；有如霜荷者，茎叶凋沮，易其状貌，故厥状委悴然；此皆茶之瘠老者也。

自采至于封，七经目。自胡靴至于霜荷，八等。或以光黑平正言佳者，斯鉴之下也；以皱黄坳垤[11]言佳者，鉴之次也。若皆言佳及皆言不佳者，鉴之上也。何者？出膏者光，含膏者皱；宿制者则黑，日成者则黄；蒸压则平正，纵之[12]则坳垤；此茶与草木叶一也。茶之否臧[13]，存于口决。

[注释]

1 若薇蕨始抽，凌露采焉：薇和蕨，都是野菜，嫩叶可做蔬菜。《诗经·小雅》有《采薇》篇，《毛传》："薇，菜也。"《诗经》又有"吉采其蕨"句，《诗义疏》说："蕨，山菜也。"二者都在春季抽芽生长。此处指新抽芽的茶叶。凌露，冒着露水。

2 蘖薄：灌木、杂草丛生的地方。

3 京锥文也：京，高大。《诗经·皇矣》："依其在京。"《毛传》："京，大阜也。"锥，刀锥。文，同"纹"。全句意为：大钻子刻钻的花纹。

4 犎：野牛也。

5 臆者，廉襜然：臆，指牛胸肩部位的肉。廉，边侧。《说文》："廉，仄也。"襜，帷幕。全句意为：像牛胸肩的肉，像侧边的帷幕。

6 轮囷：轮，车轮。囷，圆顶的仓。

7 涵澹：微风吹水摇荡的样子。澹，水波起伏。引申为飘动，摇荡。

8 澄泚：沉淀使水清亮。

9 竹箨：竹笋的外壳。

10 簏簁：皆为竹器。《说文》：“簏，竹器也。”《集韵》说就是竹筛。

11 坳垤：土地低下处叫坳，小土堆叫垤。形容茶饼表面的凸凹不平。

12 纵之：放任草率，不认真制作。

13 否臧：否，贬低，非议。臧，褒奖。《世说新语·德行第一》：“每与人言，未尝臧否人物。”

[释文]

茶叶采摘，一般都在二月、三月、四月之间。肥壮如笋的芽叶，生长在有风化石碎块的肥沃土壤里，长四五寸，就像刚刚破土而出的薇、蕨嫩茎，清晨带着露水采摘它。差一点的芽叶，短而瘦小，生长在草木夹杂的茶树枝上。从一老枝上长出三枝、四枝、五枝的，选择其中长得挺拔的采摘。当天有雨不采摘，晴天有云也不采摘，只有晴天才能采摘，采摘的芽叶，把它们上甑蒸熟，用杵臼捣碎，放到模型里用手拍压成一定的形状，接着焙干，之后穿成串，包装好，茶就可以保持干燥了。

茶叶的形状千姿百态，粗略地说，有的像胡人的靴子，皮面皱缩着；【就像大钻子刻划的线纹。】有的像牛的胸部，有细微起伏的褶痕；有的像浮云出山，曲折盘旋；有的像轻风拂水，微波涟漪；有的像陶匠筛出细土，再用水沉淀出的泥膏那样光滑润泽；【陶匠淘洗陶土称澄泥。】有的又像新整的土地，因为被暴雨急流冲刷而高低不平。这些都是精美上等的茶。有的茶像笋壳，枝梗坚硬，很难蒸捣，导致制成的茶叶形状像罗筛一样坑坑洼洼；有的像经历秋霜的荷叶，茎叶凋败，变了样子，导致制成的茶外貌枯干。这些都是粗老劣等的茶。

从采摘到封装，经过七道工序；从类似胡人靴子的皱缩状到类似经霜荷叶的衰萎状，共分为八个等级。有的人把黑亮、平整当作好茶的标志，这是下等的鉴别方法。把皱缩、黄色、凸凹不平当作好茶的特征，这是次等的鉴别方法。如果既能从整体指出茶的好处，又能说出不足，才是最会鉴别茶的行家。为什么呢？因为压出了茶汁的就光亮，含着茶汁的就皱缩；过了夜制成的颜色黑，当天制成的颜色黄；蒸后压得紧的就平整，任其自然不紧压的就凸凹不平。这是茶和草木叶子共同的特点。茶叶品质的好坏，有一套口头传授的鉴别方法。

附一：采茶古诗民谣

清明一杆枪，姑娘采茶忙。——江浙一带

吃好茶，雨前嫩尖采谷芽。——湖南

谷雨前，嫌太早，后三天，刚刚好，再过三天变成草。——湖北

秋晚怀茅山石涵村舍

唐·杜牧

十亩山田近石涵，村居风俗旧曾谙。

帘前白艾惊春燕，篱上青桑待晚蚕。

云暖采茶来岭北，月明沽酒过溪南。

陵阳秋尽多归思，红树萧萧覆碧潭。

陆鸿渐采茶相遇

唐·皇甫曾

千峰待逋客，香茗复丛生。
采摘知深处，烟霞羡独行。
幽期山寺远，野饭石泉清。
寂寂燃灯夜，相思一磬声。

四之器

风炉（灰承） 筥 炭檛 火筴 鍑 交床 夹 纸囊 碾（拂末） 罗合 则 水方 漉水囊 瓢 竹筴 鹾簋（揭） 熟盂 碗 畚 札 涤方 滓方 巾 具列 都篮

风炉，以铜、铁铸之，如古鼎形。厚三分，缘阔九分，令六分虚中，致其杇墁[1]。凡三足，古文[2]书二十一字。一足云："坎上巽下离于中[3]"；一足云："体均五行去百疾"；一足云："圣唐灭胡明年铸[4]。"其三足之间，设三窗。底一窗以为通飙漏烬之所。上并古文书六字：一窗之上书"伊公"二字；一窗之上书"羹陆"二字；一窗之上书"氏茶"二字，所谓"伊公羹，陆氏茶[5]"也。置墆𡋯[6]于其内，设三格：其一格有翟焉，翟者，火禽也，画一卦曰离；其一格有彪[7]焉，彪者，风兽也，画一卦曰巽；其一格有鱼焉，鱼者，水虫也，画一卦曰坎。巽主风，离主火，坎主水，风能兴火，火能熟水，故备其三卦焉。其饰，以连葩、垂蔓、曲水、方文之类。其炉，或锻铁为之，或运泥为之。其灰承，作三足铁柈台[8]之。

筥，以竹织之，高一尺二寸，径阔七寸。或用藤，作木楦如筥形织之。六出圆眼。其底盖若利篋[9]口，铄之。

炭，以铁六棱制之。长一尺，锐上丰中。执细，头系一小，以饰也。若今之河陇军人木吾[10]也。或作锤，或作斧，随其便也。

火筴，一名箸[11]，若常用者。圆直一尺三寸，顶平截，无葱台勾锁[12]之属，以铁或熟铜制之。

鍑（音辅，或作釜，或作鬴），以生铁为之。今人有业冶者，所谓急铁，其铁以耕刀之趄[13]炼而铸之。内模土而外模沙。土滑于内，易其摩涤；沙涩于外，吸其炎焰。方其耳，以令正也。广其缘，以务远也。长其脐，以守中也。脐长，则沸中；沸中，则末易扬；末易扬，则其味淳也。洪州[14]以瓷为之，莱州[15]以石为之。瓷与石皆雅器也，性非坚实，难可持久。用银为之，至洁，但涉于侈丽。雅则雅矣，洁亦洁矣，若用之恒，而卒归于银也。

交床，以十字交之，剜中令虚，以支鍑也。

夹，以小青竹为之，长一尺二寸。令一寸有节，节以上剖之，以炙茶也。彼竹之筱[16]，津润于火，假其香洁以益茶味。恐非林谷间莫之致。或用精铁、熟铜之类，取其久也。

纸囊，以剡藤纸[17]白厚者夹缝之。以贮所炙茶，使不泄其香也。

碾（含拂末），以橘木为之，次以梨，桑、桐、柘为之。内圆而外方。内圆，备于运行也；外方，制其倾危也。内容堕而外无余木。堕，形如车轮，不辐而轴焉。长九寸，阔一寸七分。堕径三寸八分，中厚一寸，边厚半寸。轴中方而执圆。其拂末，以鸟羽制之。

罗合，罗末，以合贮之，以则置合中。用巨竹剖而屈之，以纱绢衣之。其合，以竹节为之，或屈杉以漆之。高三寸，盖一寸，底二寸，口径四寸。

则，以海贝、蛎蛤之属，或以铜、铁、竹匕策[18]之类。则者，量也，准也，度也。凡煮水一升，用末方寸匕[19]。若好薄者减之，嗜浓者增之。故云则也。

水方，以椆、槐、楸、梓等合之，其里并外缝漆之，受一斗。

漉水囊[20]，若常用者，其格以生铜铸之，以备水湿，无有苔秽、腥涩之意。以熟铜，苔秽，铁腥涩也。林栖谷隐者，或用之竹木。木与竹非持久涉远之具，故用之生铜。其囊，织青竹以卷之，裁碧缣以缝之，纽翠钿以缀之。又作油绿囊以贮之。圆径五寸，柄一寸五分。

瓢，一曰牺、杓，剖瓠为之，或刊木为之。晋舍人杜育[21]《荈赋》云："酌之以匏。"匏，瓢也，口阔，胫薄，柄短。永嘉中，余姚人虞洪入瀑布山采茗，遇一道士云："吾，丹丘子，祈子他日瓯牺之余，乞相遗也。"牺，木杓也。今常用以梨木为之。

竹筴，或以桃、柳、蒲葵木为之，或以柿心木为之。长一尺，银裹两头。

鹾簋[22]（含揭），以瓷为之，圆径四寸，若合形。或瓶、或罍。贮盐花也。其揭，竹制，长四寸一分，阔九分。揭，策也。

熟盂，以贮熟水。或瓷，或砂。受二升。

碗，越州上，鼎州、婺州[23]次；岳州上，寿州、洪州次。或者以邢州[24]处越州上，殊为不然。若邢瓷类银，越瓷类玉，邢不如越一也；若邢瓷类雪，则越瓷类冰，邢不如越二也；邢瓷白而茶色丹，越瓷青而茶色绿，邢不如越三也。晋杜育《荈赋》所谓："器择陶拣，出自东瓯。"瓯，越也。瓯越州上。口唇不卷，底卷而浅，受半升以下。越州瓷、岳瓷皆青，青则益茶，茶作红白之色。邢州瓷白，茶色红；寿州瓷黄，茶色紫；洪州瓷褐，茶色黑；悉不宜茶。

畚（纸帊）[25]，以白蒲卷而编之，可贮碗十枚，或用筥。其纸帊以剡纸夹缝令方，亦十之也。

札，缉栟榈皮，以茱萸木夹而缚之，或截竹束而管之，若巨笔形。

涤方，以贮洗涤之余，用楸木合之，制如水方，受八升。

滓方，以集诸滓，制如涤方，处五升。

巾，以絁布[26]为之。长二尺，作二枚，互用之，以洁诸器。

具列，或作床，或作架。或纯木、纯竹而制之；或木或竹，黄黑可扃[27]漆者。长三尺，阔二尺，高六寸。具列者，悉敛诸器物，悉以陈列也。

都篮，以悉设诸器而名之。以竹篾，内作三角方眼，外以双篾阔者经之，以单篾纤者缚之，递压双经，作方眼，使玲珑。高一尺五寸，底阔一尺，高二寸，长二尺四寸，阔二尺。

［注释］

1 杇墁：本为涂墙用的工具。这里指涂抹墙壁。

2 古文：上古之文字，如甲骨文、金文、篆文等。

3 坎上巽下离于中：坎、巽、离都是八卦的卦名，坎为水，巽为风，离为火。

4 圣唐灭胡明年铸：圣唐灭胡，指唐平定安史之乱，时在唐广德元年（七六三），此鼎则铸于公元七六四年。

5 伊公羹、陆氏茶：伊公，指伊挚，商汤时的大尹（宰相）。相传他善调汤味，世称“伊公羹”。陆，即陆羽自己。“陆氏茶”，陆羽煎茶。

6 墆垛：放在炉腔内靠底部位置的炉箅子。

7 彪：小虎。

8 柈台：柈，通“盘”，盘子。台，有光滑平面、由腿或其他支撑物固定起来的像台的物件。

9 利篚：竹箱子。

10 木吾：木棒。

11 箸：火筷子。

12 葱台、勾锁：皆指饰物。

13 耕刀之趄：用坏了的犁头。耕刀，即锄头、犁头。趄，艰难行走之意，成语有“趑趄不前”，此引申为坏的、旧的。

14 洪州：唐时州名。治所在今江西南昌一带。历来出产褐色名瓷。

15 莱州：唐时州名。治所在今山东掖县一带。

16 筱：竹的一种，名小箭竹。

17 剡藤纸：唐时浙江剡县用藤为原料制成的纸，洁白细致有韧性，为唐时包茶专用纸，贡品。

18 匕：匙子。策：竹片，木片。

19 用末方寸匕：用竹匙挑起茶叶末一平方寸。陶弘景《名医别录》：“方寸匕者，作匕正方一寸，抄散取不落为度。”

20 漉水囊：漉，过滤。漉水囊，即滤水袋。

21 杜育：西晋时人，字方叔，曾任中书舍人等职。

22 鹾簋：盛盐用的竹罐。鹾，盐。《礼记·曲礼》：“盐曰咸鹾。”簋，古代盛食物的圆口竹器。

23 越州、鼎州、婺州：越州，治所在今浙江省绍兴地区。唐时越窑主要在余姚，所产青瓷，极名贵。鼎州，治所在今陕西省泾阳三原一带。婺州，治所在今浙江省金华一带。

24 岳州、寿州、洪州、邢州：皆唐时州郡名。治所分别在今湖南岳阳、安徽寿县、江西南昌、河北邢台一带。

25 畚：即簸箕。

26 絁布：粗绸，类似布。

27 扃：关闭门箱窗柜的门闩。

[释文]

风炉，用铜或铁铸成，形状像古鼎，壁厚三分，炉口的边缘宽九分，向炉内空出六分，其下虚空，抹满泥土。炉的下边有三只足，铸有古文，总共二十一个字。一只足上写“坎上巽下离于中”，一只足上写“体均五行去百疾”。一只足上写“圣唐灭胡明年铸”。在三只足之间开了三个窗口。炉底下有一个洞用来通风漏灰。三个窗口上写了六个古体文字，一个窗口上写了“伊公”二字，一个窗口上写了“羹陆”二字，一个窗口上写了“氏茶” 二字，连起来的意思就是“伊公羹，陆氏茶”。炉腔内设置支撑锅子用的炉箅子，分为三格：一格上有只野鸡图案。野鸡是火禽，画一离卦。一格上有只彪的图形。彪是风兽，画一巽卦。一格上有条鱼的图形。鱼是水虫，画一坎卦。“巽”代表风，“离”代表火，“坎”代表水。风能使火烧旺，火能把水煮开，所以要有这三卦。炉身用花卉、藤草、流水、方形花纹等图案来修饰。风炉也有用熟铁制作的，也有用泥巴制作的。灰承（接受炉灰的器具），是有三只脚的铁盘，用来托住炉灰。

筥，用竹子编成，高一尺二寸，直径七寸。也有的先做个像筥形的木箱，再用藤子编在外面，编织时要编出六角形的洞眼。底部和盖子像箱子的口，磨削得很光滑。

炭，用六棱形的铁棒制成，长一尺，头部尖，中间粗，握处细，在细的那头套一个小环作，好像现在河陇一带的军人拿的木棒。有的也做成锤形，有的做成斧形，各随其便。

火筴，又叫作筯，就是平常用的火钳。形状圆而直，长一尺三寸，顶端平齐，没有葱台、勾锁之类的装饰，用铁或熟铜制作。

鍑，用生铁制作。“生铁”是现在冶炼铁的人所说的“急铁”，把用坏了的农具炼铸成铁，用之制作茶锅。铸锅时，内面抹上泥，外面抹沙。内面抹上泥，使锅内壁光滑，容易磨洗；外面抹上沙，使锅底粗糙，容易吸收火焰热量。锅耳做成方形的，能让锅放置端正。锅口边要宽，火焰伸展开。锅底之脐要突出，使火力集中在锅中心。如果脐突出，水就会在锅中心沸腾；在中心沸腾，茶末容易上升；茶末容易上升，茶水的味就淳美。洪州用瓷做锅，莱州用石做锅，瓷锅和石锅都是雅致好看的器皿，但是不坚固，不能长期用。用银做锅，非常清洁，但未免过于奢侈了。雅致确实雅致，清洁固然清洁，但从耐久实用的角度说，终归还是银制作的好。

交床，用十字交叉的木架，把中间挖空，用来放置茶锅。

夹，用小青竹制成，长一尺二寸。在一头的一寸处有竹节的，从节以上剖开，用来夹着茶饼在火上烤，让竹条在火上烤出清香纯洁的竹液来，借它的香气来增加茶叶的香味。但是如果不在山林间炙茶，恐怕难以弄到这样的小青竹。也有的用精铁或熟铜制作，取其经久耐用的长处。

纸囊，用两层又白又厚的剡藤纸制作而成。用来储存烤好的茶叶，使香气不散失。

碾槽，最好是用橘木制作，其次是用梨木、桑木、桐木、柘木制作。碾槽内圆外方。内圆便于运转，外方能防止翻倒。槽内刚好放得下一个碾轮，没有空隙。木碾轮，形状像车轮一样，只是没有车辐，中心有一根轴。轴长九寸，宽一寸七分。木碾轮，直径三寸八分，中间厚一寸，边缘厚半寸。轴中间是方的，手握处是圆的。拂末，用以扫茶末，是用鸟的羽毛制作而成的。

罗合，用罗筛筛出的茶末放在盒中盖好储存，将量具“则”也放在盒中。用大竹剖开弯曲成圆形，罗底蒙上纱或绢。盒用竹节制成，或用杉木片弯曲成圆形，加上油漆制成。盒高三寸，盖高一寸，底高二寸，直径四寸。

则，用海中的贝壳之类，或者用铜、铁、竹做的匙、策之类。“则”是计量的标准、依据。一般说来，煮一升的水，用一“方寸匕”的茶末。如果喜欢淡茶，就减少茶末的用量；喜欢浓茶，就增加茶末的用量，所以称之为“则”。

水方，是用椆、槐、楸、梓等木料制作而成，里面和外面的缝都涂了油漆，容量一斗。

漉水囊，是滤水的工具，同平常用的一样，它的骨架用生铜铸造，防止打湿后附着铜绿和污垢，使水有腥涩的味道。因为用熟铜容易生铜绿污垢；用铁容易生铁锈使水腥涩。隐居山林的人，也有用竹或木制作的。但是竹木制品都不耐用，也不便携带远行，所以用生铜制作。滤水的袋子，用青篾丝编织，卷曲成袋形，再裁剪碧绿的细绢缝制，缀上翠钿作装饰。再制作一个防水所谓绿色油布口袋把整个漉水囊装起来。漉水囊的直径五寸，柄长一寸五分。

瓢，又叫牺杓。把瓠瓜剖开制成，或是用树木挖成。晋朝杜育的《荈赋》中说：“用匏舀取。”匏，就是瓢。口阔、瓢身薄、柄短。晋代永嘉年间，余姚人虞洪到瀑布山中采茶，遇到一个道士对他说：“我是丹丘子，希望你改天把杯杓中多余的茶送点给我喝。”牺，就是木杓。现在常用的木杓多用梨木制作而成。

竹夹，有用桃木制作的，也有用柳木、蒲葵木或柿心木制作的。长一尺，用银包裹着两头。

鹾簋，用瓷制成，圆形，直径四寸，像盒子，也有的是瓶形或小口坛形，盛盐用。揭，用竹子制作而成，长四寸一分，宽九分。揭，是用来取盐的片状工具。

熟盂，用来盛开水，瓷制或陶制，二升容积。

碗，越州产的最好，鼎州、婺州的差一点；岳州的好一点，寿州、洪州的差一点。有人认为邢州产的比越州的好，我认为完全不是这样。如果说邢州瓷质地像银，那么越州瓷就像玉，这是邢瓷不如越瓷的第一点；如果说邢瓷像雪，那么越瓷就像冰，这是邢瓷不如越瓷的第二点；邢瓷白而使茶汤呈红色，越瓷青而使茶汤呈绿色，这是邢瓷不如越瓷的第三点。晋代杜毓《荈赋》中说：“器择陶拣，出自东瓯。”（挑拣陶瓷器皿，好的出自东瓯）瓯，就是越州，越州产的最好，口唇不卷边，碗底卷边而浅，容量不到半升。越州瓷、岳州瓷都是青色，能增加茶的汤色，使茶汤现出白红色；邢州瓷白，茶汤色红；寿州瓷黄，茶汤呈紫色；洪州瓷褐，茶汤呈黑色。都不适宜用来盛茶。

畚，草笼，用白蒲草制作而成，可以放十只碗。也有的用竹筥。纸帊，用两层剡藤纸，裁制成方形，也是能储放十只碗。

札，用茱萸木夹上棕榈皮，捆紧而成。或者用一段竹子，扎上棕榈纤维，形状像支大毛笔。

涤方，用来盛洗涤后的水和茶具的。用楸木制作而成，制作的方法和水方一样，容量八升。

滓方，用来盛放各种茶渣，制法和涤方一样，容量五升。

巾，用粗绸子制作而成，长二尺，做两块，交替使用，用以清洁茶具。

具列，做成床形或架形，或纯用木制，或纯用竹制，也可以木竹兼用，做成小柜，漆成黄黑色，有门可关。长三尺，宽二尺，高六寸。之所以叫它具列，是因为它可以贮放陈列各种器物。

都篮，因为能装下所有器具而得名。用竹篾编制而成，内里编成三角形或方形的眼，外面用两道宽篾作经线，一道窄篾作纬线，交替编压在作经线的两道宽篾上，编成方眼，使它精巧玲珑。都篮高一尺五寸，底宽一尺，高二寸，长二尺四寸，宽二尺。

附一：精湛的茶具

一、茶具历史

古语说得好，“工欲善其事，必先利其器”，即是说，若想做好一件事，首先得做好准备工作。茶艺虽是一种物质活动，但更是精神上的享受，它对器具的讲究就更多了。泡茶的茶具不仅要好用，更要有美感。所以，早在《茶经》中，陆羽便精心设计了适于烹茶、品饮的二十四器。

我国茶文化源远流长，茶具的发展亦是经历了几千年的历程，茶具种类繁多，其结构、特点及其艺术价值，包含极丰富的内容。

神农氏发现茶叶之后，茶叶在民间逐渐普及，“茶之为饮”，茶具也就应运而生。我国茶具的发展史如同 其他饮具、食具一样，它的演进史经历了一个从无到有，从共用到专一，从粗糙到精致的历程。从一只粗糙古朴的陶碗到一只造型别致的茶壶，历经几千年的变迁，一只只茶具的造型、用料、色彩和铭文，都是历史发展的写照。随着饮茶的发展，茶类品种的增多，饮茶方法也不断改进，茶具也不断地变化，制作技术也不断完善。

历代茶具名师艺人创造了形态各异、丰富多彩的茶具，留传下来的传世之作，均是不可多得的珍品，无论是官窑的瓷器茶杯、茶碗，还是民间艺人创造的漆器或竹编茶具，都有颇多传世之作。

（一）唐以前的茶具

在原始社会，人类是没有专门饮茶的器具的。当人类进入阶级社会以后，饮酒、喝茶有了发展，因而对器具就有了新的要求，从而才出现了专用于贮茶、煮茶和饮茶的器具。

从秦汉到唐代，随着饮茶区域和习俗传播的扩大，随着人们对于茶叶功用研究的进一步深入，推动陶器业飞跃发展。

多种用途的远古茶具

中国文明源远流长，许多的文化习俗都可以上溯到文字尚未使用的史前时代。在原始社会时期，人类的生活十分简朴。韩非子的《十遇》及《五蠹》等篇中提到，尧的生活是茅草屋、糙米饭和野菜根，而当时的饮食器皿是土缶。

茶具的演变与发展总是和茶或饮茶的变化联系在一起的。

从茶被人们认识利用以来，很长一段时间里，人们对茶的使用都处在药用和羹食的阶段。最早发现野生茶树时，是采集鲜叶，在锅中烹煮成羹汤而食，这时候的烹饮方法和器皿很简单，根本不可能产生饮茶的器具。这时饮茶的器具，是与酒具、食具共用的，一器多用，即用土缶。以木制或陶制的碗，兼作为饮茶的器具。

陶器的发明在人类社会发展史上具有重大的意义，陶器是人类第一次用火来烧制自己所需要的生活用品。茶具的发展与陶瓷生产的发展密切相关。陶瓷的产生和发展是先陶后瓷。浙江省余姚河姆渡出土的黑陶器，距今已有七千多年历史了，是新石器时代很早的陶器之一，也是当时食具兼作饮具的代表作品。

陶简出自东隅

茶具又称茶器，最初都称为茶具，如王褒《僮约》的“烹茶尽具”，指烹茶前要将各种茶具洗净备用。到晋代以后则称之为茶器。此外，一些出土文物也证明茶具的历史可追溯到汉代。二十世纪七八十年代，在浙江上虞出土了东汉的碗、杯、壶、盏等瓷器，在江西南昌、浙江湖州还出土了东汉陶炉、贮茶瓷罐等。这些都可以视为我国最早茶具的实物证据。

到了西晋，杜毓在《荈赋》中载：“器泽陶简，出自东隅。酌之以匏，取式公刘。”左思在《娇女诗》中也有：“心为茶荈剧，吹嘘对鼎钖。”其中的陶器和舀水的匏，以及鼎锪都是茶具，而且可以看出当时的茶具已开始流行。

早期青铜茶具

虽然说秦汉以前，茶尚未成为百姓主要的生活饮品，因而没有专门的茶具。但是作为生活必需的各种器皿已经很普及，也为茶具的发展打下了良好的基础。

金属用具是指由金、银、铜、铁、锡等金属材料制作而成的器具。它是我国最古老的日用器具之一，早在公元前十八世纪至公元前二二一年秦始皇统一中国之前的一千五百年间，青铜器就得到了广泛的应用。先人用青铜制作成杯来盛水，制作成爵、尊、觞来盛酒，这些青铜器皿自然也可用来盛茶。

进入夏、商、周时期，青铜器步入发展的鼎盛时期，但由于青铜昂贵，所以平常的百姓日用的器皿仍以陶器为主。商代的陶器工艺上最值得一提的是釉的出现。釉是一种玻璃质，施于陶器上，能起到美化、保洁的作用。

一直到汉代，青铜器皿一直是上流社会所钟爱的重要容器。

（二）煮饮时代的唐代茶具

唐代是饮茶史上的里程碑，标志着过去单纯的以解渴为目的的饮茶方式向讲究品饮艺术的饮茶的转变。饮茶提高到了一个新的艺术高度，也使人们对茶具的要求更高、更全面。

唐代是我国历史上一个辉煌的朝代，对于茶饮的发展和茶文化的传播影响深远。此时，茶饮已经成为了我国人民日常生活中的必需，并且更加讲究饮茶中的情趣。茶具在注重其实用性的同时，也更加关注其艺术性。

伴随着品饮艺术的崛起，茶具史上也产生了一次划时代的变革。陆羽是这场变革的完成者，在其代表作《茶经》里他第一次完整而系统地介绍了茶具。

《茶经》全文近八千字，全篇字字珠玑，作者却不惜笔墨，在《茶经·四之器》里用洋洋数千言详细地记述了饮茶器具，并将其分为八大类二十四种。

唐代的饮茶方式与今人有很大的不同，以致于有许多茶具是今人所未曾见到过的。唐代陆羽在《茶经》中开列的二十八种茶具，按器具名称、规格、造型和用途分别介绍。

唐代金银茶具

自秦汉至六朝，茶叶作为饮料已渐成风尚，茶具也逐渐从与 其他饮具共用中分离出来。大约到南北朝时，我国出现了包括饮茶器皿在内的金银器具。

到隋唐时，金银器具的制作达到高峰。

二十世纪八十年代中期，陕西扶风法门寺出土的一套由唐僖宗供奉的鎏金茶具，可谓是金属茶具中的稀世珍宝。

唐代琉璃茶具

伴随着文化交流的增多，西方琉璃器的不断传入，我国已开始烧制琉璃茶具。

陕西扶风法门寺地宫出土的由唐僖宗供奉的素面圈足淡

黄色琉璃茶盏和素面淡黄色琉璃茶托，是地道的中国琉璃茶具，虽然造型原始，装饰简朴，透明度低，但却表明我国的琉璃茶具在唐代时已有发展，在当时堪称为稀世珍品。

唐代元稹曾写诗赞誉琉璃，说它是“有色同寒冰，无物隔纤尘。象筵看不见，堪将对玉人”。

唐代陶瓷茶具

我国茶具最早以陶器为主，在瓷器发明之后，陶质茶具就已经逐渐为瓷质茶具所代替。瓷器茶具又可分为白瓷茶具、青瓷茶具和黑瓷茶具等。

一代名窑——越窑

陆羽在《茶经》中记载的越窑是我国古代著名的青瓷窑。对于唐代的茶碗，陆羽有“碗，越州上”的说法，这主要是因为越窑的青瓷碗有利于衬托那时的茶人所欣赏的汤色。

秦汉以前，古人所用的器皿多为陶制品。汉以后，才出现瓷器。东汉晚期，瓷器的烧造技术进一步发展，成熟的青瓷在浙江东部地区烧制出来。这一时期生产出大量的瓷器制品。至唐代，茶文化的兴盛又带动了瓷器的发展，瓷制茶具也大量生产出来。越窑是当时享有盛名的瓷窑之一。

越窑分布在浙江上虞、余姚一带。自汉代越窑开始烧造原始瓷器，到南朝时，已烧出了成熟的青瓷。那时越窑生产出来的器型仅有碗、壶、罐、谷仓、托盏等。唐代和五代时期是越窑的繁盛时期。中唐以后，越窑青瓷成为中国南方瓷器的代表，与北方的邢窑白瓷形成“南青北白”的局面。越窑生产出来的青瓷，胎体轻薄，釉色青中闪黄，有青玉的质感。

陆羽将当时七处瓷窑生产的茶碗作对比，认为越瓷第一，因为越瓷“类玉”“类冰”且“色青宜茶”，宜衬托茶色。唐代越窑生产出来的青瓷器型增多，有碗、盘、洗、盏、罐、釜、瓶、执壶、灯等多种。而且唐代越瓷以素面为主，只有少量划花装饰。

晚唐至五代时期，越窑地位愈高。除供应民间外，还为宫廷烧制贡瓷。烧制出的最佳制品称“秘色瓷”，胎体薄，胎质细腻，造型规整，釉色青黄如湖绿色。五代钱氏吴越国宫廷垄断了越窑的部分产区，越窑成为我国最早的官窑。

五代时的越瓷走出了唐代以素面为主的风格，除刻划、堆贴花纹以外，还出现了釉下褐色彩绘，至北宋则出现了丰富的刻划花，且瓷器的器型和纹饰大都受金银器制作工艺的影响。

北宋中期以后，江南人口剧增，农业生产进一步发展，大量山林、土地开发，使制瓷原料和燃料陷入了紧张状态。再加上建窑的崛起，受之影响，越窑逐渐衰落，南宋后就完全停烧了，一代名窑就此终结。

唐代六大名窑

除越窑外，唐代还有六大名窑：

邢窑

窑址在今河北邢台。以烧白瓷著称，其瓷器胎薄，玉璧底，色泽纯洁，造型轻巧精美，已达到现代瓷的标准，陆羽在《茶经》中称之“类银”“类雪”。

婺州窑

创烧于三国，盛于唐宋。唐宋时期，位于现在的金华、兰溪、义乌、东阳、永康、武义、衢县、江山一带。婺州窑生产的产品在品种和造型方面与瓯窑、越窑相似。不同之处在于胎色呈深灰或紫色，釉色青黄或泛紫，釉中现奶白色星点。

寿州窑

窑址分布在安徽淮南市的上窑镇、李嘴子、三座窑、徐家圩、费郢子一带。创烧于隋代，繁盛于初唐和中唐，衰亡于唐末。主要产品有碗、盏、杯、钵、注子、枕、玩具等。产品胎体厚重，胎质粗松，釉下施用化妆土，釉色以黄为主。其著名的产品有“鳝鱼黄”。

洪州窑

位于江西丰城曲江乡境内，创烧于南朝，盛于隋至中唐。唐代大量生产茶碾轮和盘心圈状凸起的茶盏托。釉色可分为青绿、黄褐和酱褐，装饰手法有点饰褐彩印花、堆贴、提塑。

岳州窑

窑址分布在湖南湘阴的窑头山、白骨塔、窑滑里一带。所制瓷器釉色青黄、胎骨灰白，主要产品有盘、碗、壶、罐、瓶等。岳州窑创烧于中唐，衰亡在五代。

鼎州窑

位于陕西铜川黄堡镇。唐代生产青瓷，兼烧黑釉瓷器、唐三彩。

（三）点茶时代的宋代茶具

到了宋代，唐人所用的煎茶方法被摒弃，点茶法成了当时的潮流。南宋时期，用点茶法饮茶更是大行其道。但是，这些方法大都是来自唐代。因此，饮茶的器具与唐代大都是一样的，但宋代的茶具更加讲究法度，形状和制作也愈来愈精巧。

宋人茶事与茶器

到了两宋，用点茶法饮茶更是大行其道。但宋人饮茶之法，无论是前期的煎茶法与点茶法并存，还是后期的以点茶法为主，其法都来自唐代，因此，饮茶器具与唐代相比大致一样，只是煎茶的釜，已逐渐为点茶的瓶所替代。

在北宋蔡襄的《茶录》和南宋审安老人的《茶具图赞》中，我们都可以领略到当时茶具的风采。宋人的饮茶器具更加讲究法度，形状和制作也愈来愈精巧。

河北宣化曾发掘出一批辽代墓葬，其中七号墓壁画中有一幅点茶图，它为我们提供了当时用点茶法饮茶的生动情景。

宋人衡量斗茶的效果，一是看茶面汤花的色泽和均匀度，以“鲜白”为先；二是看汤花与茶盏相接处水痕的有无及出现的迟早，以“盏无水痕”为上。蔡襄的《茶录》中说：“视其面色鲜白，著盏无水痕为绝佳；建安斗试，以水痕先者为负，耐久者为胜。”

宋瓷茶具竞风流

正如宋代祝穆在《方舆胜览》中说的“茶色白，入黑盏，其痕易验”，宋代的黑瓷茶盏，成了瓷器茶具中的最大品种。

宋人对茶具的过分讲究不仅表现为崇尚金银，对饮茶用的茶盏也极推名贵的建盏。建盏配方独特，在烧制过程中使釉面呈现兔毫条纹、鹧鸪斑点、日曜斑点，一旦茶汤入盏，能放射出五彩纷呈的点点光辉，增加斗茶的情趣。

（1）建盏

建盏是福建建安出产的黑釉瓷制。大口小底，形似漏斗。因其釉面结晶所显斑点、纹理各异，可分为兔毫盏、油滴盏、曜变盏等。

兔毫盏釉面上呈现两个白毫般亮点；曜变盏釉面有大小斑点相串，阳光下呈现彩色斑点；油滴盏釉面隐有银色小圆点，犹如水面油滴。

建盏器底多刻有“供御”“进盏”字样，专供宫廷斗茶、饮茶之用，可见“建盏”属名贵茶器，其中又以兔毫盏为珍品。

当然，宋人推崇建盏与斗茶之风炽盛是分不开的。

宋人斗茶，十分注重对茶色的要求，茶色以纯白为上，青白、灰白、黄白为次。

建盏釉色黑如漆，莹润闪光，条纹细密如丝。使用建盏斗茶便于观汤色，看水痕，因此深受斗茶者欢迎。建盏造型凝重，古朴厚实，是文人笔下极力赞美之物，尤其是兔毫盏。

（2）宋代五大窑

宋代，除独领风骚的建窑外，全国著名的窑口还有五处，即官窑、哥窑、定窑、汝窑和钧窑，这五大名窑生产的茶具，擎起了当时全国的半壁江山。

官窑

位列五大名窑之首，由官府置窑烧造瓷器而得名，宋代有北宋河南开封官窑和南宋浙江杭州官窑之别，此处所指的是南宋杭州官窑。

南宋官窑继承和发展了唐代越窑青瓷茶具的优良传统，结合宋代饮茶风行的现状，在“青”和“润”上大做文章，产品由原来的薄釉青瓷发展为厚釉青瓷，而且胎体绵薄，造型端庄，釉色晶莹，纹样雅丽。有的坯胎厚度仅为釉层厚度的三分之一，在装饰上一改前朝在产品上刻花、印花或彩绘的烦琐格调，创造性地运用“开片”和“紫口铁足”等艺术手段，独创了碎纹艺术釉。尤其是“紫口铁足”瓷器，在国内外享有极高的声誉。

但是，随着南宋王朝的覆灭，南宋官窑窑场被毁，身怀绝技的工匠纷纷流离失所，烧造的技艺也随之失传。

哥窑

位于浙江西南部龙泉县境内，是龙泉窑的重要组成部分。

相传宋时龙泉有“均善治瓷器”的章生一、章生二兄弟俩，他们继承了越窑的传统，又不断吸收官窑的先进技术，烧造的瓷器在釉色和造型上都有极高的造诣，有“青瓷之花”的美称，因而窑以人名，分别被称为“哥窑”和“弟窑”，其中哥窑名列五大名窑之一，弟窑也享誉海内外。

哥窑创烧于五代，盛于南宋，以专烧青瓷而闻名。产品胎薄质坚，坯胎有黑、深灰、浅灰及土黄多种，黑灰胎有“铁骨”之称；釉层饱满，色泽静穆，有粉青、翠青、灰青及炒米黄等色，以灰青为主，粉青最为名贵。以纹片为装饰，大纹片呈黑色，小纹片呈黄色，纹片形状多样，大小相同者，称为“文武片”；有细眼状者称“鱼子纹”；似冰裂状的称“北极碎”。还有蟹爪纹、鳝鱼纹、牛毛纹多种。

这种因釉原料在烧造过程中收缩系数不同而成的纹形，自然美观，成为一种别具风格的装饰艺术。

哥窑瓷的另外一个特点就是器露胎，胎骨如铁，口部釉隐现紫色，因而享有“紫口铡”的美称。

明人曹昭在《格古要论》中评价哥窑：“哥窑，色青，浓淡不一，亦有铁足紫口，色好者类董窑。”

定窑

窑址在今河北曲阳涧磁村、燕川村，因古代属定州管辖，故名。

定窑创烧于唐，以烧造白釉瓷为主，兼烧黑、酱、绿釉等瓷器。定窑的发展，到北宋时达到极盛。

据《格古要论》记载："古定器，土脉细色白，宋宣和政和间最好曰北定，有紫定色紫，黑定色如漆，南渡后所烧曰南定，昌南（即今景德镇）仿造者曰粉定……北定其质极薄，其体极轻。有光素、刻花、划花、印花诸种……其研细处，几疑非人间所有。"

定窑采用一种特殊覆烧技术来烧造瓷器，产品胎薄釉润，造型优美，花纹繁复，器皿装饰多用刻花、印花的手法。

北宋后期，定窑还曾为官府烧造瓷器，器具底部常常刻有"官"或"新官"等款识。定窑产品以罐、瓶、盆者居多，到元朝初期，定窑全面停烧。

汝窑

窑址在今河南宝丰境内，原系烧制印花、刻花青瓷的民窑，到了北宋晚期，朝廷令汝窑烧制供御青瓷，史称"官窑汝瓷"。而在河南临汝民间烧制印花青瓷，则称"临汝窑"。临汝窑的烧造历史相对较短，成就不高。相反，官汝窑却取得了相当大的成绩，它的造型规整，大不盈尺，以不加装饰纹样为重，却以釉色釉质见长，其釉色呈淡天青色，被瓷界称为"葱绿色"。

钧窑

是北宋晚期著名的青瓷窑场，窑址在今河南禹县西乡神重镇，因为古属钧州，故名。

在烧造技术上，利用氧化铜、氧化铁呈色各异的原理，烧成了蓝中带红或蓝中带紫的色釉，改变了单色瓷的历史，这是陶瓷史上的重大突破。其釉色细润，胎骨灰色，以色彩斑斓的釉色代替了原先的花纹装饰，是青釉瓷器的别格。

《格古要论》形容其釉彩说："钧窑有朱砂红，葱翠青（又名鹦哥绿），荔皮紫者，红如胭脂，青若葱翠，紫若墨黑。"

钧瓷器皿底部刻有数目字者为宫廷内府专用，钧瓷最主要的特征是在釉面常常出现不规则流动状的细线，称为"蚯蚓走泥纹"。

钧窑在元代又有进一步发展，不仅产量增大，而且声远播。

据《饮流斋说》记载："元代钧窑，作天蓝色者与宋钧窑大致相同，然亦有别也。元瓷之釉厚而垂，宋钧釉厚而匀；元瓷之紫成物形，宋钧之紫弥漫全体，元瓷之釉浓处或起条纹，浅处仍现水浪纹，宋钧则浓淡深浅皆浑然一律。"

除上述五大名窑外，宋代的窑口还有许多，其中较著名的有耀州窑、古州窑、磁州窑和董窑。

（四）过渡时期的元代茶具

从某种意义上说，无论是茶叶加工、饮茶方法，还是使用的茶具，元代都是上承唐、宋，下启明、清的一个过渡时期。

在元代，有采用点茶法饮茶的，但是采用沸水直接冲泡散茶饮用的方法已经较为普遍了。

在出土的元冯道真墓壁画中，我们可以看到，图中没有茶碾，再从采用的茶具与放置顺序，以及画中人的动作中，都可以看到人们是在直接用沸水冲茶泡饮。

直到元代中后期，青花瓷茶具才开始成批生产，景德镇成了我国青花瓷茶具的主要生产地，因烧制青花瓷而闻名于世。青花瓷茶具，幽靓典雅，远销国外。

由于青花瓷茶具的绘画工艺水平高，特别是将中国传统绘画技法运用在瓷器上，因此这也可以说是元代绘画的一大成就。

（五）明清茶具的发展

唐、宋时人们以饮饼茶为主，采用的是煎茶法或是点茶法，所以使用的茶具也是与此相对应的。从元代开始，条形散茶在民间普及，到了明朝，基本上都是饮用条形散茶了。因此，以前用于煎茶、点茶法的茶具，如炙茶、碾茶、罗茶、煮茶的器具就成了多余之物。而一些新的茶具应运而生。

从茶具种类来看，清代茶具大都沿用明代茶具，惟有品种门类更加全面，出现了福州脱胎漆茶具、四川竹编茶具，又从国外引进了铜茶具。清茶具基本继承了明朝的自然朴素，清丽淡雅的风格，但色彩更绚丽、品种更全面、工艺更精良。

可以说，从明代至今，人们所使用的茶具品种基本上没有多大的变化，仅仅是式样或质地上有所变化而已。

明代茶具比较简便，但同样讲究制法、规格，注重质地，以及茶具制作工艺的改进，特别是在饮茶器具上，比唐宋都有较大的发展。

明代茶具上的创新最突出的特点：一是出现了小茶壶，二是茶盏的形和色有了大的变化。

小茶壶是改进了的茶盏，它们都由陶或瓷烧制而成。在这一时期，江西景德镇的白瓷茶具和青花瓷茶具、江苏宜兴的紫砂茶具获得了极大的发展。

紫砂茶具

在明代茶具中，最引人注目的是江苏宜兴紫砂茶具，其中又以紫砂茶壶最著名。

（1）历史悠久

从宜兴市鼎蜀镇羊角山古龙窑遗址发掘出的紫砂残片表明，紫砂茶具兴于北宋。

明代周高起的《阳羡茗壶系》中记载：“僧闲静有致，习与陶缸瓮者处，抟其细土，加以澄练，捏筑为胎；规而圆之，刳使中空，踵傅口柄盖的，附陶穴烧成，人遂传用。”这里说的是宜兴金沙寺中一和尚常到陶工们做活的地方去，他利用陶工们丢弃的陶土，挑拣出细的加以淘洗，捏成胎，制成壶状烧制。人们遂相传开来，紫砂壶就此流传开了。

（2）材质独特

宜兴的陶土品种繁多，分布于宜兴南部丘陵山区，其中，丁山、张渚、渚东为主要产地。

宜兴陶土矿主要种类有白泥、甲泥、嫩泥、紫砂泥等。其中，紫砂泥是宜兴的特产，也是紫砂陶的主要原料。

烧制紫砂壶的紫砂泥包括紫泥、绿泥及红泥三种。紫砂壶由这三种基泥单独制造，或以不同成分配比，用不同温度烧成，因而呈现出紫而不姹、红而不嫣、黑而不墨的特色。

紫泥，是甲泥矿层的一个夹层，色泽紫色，质地细腻，可塑性强，透气性好，烧制出的茶具呈紫色、紫棕色、紫黑色，具有良好的透气性能。紫泥是生产各种紫砂陶器最主要的泥料。

绿泥是紫砂泥中的夹脂，故有“泥中泥”之称。绿泥产量不多，泥质较嫩，耐火力也比紫泥低，一般多用作胎身外面的粉料或涂料，使紫砂陶器具的颜色更为丰富多彩。

红泥是位于嫩泥和矿层底部的泥料，主要产于川埠境内的西山和赵庄。红泥矿石呈橙黄色，亦称“石黄泥”，原矿需经手工挑选。红泥不利独自成陶，通常用作器表化妆土。

宋时的紫砂壶胎质较粗，造型多为传统实用器皿，体型大，制作不及后代精细。明清时期为紫砂壶制作的兴旺期，其壶小壁厚、保温聚香的特点深受茶人欢迎。

对于历代著名艺人工艺杰作的赞誉，可以在历史文献的记述中窥见。

明朝熊飞曰“景陵铜鼎半百清，荆溪瓦注十千余”，说的是景陵铜鼎五十钱可以买到，而荆溪的砂壶价值一万多；《茗壶图录》记述“明制一壶，值抵中人一家产”。可见，紫砂壶的价值不仅仅在于其实用性，而是上升到了具有珍藏价值的艺术品的层次。

紫砂壶博得了文人的喜爱，而文人的参与也提高了紫砂壶本身的艺术价值。

在紫砂壶上雕刻花鸟、山水和书法作品，始自晚明而盛于清嘉庆以后，并逐渐成为紫砂工艺中独具的艺术装饰。不少著名的诗人、艺术家曾在紫砂壶上亲笔题诗刻字。郑板桥曾自制一壶，亲笔刻诗云："嘴尖肚大耳偏高，才免饥寒便自豪。量小不堪容大物，两三寸水起波涛。"

（3）紫砂名家：供春

真正使紫砂壶盛名远扬的是明代人供春，他是我国第一位紫砂壶名家。

供春幼年曾为进士吴颐山的书童，他天资聪慧，虚心好学，随主人陪读于宜兴金沙寺，平时他常帮寺里老和尚抟坯制壶。

寺院里银杏参天，盘根错节，树瘤多姿。供春常模拟树瘤，捏制树瘤壶。这种壶造型独特、生动异常，老和尚见了拍案叫绝，便把平生制壶技艺倾囊相授，使他最终成为著名的制壶大师。

据周高起所著的《阳羡茗壶系》记载，供春做壶时"淘细土抟坯，茶匙穴中，指掠内外，指螺文隐起可按，胎必累按，故腹半尚现节腠，视以辨真。今传世者，栗色暗暗如古金铁，敦庞周正，允称神明垂则矣。"

后人将供春的制品称为“供春壶”，其壶色幽暗呈栗色，好似古金铁铸就，造型敦厚周正，实为珍贵。

由于年代久远，供春壶传世品极为罕见，现藏于中国历史博物馆的“供春款树瘤壶”被公认为是供春之杰作。

（4）制壶“四名家”

供春之后，明代同为制壶名家的有董翰、赵梁、袁锡、时鹏，此四人号称为“四名家”。

四名家均为制壶高手，作品罕见，因制作出的茶壶款式各异而被冠以“方非一式，圆不一相”。

（5）李茂林与“匣钵”法

同制壶“四名家”一个时代的李茂林发明了“匣钵”法。这种制壶法就是将壶坯放入匣钵内烧制，使壶坯不染灰泪，这样烧出来的壶表面洁净，无油泪釉斑，色泽均匀一致。这种方法沿用至今。

（6）“壶家妙手称三大”

“四名家”之后，又出现了号称“壶家妙手称三大”的时大彬、李大仲芳、徐大友泉。其中，时大彬影响最为深远。

时大彬是供春的徒弟，也是明代最有影响力的紫砂艺人之一。他制作的壶小巧玲珑、质朴古雅、色泽如栗，更能增添品茗的雅趣。他制作的调砂提梁大壶呈紫黑色，泛出星星白点，壶身上小下大，重心稳定，是一款古朴雄浑的精品。

值得一提的是，时大彬制作的紫砂壶盖与壶身吻合十分紧密，只要把壶盖合上，稍稍旋动，就能吸住全壶。

相传，时大彬所制的“六合一家”壶可分为底、盖、前、后、左、右六片，将六片合在一起后注入茶水，茶水滴毫不泄漏。这种神奇的技艺真可谓是前无古人、后无来者，堪称一绝。

时大彬的作品突破了其师傅供春的传授技艺。时大彬多做小壶，点缀在精舍几案之上，更加符合饮茶品茗的趣味。“千奇万状信手出”，“宫中艳说大彬壶”，表明了当时人们对其制壶之法的推崇。

（7）紫砂名匠：陈鸣远

清代陈鸣远擅制各式壶，制壶技艺十分全面。其所做之壶款式新，色泽美，线条清晰，轮廓明显，壶盖有行书“鸣远”印章，至今被视为珍藏品。他的代表作有“四足方壶”等，其传世款式有“梅干壶”“梨皮方壶”“南瓜壶”等。

陈鸣远开创了紫砂壶式的自然型风格。他把树桩、梅花枝、花卉等自然物运用于紫砂壶上，使紫砂壶充满自然意趣，也使单纯的几何形类紫砂壶走向没落。

（8）陈曼生与曼生壶

陈鸿寿，字恭，号曼生，浙江钱塘人，癖好茶壶，工于诗文、书画、篆刻。他在乾隆年间作客宜兴时，亲手绘制十八壶式，并广交文学界、艺术界人士，请他们在壶上或刻诗或作画，掀起了陶艺的热潮。

由陈曼生设计、杨彭年制作、陈氏镌刻书画的紫砂壶世称“曼生壶”。曼生壶造型简洁，取材寓意深刻；陈曼生所题壶铭注意与壶形切合，有独到之处；铭文意境高远，书法配合得当，融砂壶、诗文、书画于一体，将紫砂艺术引入了新的天地，一直为鉴赏家们所珍藏。

曼生壶的出现不但意味着一项新艺术的诞生，最重要的是它集聚了当时文学界、艺术界精英的心血和智慧。

（9）近现代紫砂壶艺发展

紫砂工艺在清代形成了不同的风格和流派，总体工艺也越来越精细。清代宜兴紫砂壶壶形和装饰变化多端、千姿百态，受到国内外爱茶人士的欢迎。当时我国闽南、潮州一带煮泡工夫茶使用的小茶壶几乎全为宜兴紫砂器具。十七世纪，中国的茶叶和紫砂壶同时由海路传入西方，西方人称紫砂壶为“红色瓷器”。

近现代，顾景舟、朱可心、蒋蓉等人承前启后，使紫砂壶的制作又有新的发展。顾景舟近作提壁壶和汉云壶都是紫砂佳品。

名手所做紫砂壶造型精美、色泽古朴、光彩夺目，成为美术作品。过去有人说，一两重的紫砂茶具价值一、二十金，使土与黄金争价。明代张岱《陶庵梦忆》就曾记载：“宜兴罐以供春为上，一砂罐，直跻商彝周鼎之列而毫无愧色。”其名贵可想而知。

（10）紫砂茶具走出国门

早在十五世纪，日本、葡萄牙、荷兰、德国、英国等国的陶瓷工人就先后把中国的紫砂壶作为模本加以仿造。

十八世纪初，德国人约·佛·包特格尔不仅制成了紫砂陶，而且在一九〇八年写了一篇题为《朱砂瓷》的论文。二十世纪初，紫砂陶曾在巴拿马、伦敦、巴黎的博览会上展出，并在一九三二年的芝加哥博览会上获奖，为中国陶瓷史增添了光彩。

紫砂茶具不仅畅销国内而且远销日本、菲律宾、澳大利亚、新加坡、罗马尼亚、美国、德国、法国、英国、意大利等国家和地区。紫砂茶具有“名器名陶，天下无类”“陶中奇葩”“中国瑰宝”“名陶神品”“泥土等同黄金”“寸柄之壶，盈握之杯，珍同拱璧，贵如珠玉”等美誉，为中外陶瓷鉴赏家、收藏家所珍视。

明清景德镇瓷茶具

元明之际，斗茶之风不再，散茶成为主流，相应的就出现了有利于衬托散茶绿色汤汁的白瓷及素淡雅致的青花瓷。同时因散茶冲泡艺术的发展，壶也有了很大的变化，成了自斟自饮的佳具。这一时期，紫砂茶具十分名贵，而唯一能与之相媲美的就属瓷茶具了。“景瓷”一直与“宜陶”并称，“景瓷”即江西景德镇生产的瓷器。

彩色茶具的品种花色很多，其中尤以青花瓷茶具最引人注目。

青花瓷茶具，其实是指以氧化钴为呈色剂，在瓷胎上直接描绘图案纹饰，再涂上一层透明釉，尔后在窑内经一千三百摄氏度左右高温还原烧制而成的器具。古人将黑、蓝、青、绿等诸色统称为“青”，故“青花”的含义比今天要广。元代以后，除景德镇生产青花茶具外，云南的玉溪、建水，浙江的江山等地也有少量青花瓷茶具生产，但无论是釉色、胎质，还是纹饰、画技，都不能与同时期景德镇生产的青花瓷茶具相比。

明代，景德镇生产的青花瓷茶具的花色品种越来越多，质量愈来愈精，无论是器形、造型、纹饰等都冠绝全国，成为 其他生产青花瓷茶具窑场仿效的对象。

清代，特别是康熙、雍正、乾隆时期，青花瓷茶具在古陶瓷发展史上，又进入了一个历史高峰，它超越前朝，影响深远。

（1）景瓷

景德镇生产的瓷器主要是青白釉瓷器。

景德镇制瓷业历史悠久，相传南朝已开始烧制青瓷，但直到宋代，景德镇瓷业烧造技术才日趋成熟。及至明代，恰逢明人崇尚白盏，于是景德镇瓷业真正适应了时代的需要，而迈向新的发展阶段。

明代景德镇的瓷器产品几乎占领了全国的主要市场，成为全国的瓷业中心。

景瓷的主要器型有碗、盘、碟、杯、盏托、炉等。装饰以刻花和印花为主，釉色青白，莹缜温润。

景德镇的白瓷，“薄如纸，白如玉，声如磬，明如镜”，以此泡茶，愈显汤色青翠，味甘香浓。

白瓷中又以永乐甜白最负盛名。甜白之名，因胎薄釉莹，给人恬静、甜润的感觉。又可称“填白”，由于在这种白瓷上可以填补上彩色再烧制成彩瓷。

清代瓷茶具继续稳步发展，这种发展体现在造型、釉彩、纹样、型制及装饰风格等各方面。尤为突出的是清代五彩瓷在技术上取得了历史性的突破，成功地创制出珐琅彩、粉彩这两种釉上彩。雍正时的珐琅彩，胎质洁白，通体透亮，纯乎见釉，不见胎骨，制作工艺极为精巧。粉彩，景德镇四大传统名瓷之一，画面线条纤细秀丽，形象生动逼真，色彩滋润柔和，富有立体感。粉彩在国内外享有盛誉，法国称之为“玫瑰族瓷器”，新加坡称之为“东方艺术明珠”。

综观明、清时期，由于制瓷技术的提高，社会经济发展，对外出口扩大，以及饮茶方法改变，都促使青花瓷茶具获得了迅猛的发展，当时除景德镇生产青花瓷茶具外，较有影响的还有江西的吉安、乐平，广东的潮州、揭阳、博罗，云南的玉溪，四川的会理，福建的德化、安溪等地。此外，全国还有许多地方生产“土青花”茶具，在一定区域内，供民间饮茶使用。

（2）明清特色茶具

值得一提的是，自清代开始，福州的脱胎漆茶具、四川的竹编茶具、海南的生物（如椰子、贝壳等）茶具也开始出现，其各自风格不同，终使清代茶具异彩纷呈，形成了这一时期茶具新的特色。

二、茶具鉴别与养护

近现代，茶具的门类和品种、造型和装饰、材料和工艺均有新的发展。仅就茶具的质地而言，就多达十多种。有陶茶具、瓷茶具、玉石茶具、石茶具、漆器茶具、竹木茶具、果壳茶具、金银茶具、锡茶具、镶锡茶具、铜茶具、景泰蓝茶具、不锈钢茶具、玻璃茶具、搪瓷茶具、塑料茶具等。

现代家庭所用茶具以紫砂、陶瓷、玻璃为主。

（一）鉴别古壶

道光至清朝末年期间，宜兴紫砂壶为应海内外市场的需求，曾采用铸模式大量制作，进入商业化经营。此一时期的作品，土胎粗糙，造型千篇一律，欣赏、艺术价值并不高，除了一个“古”字外，可说毫无特色可言。

“古壶”人人喜欢，有人喜爱它的“历史外壳”、有人看中它的“稀有价值”、有人迷恋它的“典雅、朴拙”……

不论出发点如何，收藏古壶的人，无不祈求自己手上、家中的古壶是“真品”。

不同时代的作品有不同特色的紫砂壶，从草创的明代正德年间开始到清末，时间长达四百余年，前后出现不少制壶名家。同时，随着时代的演变，每个时代有各自时代的作品特色。

例如，明代制壶只重型制、质地，作品一概为素色。因此，只要壶身加上色彩，即可肯定不是明代古壶。其次，陈鸣远首开“壶盖内用印”的先河，因此，如果是壶盖内用印的真古壶，则可能是陈鸣远（明末清初）以后的作品。

又如清道光年间，名家朱坚首创金属（锡）包壶，并用玉石制作壶嘴、壶把。故如果壶身上镶有锡或包铜时，即表示此壶必然是道光以后的作品。

根据出水孔数辨别

所谓出水孔是指壶内通壶嘴的孔。出水孔数的一孔或多孔，也可作为断定该壶是否为古壶的依据之一。

一九一一年以前的紫砂壶，不论大小，出水孔都是单一孔；一九一一年以后，小壶仍维持单一孔，大、中型壶为防止茶叶堵住出水口，影响出水，大都改采用多孔状（俗称蜂巢或内网）。

从壶身辨别

众所周知，明代的紫砂壶顶多只在壶底落款，壶身大抵保持素面无物。到了明末，名家陈用卿才开始以草书在壶身上刻款。

现在我们常常看到壶身上刻有诗画的壶。这是清代陈曼生所创，后代名家效法延用。

从落款的甲子年辨别真伪

古人相当重视甲子年表，明、清时代，艺人的落款可说完全使用甲子年。例如时大彬的葵花壶底款为“万历丁酉春”，对照甲子年表可知，万历丁酉年是万历二十五年。

古壶不多，不易辨别，务必对该壶的制作历史背景、风格、特色，或作者的习惯、特点详加了解。如果平日能多参考宜兴茶壶的相关文献记载，摸清楚宜兴壶每一阶段的发展过程与特色，并对历代每位名家的风格、特色深入分析、比较，则会在鉴赏紫砂壶方面有所收获。

（二）现代好壶

上等的茶强调的是色香味俱全，喉韵甘润且耐泡；而一把好茶壶不仅外观要美雅、质地要匀滑，最重要的是实用。空有好茶，没有好壶来泡，无法将茶的精华展现出来；空有好壶没有好茶，会有美中不足的遗憾。

一把好壶究竟应具备什么条件？是不是出自名家之手的壶便是好壶？当然，名家因本身艺术造诣较深，其作品自有相当水准，而一把壶的优劣，除了依个人主观的偏好为出发点外，大概可以两个标准来判断。一是壶的造型结构性，二是壶的实用性。

壶的造型结构

一把壶的完成需由多部分组合而成，其组合是否合乎理想，合乎物理性质，是评断这把壶好坏的基本要件，以下就茶壶三要素壶嘴、壶把、壶身三部分的组合加以叙述。

三点成一直线：壶的嘴（出水口）、壶把、钮必须成一直线，换句话说，就是三点要对直（少数特殊造型除外）。

比例要匀称：各部分组合比例，应力求匀称，同时要展现出落落大方的空间感。

出水顺、握感轻：壶嘴的出水务必顺畅，手握壶把时，握感应力求轻盈。

一体成型感：壶嘴与壶身、壶把与壶身的连接部位，要处理得很自然，宛如一体成型般。

茶壶的外观

茶壶的外观可从多方面加以考虑。

美观：近年来，市面上所推出的茶壶琳琅满目，或高或矮或圆或扁，或几何形状或瓜果形状。然而，仁者见仁，智者见智，所谓的美并没有一定的标准可言。

重心要稳：用手提起茶壶是否感觉顺手？重心是否恰到好处？端看该壶壶身与壶把的设计是否精准？收藏新壶时，不妨要求卖主在壶中装入约壶容量四分之三的水。用手平平提起茶壶，缓缓倒水，如果感觉很顺手，即表示该壶重心适中、稳定，是一把好壶。如果提壶需用力紧握壶把才得以平稳的话，即表示此壶的重心位置不对。除了重心要稳之外，左右也需匀称。抓起壶盖时，壶口要平、要圆。

出水需急、长、圆：出水首先要刚直有劲，水束又长又圆，同时，倾倒壶水时，若能使壶中滴水不剩，即表示是一把好壶。

壶盖、壶身紧密吻合：壶盖与壶身的紧密度愈高，愈不会使茶香流失，壶盖与壶身紧密吻合的茶壶才是一把好壶。壶盖与壶身紧密度的测试方法是，茶壶装水约二分之一到四分之三，用食指紧压盖上气孔，倾倒壶水看看，若滴水不流即表示两者紧密度极高；另外，用食指紧压茶壶壶嘴，颠倒壶身，若紧密度够，则壶盖不会掉落。

其次，壶底壶面平滑工整，落款也要工整。

茶壶的品质

茶壶的制作方法有手拉、挖塑及灌浆三种，每一种的价值多少有些差异。外行人很难从外观判断是属于何种。此时不妨仔细端详壶身内部情形即可明白。一般而言，手拉坯较为粗糙，挖塑壶会留下力刻痕迹，灌浆壶则会有模痕。至于要判定其好坏，可从两方面着手，即看色泽与听声音。

看色泽：茶壶的色泽以滑润为佳，一把好茶壶，其土胎色泽所呈现之滑润感。

听声音：茶壶因烧成火候的不同，硬度多少会有差异，因而，声音也就有清脆铿锵或混浊迟钝之分。究竟清脆较好或混浊声较佳，并无统一标准。不过，根据多数行家认为，声音较清脆铿锵的壶，较适合泡发酵、香气高的茶（如生茶）；声音较混浊迟钝的壶则适合泡重发酵、韵味低沉的热茶。

辨别壶声的方法是，将茶壶平放左手手掌上，以右手食指轻弹壶身。

在此必须特别强调的一点是，宜兴陶土因含有石英成分，故制成茶壶后，放在灯光下照照看，可看出点点金光，这是其他地方陶土所没有的特色。

（三）茶壶的实用性

一把好壶除了要看起来美观之外，最重要的是使用功能的好坏，换句话说就是壶的实用性。

饮茶、赏壶不但是生活的享受，同时也是一种生活艺术。茶壶的重要功能，在于将茶叶的色、香完全展现出来。因此，选购茶壶时，不应该仅从名贵稀有两方面着眼，而更应着重其实用性。

有关实用性的问题，可从两方面来谈，一是茶壶种类，一是茶壶大小。

茶壶种类

有人专门收藏各种类型的茶壶，视之如古董。故茶壶年代愈久，价值愈高；其次，茶壶出自哪个名家之手，其中价格亦有高低之差。

茶壶主要分为瓷制品与陶制品，两者各具特色，瓷制茶壶适合表现香气，常用来冲泡发酵茶（生茶），陶制茶壶适合表现韵味，常用来冲泡重发酵茶（热茶）。

茶壶大小

茶壶容量的大小各不相同，小者仅一小杯量，专供个人独饮；大者容量数十小杯，可供几十人共饮。故选购茶壶时，务必要根据个人用途、交友情形决定其大小。否则茶壶太小，来客太多，泡不及喝，有失待客之礼；相反地茶壶太大，客人太少，则又有强迫客人之嫌，同样不礼貌。

近年来，随着饮茶风气的盛行，人们日益讲究饮茶格调、品质与壶艺。使用一把好茶壶，冲泡上等好茶，口饮飨客两相宜。

泡茶、喝茶本就是一件赏心悦目的雅事，更是一种生活艺术与生活享受，可为忙碌的生活增添一点雅趣。

独自品茗可让自己沉浸在悠闲雅静的气氛中；和三五好友一起，则可天南地北高谈阔论，甚至忘却今夕何夕，这也正是“寒夜客来茶当酒”的最高境界。养壶则是从泡茶当中所衍生出来的一件事，如今俨然成为一种艺术。品茗时一边赏壶、论壶，更是一种至高无上的雅趣。因为壶是孕育茶香的摇篮，好壶泡好茶，更能让品茗的艺术境界大幅度提升。

（四）养壶护壶

拥有一把好壶固然可喜，但若不懂养壶或养护方法不当，则白白拥有好壶。

所以不论是名家壶、古董壶、或以造型取胜的现代茶壶，唯有依赖平日细心的保养，才能使之散发出本身的润泽。

养壶的目的除了使茶壶更光润亮丽之外，更因陶壶（或石壶）本身自有吸附茶质的特性，因此，一把保养得当的茶壶，更能产生“助茶”的功效。

养壶就如同栽种树苗，拔苗助长式的养壶方式或许能一时奏效，却失自然。唯有靠平日的耐心维护与保养，才能充分展现在茶壶身上。

新壶的养护

新壶在使用之前，必须先做一番处理。这就如同船只在制造完成后，航行之前，必须举行一场隆重的下水典礼一般。目前比较受到认同的新壶处理法可分为两种，其一为传统式，另一为简便式。

传统式

取一口锅，充分洗净，不可带半点异味。在锅内装水，水深大约可淹过整个茶壶二厘米以上，然后放入新买的茶壶。

接着用小火慢慢加热，等到水沸后，放入一大把重火烘焙的茶叶，大约煮三分钟。然后，把已经冲开的茶叶捞起，继续用小火煮三十分钟。取出茶壶，放在干燥又无异味之处，让茶壶自然阴干。

不过，也有人省略掉放茶叶的步骤，只用清水煮新壶。至于孰胜孰劣，但凭个人喜好，无一定论。总之，两者的主要目的，都是要将壶身毛细孔中的粉末逼出来，去除土味、杂质与壶身表面上的一层薄蜡。

简便式

首先，在陶壶内灌满冷水，倒掉之后再灌满温水，倒掉温水之后，第三次再灌入沸水。也就是以渐次增加水温的方式，逼出壶身毛细孔中的粉末。同时取一枝小牙刷。先在热水里浸泡三分钟，当牙刷的刷毛软化后，沾上牙膏，把陶壶的里里外外刷一次。经过这几道手续之后，即可除去新壶的土味、杂味与蜡质。最后，再用沸水冲淋新壶的里里外外。经过这一番隆重的“下水典礼”之后，新壶即可正式“下海”，供人冲泡了。

日常养壶

养壶其实并没有特别的诀窍，只要掌握正确的使用方法与日常保养，久而久之，壶就会散发自然油润的光泽。

根据一般养壶专家的说法，养壶可分为以下几个重点：

其一，泡茶之前先冲淋热水

泡茶之前，宜先用热水冲淋茶壶内外，可兼具去霉、消毒与暖壶三种功效。

其二，趁热擦拭壶身

泡茶时，因水温高，茶壶本身的毛细孔会略微扩张，水气会呈现在茶壶表面。此时，可用一条干净的细棉布，分别在第一泡、第二泡等的浸泡时间内，分几次把整个壶面拭遍，即可通过热水的温度、把壶面擦拭得更亮润。

其三，泡茶时，勿将茶壶浸在水中

有些人在泡茶时，习惯在茶船内倒入沸水，以达保温的功效，然而这对养壶则无正面的功效，反而会在壶身留下不均匀的色泽。

其四，泡完茶后，倒掉茶渣

每次泡完茶，应倒掉茶渣，用热水冲去残留在壶身的茶汤，以保持壶里壶外的清洁。

其五，壶内勿浸置茶汤

泡完茶后，务必把茶渣与茶汤都倒掉，用热水冲淋壶里壶外，然后倒掉水分。有些人以为把茶汤留置在壶内，可达到养壶的功效，其实不然，一旦产生异味，反而对茶壶不利。所以泡完茶后，应保持壶内干爽，绝对不可积存湿气，如此养出来的陶壶才能显出自然的光润。

其六，阴干时应打开壶盖

把茶壶冲淋干净后，应打开壶盖，放在通风易干之处，等到完全阴干后再妥善收存。

其七，避免放在灰多之处

存放茶壶时，应避免放在油烟、灰尘过多的地方，以免影响壶面的润泽感。

其八，避免用化学洗洁剂清洗

切忌用洗碗精或化学洗洁剂涮洗陶壶，不仅会将壶内已吸收的茶味洗掉，甚至会涮掉茶壶外表的光泽。

附二：《茶谱》茶器图

《茶谱》是明朱权著农书，全书除绪论外，分十六则。在其绪论中，简洁地道出了茶事是雅人之事，用以修身养性，绝非白丁可以了解。“盖羽多尚奇古，制之为末，以膏为饼。至仁宗时，而立龙团、凤团、月团之名，杂以诸香，饰以金彩，不无夺其真味。然天地生物，各遂其性，莫若叶茶。烹而啜之，以遂其自然之性也。予故取烹茶之法，末茶之具，崇新改易，自成一家。”标意甚明，书中所述也多有独创。

苦节君像—香竹风炉

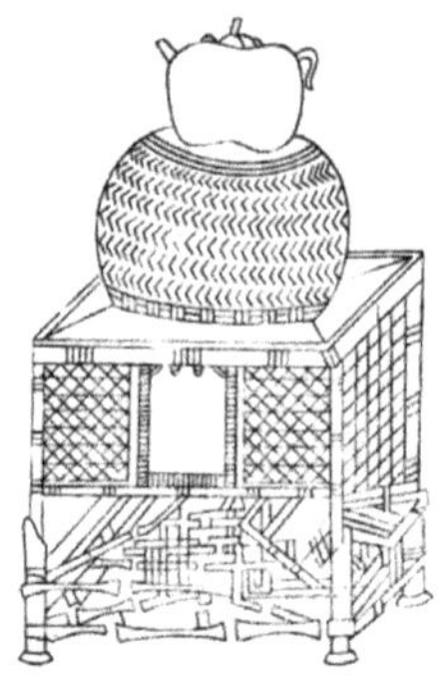

苦节君行省—茶具收纳箱

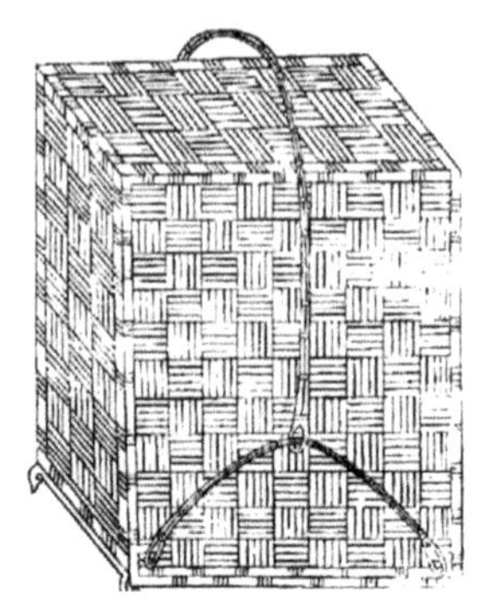

建城—茶笼

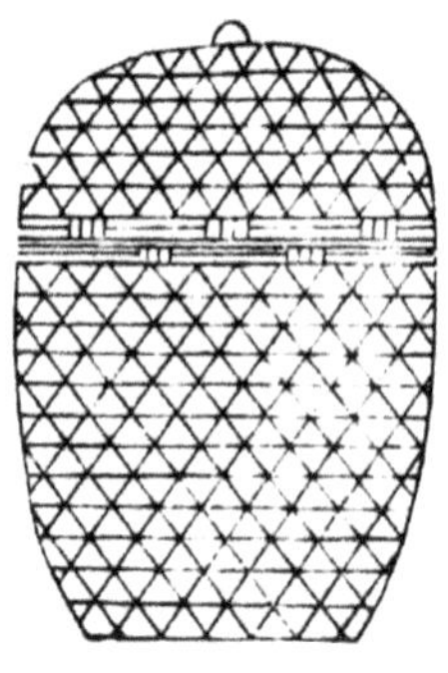

云屯—装泉水的器具

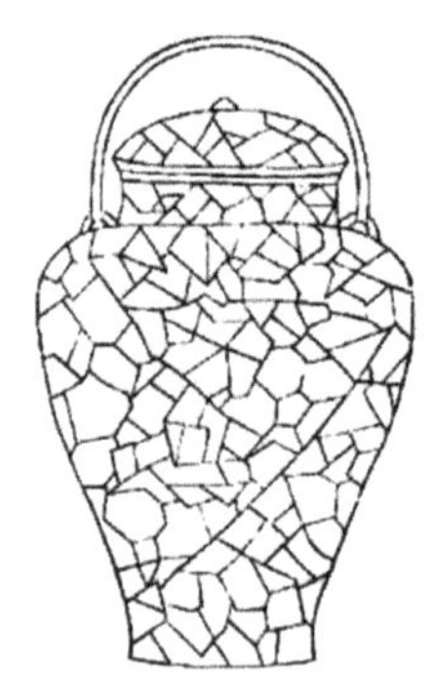

乌府——盛柴炭竹篮

水曹——茶海

器局——茶具竹编收纳箱

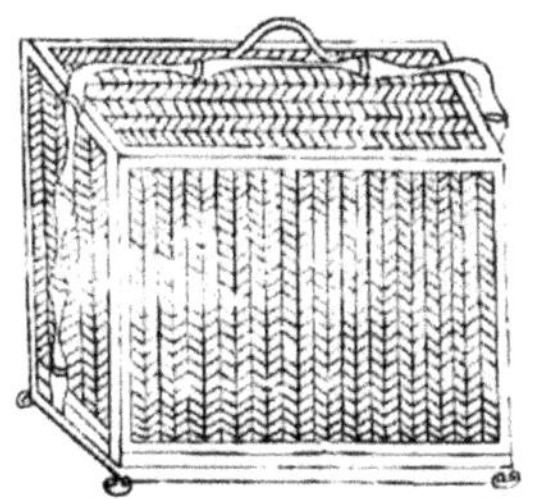

品司

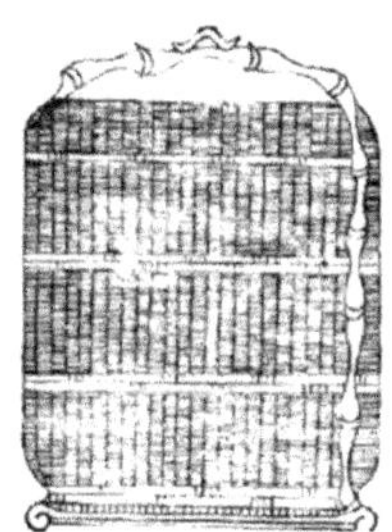

五之煮

凡炙茶，慎勿于风烬间炙，熛[1]焰如钻，使凉炎不均。持以逼火，屡其翻正，候炮（普教反）出培塿，状虾蟆背[2]，然后去火五寸。卷而舒，则本其始，又炙之。若火干者，以气熟止；日干者，以柔止。

其始，若茶之至嫩者，蒸罢热捣，叶烂而芽笋存焉。假以力者，持千钧杵亦不之烂，如漆科珠[3]，壮士接之，不能驻其指。及就，则似无穰骨也。炙之，则其节若倪倪[4]如婴儿之臂耳。既而，承热用纸囊贮之，精华之气无所散越，候寒末之。【末之上者，其屑如细米；末之下者，其屑如菱角。】其火，用炭，次用劲薪。【谓桑、槐、桐、枥之类也。】其炭，曾经燔炙，为膻腻所及，及膏木、败器，不用之。【膏木，为柏、桂、桧也。败器，谓朽废器也。】古人有劳薪之味[5]，信哉！

其水，用山水上，江水中，井水下。【《荈赋》所谓“水则岷方之注，挹彼清流[6]。”】其山水拣乳泉、石池漫流者上；其瀑涌湍漱，勿食之。久食，令人有颈疾。又多别流于山谷者，澄浸不泄，自火天至霜郊以前[7]，或潜龙蓄毒于其间，饮者可决之，以流其恶，使新泉涓涓然，酌之。其江水，取去人远者。井，取汲多者。

其沸，如鱼目[8]，微有声，为一沸；缘边如涌泉连珠，为二沸；腾波鼓浪，为三沸。已上，水老，不可食也。初沸，则水合量，调之以盐味，谓弃其啜余，【啜，尝也，市税反，又市悦反。】无乃而钟其一味乎？【上古暂反。下吐滥反。无味也。】第二沸，出水一瓢，以竹筴环激汤心，则量末当中心而下。有顷，势若奔涛溅沫，以所出水止之，而育其华也。

凡酌，置诸碗，令沫饽均。【字书并《本草》：“饽，均茗沫也。”蒲笏反。】沫饽，汤之华也。华之薄者曰沫，厚者曰饽，轻细者曰花。如枣花漂漂然于环池之上；又如回潭曲渚青萍之始生；又如晴天爽朗有浮云鳞然。其沫者，若绿钱浮于水湄[9]；又如菊英堕于樽俎之中[10]。饽者，以滓煮之，及沸，则重华累沫，皤皤然若积雪耳[11]。《荈赋》所谓“焕如积雪，烨若春华[12]”，有之。

第一煮水沸，而弃其上有水膜如黑云母，饮之则其味不正。其第一者为隽永，【徐县、全县二反。至美者曰隽永。隽，味也。永，长也。味长曰隽永，《汉书》：蒯通著《隽永》二十篇也。】或留熟盂以贮之，以备育华救沸之用。诸第一与第二、第三碗次之，第四、第五碗外，非渴甚莫之饮。凡煮水一升，酌分五碗。【碗数少至三，多至五；若人多至十，加两炉。】乘热连饮之。以重浊凝其下，精英浮其上。如冷，则精英随气而竭，饮啜不消亦然矣。

茶性俭[13]，不宜广，广则其味黯澹。且如一满碗，啜半而味寡，况其广乎！其色缃也，其馨欽[14]也，【香至美曰欽。欽音使。】其味甘，槚也；不甘而苦，荈也；啜苦咽甘，茶也。（《本草》云："其味苦而不甘，槚也；甘而不苦，荈也。"）

[注释]

1 熛：迸飞的火焰。

2 炮出培塿，状虾蟆背：炮，烘烤。培塿，小山或小土堆。虾蟆背，有很多丘泡，不平滑，形容茶饼表面起泡如蛙背。

3 如漆科珠：科，用斗称量。《说文》："从禾，从斗。斗者，量也。"这句意为用漆斗量珍珠，滑溜难量。

4 倪倪：弱小的样子。

5 劳薪之味：用旧车轮之类烧烤，食物会有异味。典出

《晋书·荀勖传》。

6 挹：舀取。

7 自火天至霜郊：火天，酷暑时节。《诗经·七月》：“七月流火。”霜郊，秋末冬初霜降大地。二十四节气中，“霜降”在农历九月下旬。

8 如鱼目：水初沸时，水面有许多像鱼眼睛的小气泡，故称鱼目。后人又称“蟹眼”。

9 水湄：有水草的河边。《说文》：“湄，水草交为湄。”

10 樽俎：樽是酒器，俎是砧板，这里指各种餐具。

11 皤皤然：满头白发的样子。这里形容白色水沫。

12 烨若春：烨，光辉明亮。华，花。《集韵》：“华，花之通名。”

13 茶性俭：俭，俭朴无华。比喻茶叶中可溶于水的物质不多。

14 香美。

[释文]

烤茶饼，注意不要在通风的余火上烤，因为被风吹得飘忽不定的火苗像钻子一样，使茶饼受热不均匀。烤茶饼时要靠近火，常常翻动，等到表面烤出突起的像虾蟆背上的小疙瘩，然后离火五寸。等到卷曲的茶饼表面又伸展开，再按照之前的办法烤。如果制茶时是用火烘干的，以烤到有香气为度；

如果是用太阳晒干的，以烤到柔软为好。

一开始制茶的时候，对于很柔嫩的茶叶，蒸后乘热捣杵，叶子虽捣烂了，但是茶梗还是完整的。如果只是用蛮力，拿很重的杵杆也捣不烂它。这就如同圆滑的漆树子粒，虽然轻而小，但是壮士反而拿不住它一样。捣好之后，好像一条梗子也没有了。这时的茶饼再来烤，柔软得就像婴儿的手臂。烤好了，趁热用纸袋装起来，使它的香气不散发，等冷却了再碾成末。【好的茶末，形如细米；差的就像菱角。】

烤茶饼的燃料，最好使用木炭，其次用火力强的木柴（如桑、槐、桐、枥之类）。曾经烤过肉，染上了腥膻油腻气味的炭，以及有油烟的柴【如柏、桂、桧树】或者朽坏的木器【废弃的瘸朽木器】，都不能用。古人说："用朽坏的木器烧煮食物，会有怪味"，确实是这样。

煮茶用的水，用山水最好，其次是江河的水，井水最差。【《荈赋》中说："取水就取岷江中的清水。"】山水，最好选择乳泉、石池中缓慢流动的水，奔涌湍急的水不要饮用，长期喝这种水会使人颈部生病。此外还有处溪流汇合，停蓄于山谷的水，水虽然清澈，但不流动。从热天到霜降前，也许有虫蛇潜伏在其中，水质污染有毒，要喝时应该先挖开缺口，让污秽有毒的水流走，让新的泉水涓涓流来，然后再饮用。江河的水，要到离人远的地方去取，井水就要从经常汲水的井中汲取。

煮水时，水沸腾冒出像鱼眼般的小泡，有轻微的响声，称为“一沸”。锅的边缘四周的水泡像连珠般的往上冒，称为“二沸”。当水像波浪般翻滚奔腾时，称为“三沸”。再继续煮，水老了，味不好，就不宜饮用了。水开始沸腾时，按照水量放入适当的盐来调味，把剩下的那点水泼掉。【啜，尝的意思。】不要因无味而过分加盐，否则，不就成了特别喜欢这种盐味了吗！【读音为古暂二字的反切音，读音为吐滥二字的反切音，意无味。】第二沸时，舀出一瓢水，用竹筴在沸水中转圈搅动，用“则”量取茶末沿旋涡中心倒入。过了一会，水沫飞溅，波涛翻滚，就把刚才舀出的水倒入，减轻水的沸腾，以保养水面生成的汤花。

将茶盛到碗里喝的时候，让“沫饽”均匀地舀分到每只碗里。【《字书》和《本草》说：饽是茶汤的沫。音蒲笏反】“沫饽”就是茶汤的汤花。汤花薄的叫作“沫”，厚的叫作“饽”，细轻的叫作“花”。“花”的外貌，有的像枣花在圆形的池塘上浮动，有的像回环曲折的潭水、绿洲间新生的浮萍，有的像晴朗天空中的鳞状浮云。那“沫”，好似青苔浮在水边，又像菊花落入杯中。那“饽”，煮茶的渣滓时，水一沸腾，面上就堆起很厚一层白色沫子，白白的像积雪一样。《荈赋》中讲的“明亮像积雪，灿烂如春花”，确实是这样。

水刚煮开时，把沫上一层像黑云母样的膜状物去掉，饮用的话，味道很不好。之后，从锅里舀出的第一瓢水，味美味长，称为“隽永”，【“隽永”是茶味至美之意。隽指滋味，永指长久。《汉书》：蒯通写了《隽永》二十篇。】通常贮放在“熟盂”里，用来减轻沸腾、养育汤华。以下第一、第二、第三碗的水，味道略微差一点。第四、第五碗之外，如果不是渴得太厉害，就不值得喝了。一般煮水一升，分作五碗，【少的三碗，多到五碗，如多到十人，应煮两炉。】趁热连着喝完。因为重浊不清的物质凝聚在下面，精华浮在上面，如果茶冷却了，精华就随着热气跑光了。如果喝得太多，也同样不好。

茶性俭约，水不宜多放，水多味道就淡薄。就像一满碗茶，喝了一半，味道就觉得差一点了，更何况是水加多了呢！茶汤的颜色浅黄，香气四溢。【茶香至美叫𩡧，音备。】味道甜的是“槚”，不甜的而苦的是“荈”，入口时有苦味，咽下去又有馀甘的是“茶”。

附一：陆羽评天下二十名水

江州庐山康王谷谷帘水第一；

常州无锡县惠山石泉第二；

蕲州兰溪石下水第三；

硖州扇子硖蛤蟆口水第四；

苏州虎丘寺石泉第五；

江州庐山招贤寺下石桥潭水第六；

扬州扬子江中泠水第七；

洪州西山瀑布水第八；

唐州桐柏县淮水源第九；

江州庐山顶龙池水第十；

润州丹阳县观音寺井水第十一；

扬州大明寺水第十二；

汉江金州上流中泠水第十三；

归州玉虚洞春溪水第十四；

商州武关西洛水第十五；

苏州吴淞江水第十六；

如州天台西南峰瀑布水第十七；

郴州园泉第十八；

严州桐庐江严陵滩水第十九；

雪水第二十。

附二：七种茶适宜用什么茶具

一、绿茶：宜选用透明无花纹的玻璃杯，或是白瓷、青瓷、青花瓷无盖杯、盖碗等。以无花纹的玻璃杯为最佳，因为这种茶具可以更好的观赏绿茶的形态和色泽。

二、黄茶：宜选用奶白瓷、黄釉瓷器和以黄、橙为主色的五彩瓷壶、杯具、盖碗、盖杯等。能够使茶的颜色被衬托得更艳丽。

三、白茶：宜选用白瓷壶杯具，或反差很大的内壁施黑釉的黑瓷茶具，以衬托出茶的白毫。

四、红茶：宜选用内壁施白釉的紫砂茶具，白瓷、红釉瓷的瓷壶、盖碗、盖杯等。能更好的烘托红茶如玛瑙般的茶色。

五、乌龙茶：宜选用白瓷质地的壶、盖碗、盖杯，或是紫砂质地的茶具。衬茶色，聚拢茶香。

六、黑茶：宜选用紫砂壶、白瓷杯具，或是飘逸杯等茶具。

七、花茶：宜选用青瓷、青花瓷、粉彩瓷器的瓷壶、盖碗、盖杯等。因为花茶是需要闷泡的茶品，盖子可使香气聚拢，揭开盖的时候，才能香气扑鼻，最好的体现出花茶的品质。

六之饮

翼而飞[1]，毛而走，呿而言[2]，此三者俱生于天地间，饮啄[3]以活，饮之时义远矣哉！至若救渴，饮之以浆；蠲忧忿[4]，饮之以酒；荡昏寐，饮之以茶。

茶之为饮，发乎神农氏[5]，闻于鲁周公[6]，齐有晏婴[7]，汉有杨雄、司马相如[8]，吴有韦曜[9]，晋有刘琨、张载、远祖纳、谢安、左思之徒[10]，皆饮焉。滂时浸俗，盛于国朝，两都并荆渝间[11]，以为比屋之饮。

饮有粗茶、散茶、末茶、饼茶者。乃斫、乃熬、乃炀、乃舂，贮于瓶缶之中，以汤沃焉，谓之痷茶[12]。或用葱、姜、枣、橘皮、茱萸、薄荷之等，煮之百沸，或扬令滑，或煮去沫，斯沟渠间弃水耳，而习俗不已。

於戏！天育万物，皆有至妙。人之所工，但猎浅易。

所庇者屋，屋精极；所著者衣，衣精极；所饱者饮食，食与酒皆精极之。茶有九难：一曰造，二曰别，三曰器，四曰火，五曰水，六曰炙，七曰末，八曰煮，九曰饮。阴采夜焙，非造也。嚼味嗅香，非别也。膻鼎腥瓯，非器也。膏薪庖炭，非火也。飞湍壅潦[13]，非水也。外熟内生，非炙也。碧粉缥尘，非末也。操艰搅遽[14]，非煮也。夏兴冬废，非饮也。

夫珍鲜馥烈者[15]，其碗数三；次之者，碗数五。若座客数至五，行三碗；至七，行五碗；若六人以下，不约碗数，但阙一人而已，其隽永补所阙人。

［注释］

1 翼而飞：有翅膀能飞的禽类。

2 呿而言：呿，张口。《集韵》：“启口谓之呿”。这里指开口会说话的人类。

3 饮啄：饮水啄食。

4 蠲：免除。

5 神农氏：传说中的上古三皇之一，教民稼穑，号神农，后世尊为炎帝。后人伪托神农作《神农本草》等书，其中提到茶，故云“发乎神农氏”。

6 鲁周公：名姬旦，周文王之子，辅佐武王灭商，建西周王朝，制礼作乐，后世尊为周公，因封国在鲁，又称鲁周公。

后人伪托周公作《尔雅》，其中讲到茶。

7 晏婴（？一前五〇〇）：字平仲，春秋之际政治家，齐国名相。相传著有《晏子春秋》。

8 杨雄、司马相如：杨雄，见前注。司马相如（前一七八—前一一八），字长卿，蜀郡成都人。西汉著名文学家，著有《子虚赋》《上林赋》等。

9 韦曜（二二〇—二八〇）：应作韦昭，字弘嗣，三国时人，在东吴历任中书仆射、太傅等要职。

10 刘琨、张载、远祖纳、谢安、左思之徒：刘琨（二七一—三一八），字越石，晋中山魏昌人（今河北无极县），曾任西晋平北大将军等职；张载，字孟阳，晋安平（今河北深县）人。文学家，有《张孟阳集》传世；远祖纳，即陆纳（三二〇？—三九五），字祖言，吴郡吴（今江苏苏州）人。东晋时任吏部尚书等职。陆羽与其同姓，故尊为远祖；谢安（三一九—三八五），字安石，陈国阳夏人（今河南太康县）。东晋名臣；左思（二五〇？—三〇五？），字太冲，山东临淄人。著名文学家，代表作有《三都赋》《咏史》诗等。

11 两都并荆渝间：两都，长安和洛阳。荆州，治所在今湖北江陵。渝州，治所在今四川重庆一带。

12 痷：用水浸泡茶叶之意。

13 飞湍壅潦：飞湍，飞奔的急流。潦，雨后积水。壅潦，停滞的积水。

14 操艰搅遽：操作艰难、慌乱。遽，惶恐、窘急。

15 珍鲜馥烈者：珍贵鲜美馨香的好茶。

[释文]

禽鸟有翅而能飞，兽类身披皮毛而能跑，人类能张口说话，这三者都生存在天地之间。依靠喝水、吃东西来维持生命。可见喝饮的作用重大，意义深远。为了解渴，就要喝水；为了兴奋而消愁解闷，则要喝酒；为了提神而解除瞌睡，就要喝茶。

茶作为饮料，开始于神农氏，因为周公旦作了文字记载而被世人所知。春秋时齐国的晏婴，汉代的扬雄、司马相如，三国时吴国的韦曜，晋代的刘琨、张载、陆纳、谢安、左思等人都喜欢喝茶。后来渐成风气，到了唐朝时，饮茶之风非常盛行。在西安、洛阳两个都城和江陵、重庆等地，更是家喻户晓。

茶的种类，有粗茶、散茶、末茶、饼茶。要饮用饼茶时，用刀切开，炒，烤干，捣碎，放到瓶缶中，用开水冲沏，这叫作浸泡的茶。或者加入葱、姜、枣、橘皮、茱萸、薄荷等，煮开很长的时间，把茶汤扬起变清，或者煮好后把茶上的“沫”去掉，这样的茶和倒在沟渠里的废水没有什么区别，可是这样的习俗流传至今！

鸣呼！天地万物，都有它最精妙的地方，人们擅长的，只是那些浅显易做的。住的是房屋，房屋构造非常精致；所穿的是衣服，衣服做的非常精美；填饱肚子的是饮食，食物和酒都非常精美。而饮茶呢？却不擅长。而茶要做到精致则有九个难点：一是制造，二是识别，三是器具，四是火力，五是择水，六是烤炙，七是捣碎，八是烤煮，九是品饮。阴天采取和夜间烘焙，就是制造不当；通过口嚼辨味，鼻闻辨香，就是鉴别不当；用沾染了膻气的锅与腥气的盆，就是器具使用不当；用有油烟的柴和烤过肉的炭，就是燃料使用不当；用流动很急或停滞不流的水，就是用水不当；烤得外熟内生，就是炙烤不当；捣得大细，成了绿色的粉末，就是捣碎不当；操作不熟练或搅动太急，就是烧煮不当；夏天喝而冬天不喝，就是饮用不当。

属于珍贵鲜美馨香的茶，一炉只有三碗。其次是一炉煮五碗。如果喝茶的客人达到五人，就舀出三碗传着喝；如果喝茶的客人达到七人，就舀出五碗传着喝；如果是六人，不必管碗数（意谓照五人那样舀三碗），只不过按少一人的罢了，那就用“隽永”那瓢水来补充所少算的一份。

附一：茶酒论

唐·王敷 撰

序：窃见神农曾尝百草，五谷从此得分。轩辕制其衣服，流传教示后人。仓颉制其文字，孔丘阐化儒因。不可从头细说，撮其枢要之陈。暂问茶之酒两个谁有功勋。阿谁即合卑小，阿谁即合称尊。今日各须立理，强者光饰一门。

茶乃出来言曰：“诸人莫闹，听说些些，百草之首，万木之花。贵之取蕊，重之摘芽。呼之名草，号之作茶。贡五侯宅，奉帝王家。时新献入，一世荣华。自然尊贵，何用论夸。”

酒乃出来：“可笑词说。自古至今，茶贱酒贵。单醪投河，三军告醉。君王饮之，叫呼万岁，群臣饮之，赐卿无畏。和死定生，神明歆气。酒食向人，终无恶意。有酒有令，仁义理智。自合称尊，何劳比类。”

茶为酒曰："阿你不闻道：浮梁歙州，万国来求。蜀川流顶，其山蓦岭。舒城太湖，买婢买奴。越郡余杭，金帛为囊。素紫天子，人间亦少。商客来求，舡车塞由，阿谁合少。"

酒为茶曰："阿你不闻道，剂酒乾和，博锦博罗。蒲桃九酝，于身有润。玉酒琼浆，仙人杯觞。菊花竹叶，君王交接。中山赵母，甘（石甘）美苦。一醉三年，流传今古。礼让乡间，调和军府。阿你头恼，不须干努。"

茶为酒曰："我之名草，万木之心。或白如玉，或似黄金。名僧大德，幽隐禅林。饮之语话，能去昏沉。供养弥勒，奉献观音。千劫万劫，诸佛相钦。酒能破家散宅，广作邪淫。打却三盏后，令人只是罪深。"

酒为茶曰："三文一缸，何年得富。酒通贵人，公卿所慕。曾（道）赵主弹琴，秦王击缶。不可把茶请歌，不可为茶（教）舞。茶吃只是腰疼，多吃令人患肚。一日打却十杯，肠胀又同衙鼓。若也服之三年，养虾蟆得水病报。"

茶为酒曰："我三十成名，束带巾栉。蓦海（骑）江，来朝今室。将到市廛，安排未毕。人来买之，钱财盈溢。言下便得富饶，不在明朝后日。阿你酒昏乱，吃了多饶啾唧。街中罗织平人，脊上少须十七。"

酒为茶曰："岂不见古人才子，吟诗尽道：渴来一盏，能养性命。又道：酒是消愁药。又道：酒能养贤。古人糟粕，今乃流传。茶贱三文五碗，酒贱盅半七文。致酒谢坐，礼让周旋。

国家音乐，本为酒泉。终朝吃你茶水，敢动些些管弦。”

茶为酒曰：“阿你不见道，男儿十四五，莫与酒家亲。君不见狌狌鸟，为酒丧其身。阿你即道：茶吃发病，酒吃能养贤。即见道有酒黄酒病，不见道有茶疯茶癫。阿阇世王为酒曡（煞）父害母，刘零为酒一死三年。吃了张眉竖眼，怒斗宣拳。状上只言粗豪酒醉，不曾有茶醉相言。不免（囚）首杖子，本典索钱。大枷（榼）项，背上抛椽。便即烧香断酒，念佛求天，终生不吃，望免迍邅。”

两个政争人我，不知水在旁边。

水为茶曰：“阿你两个，何用忿忿。阿谁许你，各拟论功。言词相毁，道西说东。人生四大，地水火风。茶不得水，作何相貌。酒不得水，作甚形容。米曲干吃，损人肠胃。茶片干吃，只砺破喉咙。万物须水，五谷之宗。上应乾象，下顺吉凶。江河淮济，有我即通。亦能漂荡天地，亦能涸煞鱼龙。尧时九年灾迹，只缘我在其中。感得天下亲奉，万姓依从。（犹）自不说能圣，两个何用争功。从今以后，切须和同。酒店发富，茶坊不穷。长为兄弟，须得始终。若人读之一本，永世不害酒癫茶疯。”

附二：武夷茶艺典型的十八道程序

第一道：焚香静气，活煮甘泉。

焚香静气，即通过点燃一支香，来营造祥和、肃穆、无比温馨的气氛。希望这沁人心脾的幽香，能使大家心旷神怡，茶道能伴随着这袅袅的香烟，升华到高雅而神奇的境界。宋代大文豪苏东坡精通茶道，他总结泡茶的经验时说："活水还须活火烹"，"活煮甘泉"，也就是用旺火来煮沸壶中的山泉水。

第二道：孔雀开屏，叶嘉酬宾。

孔雀开屏是向同伴展示自己的羽毛，而"孔雀开屏"这道程序，是要向嘉宾们介绍今天泡茶所用的精美的功夫茶具。"叶嘉"是苏东坡对茶叶的美称，"叶嘉酬宾"，也就是请大家鉴赏乌龙茶的外观和形状的意思。

第三道：大彬沐淋，乌龙入宫。

大彬是明代制作紫砂壶的宗师，他所制作的紫砂壶为历代茶人视为至宝，所以后人把紫砂壶也称为大彬壶。大彬沐淋就是用开水浇烫茶壶，这样做的目的是洗壶和提高壶温。武夷岩茶属乌龙茶类，把武夷岩茶放入紫砂壶内称为“乌龙入宫”。

第四道：高山流水，春风拂面。

“高冲水，低斟茶”是武夷茶艺的讲究之一。“高山流水”即茶师将开水壶提高，向紫砂壶内冲水，使壶内茶叶随水浪翻滚，从而起到用开水洗茶的作用。冲水时一定要沿着壶的边沿冲，防止冲破“茶胆”。“春风拂面”是指用壶盖轻轻地除去茶壶表面的白色泡沫，使壶内的茶汤更加清澈、洁净。

第五道：乌龙入海，重洗仙颜。

品武夷岩茶还讲究“头泡汤，二泡茶，三泡四泡是精华”。头一泡冲出的往往不喝，直接注入茶海。因为茶汤呈琥珀色，从壶口流向茶海像蛟龙入海，所以称为“乌龙入海”。“重洗仙颜”本是武夷九曲溪畔的一处悬崖石刻，在这里寓为第二次冲泡。第二次冲水不仅要将开水注满紫砂壶，而且在加盖后还要用开水浇淋壶的外部，这样内外加温，更有利于茶香的散发。这道程序完成后，一般要根据茶的品种和当日的气温闷茶。闷茶的时间如果太短，茶色就会很浅，茶味就会很薄，岩韵不明显。但是如果闷茶的时间太长，则“熟汤失味”，且茶味苦涩。

第六道：玉液移壶，再注甘露。

冲泡武夷岩茶要有两把壶，一把紫砂壶用于泡茶，称为“泡壶”或“母壶”。另一把容积相等的壶专门用于储存泡好的茶汤，称为“海壶”或“子壶”。把母壶中冲泡好的茶汤倒入子壶，称为“玉液移壶”。母壶中的茶水倒干净后趁热再冲水，便是“再注甘露”。

第七道：祥龙行雨，凤凰点头。

将海壶中的茶汤快速均匀地依次注入闻香杯中，称为“祥龙行雨”，取其“甘露普降”的吉祥之意。当海壶中的茶汤所剩不多时则应把巡回快速斟茶改为点斟，这时把茶师一高一低有节奏点斟茶水的手势，形象地称为“凤凰点头”，象征着向嘉宾行礼致敬。过去有人将这道程序称为“关公巡城，韩信点兵”。

第八道：龙凤呈祥，鲤鱼翻身。

杯中斟满茶后，将描有龙图案的品茗杯扣在闻香杯上，称为“龙凤呈祥”。把扣合的杯子翻转过来，称为“鲤鱼翻身”。中国神话传说中有鲤鱼翻身越过龙门可化龙升天而去的故事。通常借助这道程序，祝福大家家庭和睦，事业发达。

第九道：捧杯敬茶，众手传盅。

所谓“捧杯敬茶”，是指由茶师用双手把龙凤杯捧到齐眉高，然后恭恭敬敬地向左侧第一位客人行注目点头礼并把茶传给他，客人接到茶后不能独自先品为快，而要恭恭敬敬地向茶师点头致谢，并按茶师的姿势依次将茶传给下一位客人，直到传到最后一位客人为止。然后再从左侧依次传茶。通过“捧杯敬茶，众手传盅”，可使宾客的心贴得更近，感情更亲近，气氛更融洽。

当每位客人都得到一杯茶后，茶艺表演进入另一个阶段。武夷功夫茶艺分为两个阶段，前九道程序是由茶师操作，为客人烧水、冲茶、斟茶、敬茶。从第十道程序客人就开始直接参与茶事活动，宾主共同品茶赏艺。

第十道：鉴赏双色，喜闻高香。

客人用左手将茶杯端稳，用右手将闻香杯慢慢提起来，这时闻香杯中的热茶全部注入品茗杯中，随着品茗杯温度的升高，由热敏陶瓷烧制的乌龙图案会从黑色变成五彩色。这时要观察杯中的茶汤是否呈清亮艳丽的琥珀色。“喜闻高香”，是武夷品茶中的头一闻，是闻茶香的纯度，看是否香高新锐无异味，另外还得闻一闻杯底留香。

第十一道：三龙护鼎，初品奇茗。

用拇指和食指扶杯，中指托住杯底，这样拿杯既稳当又美观。三根手指寓为三龙。“初品奇茗”是武夷山品茶三品中的第一品。茶汤入口后不应该马上咽下，而应吸气，使茶汤在口腔中翻滚流动，让茶汤与舌根、舌尖、舌面、舌侧的味蕾都充分接触，以便能更精确地品悟出奇妙的茶味。“初品奇茗”主要是品这泡茶的火功水平，看有没有“老火”或“生青”。

第十二道：再斟流霞，二探兰芷。

“再斟流霞”是指客人斟第二道茶。《全唐诗·题武夷》中写道：“只得流霞酒一杯，空中瑟鼓几时回。”流霞原是寓酒，但在斟武夷岩茶时，茶汤清亮艳丽恰似流霞在杯中晃动，所以这里借用流霞来赞美武夷岩茶的汤色。宋代范仲淹有诗云：“斗茶味兮轻醍醐，斗茶香兮薄兰芷”，兰花的香味是公认的王者之香。“二探兰芷”是第二次闻香。宾客可细细地品味那清幽、淡雅、甜润、悠远、捉摸不定的茶香。

第十三道：二品云腴，喉底留甘。

“云腴”是宋代书法家黄庭坚对茶的美称，“二品云腴”即品第二道茶，二品主要是品茶的滋味，看茶汤过喉是鲜爽、甘醇，还是生涩、平淡。

第十四道：三斟石乳，荡气回肠。

“石乳”原是元代武夷山贡茶中的珍品，之后被人们用来代表武夷茶。“三斟石乳”表示斟第三道茶。“荡气回肠”是第三次闻香。品啜武夷岩茶，闻香讲究“三口气”即不用鼻子闻，而是用嘴吸入茶香，然后从鼻腔呼出，这样可以全身心地感受茶香，更细腻地辨别茶叶的香型特征。这种闻香方法被称为“荡气回肠”。第三次闻香还在于鉴定茶香的持久性。

第十五道：含英咀华，领悟岩韵。

“含英咀华”是品第三道茶。通过品饮了头两道茶，茶的生涩感已经消失，从第三道开始回甘。清代大才子袁枚在品饮武夷岩茶时曾说：“品茶应含英咀华并徐徐咀嚼而体贴之”，其中“英”和“华”都是花的意思，含英咀华的意思是好像嘴里含着小花一样要慢慢咀嚼，细细回味，只有这样才能领悟到武夷岩茶香清甘活和无比美妙的岩韵。

第十六道：君子之交，水清味美。

“君子之交淡如水”，而那淡中之味就像喝了头三道浓茶之后，再喝一口白开水。喝这口白开水千万不可急急咽下，而应当像含英咀华那样慢慢品味。咽下白开水后，再张口吸一口气，这时你一定会感到满口香，回味甘甜，无比舒畅。多数人都会有“此时无茶胜有茶”的感觉。

第十七道：名茶探趣，游龙戏水。

好的武夷岩茶应该七泡有余香，九泡仍不失茶的真味。“名茶探趣”是请客人自己动手，看一看壶中的茶还能泡到第几道。“游龙戏水”是把泡后的茶叶放到清水杯中，让客人观赏经多次冲泡后充分舒展的茶叶的叶片。行话讲“看叶底”。武夷岩茶属半发酵茶，叶底“三分红，七分绿”，称为“绿叶镶红边”。在茶艺表演中，因为乌龙茶的叶片在清水中晃动，很像龙在水中玩水，所以得名“游龙戏水”。

第十八道：宾主起立，尽杯谢茶。

孙中山先生曾倡导茶为国饮，鲁迅先生曾说："有好茶喝，会喝好茶是一种清福。"自古以来，人们视茶为健康的良药、生活的享受、修身的佳径、友谊的纽带，茶艺表演结束时，请宾主起立，同饮杯中的茶，并把杯底朝天放回茶船。人们以这样的方式来相互祝福。

七之事

三皇：炎帝神农氏。

周：鲁周公旦，齐相晏婴。

汉：仙人丹丘子，黄山君[1]，司马文园令相如，杨执戟雄。

吴：归命侯[2]，韦太傅弘嗣。

晋：惠帝，刘司空琨，琨兄子兖州刺史演，张黄门孟阳[3]，傅司隶咸[4]，江洗马统[5]，孙参军楚[6]，左记室太冲，陆吴兴纳，纳兄子会稽内史俶，谢冠军安石，郭弘农璞，桓扬州温[7]，杜舍人毓，武康小山寺释法瑶，沛国夏侯恺[8]，余姚虞洪，北地傅巽，丹阳弘君举，乐安任育长[9]，宣城秦精，敦煌单道开[10]，剡县陈务妻，广陵老姥，河内山谦之。

后魏：琅琊王肃[11]。

宋：新安王子鸾，鸾兄豫章王子尚[12]，鲍照妹令晖[13]，八公山沙门昙济[14]。

齐：世祖武帝[15]。

梁：刘廷尉[16]，陶先生弘景[17]。

皇朝：徐英公勣[18]。

《神农食经》[19]：“荼茗久服，令人有力、悦志”。

周公《尔雅》：“槚，苦荼”。

《广雅》云[20]：“荆巴间采叶作饼，叶老者，饼成，以米膏出之。欲煮茗饮，先炙令赤色，捣末，置瓷器中，以汤浇覆之，用葱、姜、橘子芼之。其饮醒酒，令人不眠。”

[注释]

1 黄山君：汉代仙人。

2 归命侯：东吴亡国之君孙皓。公元二八〇年，晋灭东吴，孙皓降晋，封“归命侯”。

3 张黄门孟阳：张载，字孟阳，曾任中书侍郎，未任过黄门侍郎。任黄门侍郎的是他的弟弟张协。

4 傅司隶咸：傅咸（二三九—二九四），字长虞，西晋北地泥阳人（今陕西铜川），官至司隶校尉，简称司隶。

5 江洗马统：江统（？—三一〇），字应元，西晋陈留县（今河南杞县南）人。晋武帝时曾任太子洗马。

6 孙参军楚：孙楚（约二一八—二九三），字子荆，太原中都（今山西平遥）人，曾任扶风的参军。

7 桓扬州温：桓温（三一二—三七三），字符子，东晋龙亢人（今安徽怀远县西）。曾任扬州牧等职。

8 沛国夏侯恺：沛国，今江苏沛县、丰县一带。夏侯恺，晋书无传。干宝《搜神记》中提到他。

9 乐安任育长：乐安，在今山东邹平。任育长，名瞻，字育长，生卒年不详，乐安人（今山东博兴一带）。曾任天门太守待职。

10 单道开：东晋僧人，敦煌人。《晋书》有传。

11 琅琊王肃：王肃（四六四—五〇一），字恭懿，琅琊（今山东东南沿海临沂一带）人，北魏著名文士，曾任中书令待职。

12 新安王子鸾、鸾兄豫章王子尚：刘子鸾是南北朝时宋孝武帝第八子、刘子尚是孝武帝第二子。一封新安王，一封豫章王。

13 照妹令晖：鲍照（四一四—四六六），字明远，东海郡（今江苏镇江）人，南朝宋著名文学家。其妹令晖，擅长诗词，钟嵘《诗品》说她："歌诗往往崭新清巧，拟古尤胜。"

14 八公山沙门昙济：八公山，在今安徽淮南。沙门，佛家指出家修行的人。昙济，南朝宋著名成实论师。

15 世祖武帝：南朝齐的第二个皇帝萧赜，四八二—四九三在位。

16 刘廷尉：刘孝绰（四八〇—五三九），彭城（今江苏徐州）人。南朝梁著名文学家，为梁昭明太子赏识，任太子仆兼廷尉卿。

17 陶先生弘景：陶弘景（四五六—五三六），字通明，秣陵（今江苏宁县）人，南朝齐梁时期道教思想家、医学家，著有《神农本草经集注》。

18 徐英公勣：徐世勣（五九二—六六七），字懋功，唐开国功臣，封英国公。唐太宗李世民赐姓李，避李世民讳改为单名勣。

19 神农食经：传说为炎帝神农所撰，已佚。

20 广雅：字书。三国时张辑所撰，是对《尔雅》的补作。

[释文]

神农氏，又称“炎帝”，是“三皇”之一。

周公，名“旦”。齐相晏婴。

汉仙人丹丘子、黄山君，汉孝文园令司马相如，汉给事黄门侍郎执戟扬雄。

吴归命侯、太傅韦弘嗣韦曜。

晋惠帝司马衷，晋司空刘琨，琨兄之子兖州刺史刘演，黄门侍郎张载，司隶校尉傅咸，太子洗马江统。参军孙楚，记室督左太冲，吴兴人陆纳，纳兄子会稽内史陆俶，冠军谢安，弘农太守郭璞，扬州太守桓温，舍人杜毓。武康小山寺和尚法瑶。沛国人夏侯恺。余姚人虞洪。北地人傅巽。丹阳人弘君举。

乐安人任瞻。宣城人秦精。敦煌人单道开。剡县陈务之妻。广陵一老妇人。河内人山谦之。

后魏瑯琊人王肃。

刘宋新安王子鸾，鸾之兄豫章王子尚。鲍照之妹鲍令晖。八公山和尚昙济。南齐世祖武皇帝。南朝梁廷尉刘孝绰。南朝梁陶弘景先生。唐朝英国公徐勣。

《神农食经》记载："长时间喝茶，使人精力充沛，心情愉悦。"

周公《尔雅》记载："槚，就是苦茶。"

《广雅》记载："荆州、巴州一带，采摘茶叶做成茶饼，叶子老的，制成茶饼之后，用米汤浸泡它。想要煮茶喝的时候，先用火烤茶饼，使它呈现红色，捣成碎末储存在瓷器中，冲进开水。或者放些葱、姜、橘子合着煎煮。喝了它可以醒酒，让人兴奋不想睡觉。"

《晏子春秋》[21]："婴相齐景公时，食脱粟之饭，炙三弋、五卵[22]，茗菜而已。"

司马相如《凡将篇》："乌喙，桔梗，芫华，款冬，贝母，木蘖，蒌，芩草，芍药，桂，漏芦，蜚廉，雚菌，荈诧，白敛，白芷，菖蒲，芒消，莞椒，茱萸。"

《方言》："蜀西南人谓茶曰蔎。"

《吴志·韦曜传》："孙皓每飨宴，坐席无不悉以七升为限，虽不尽入口，皆浇灌取尽。曜饮酒不过二升，皓初礼异，密赐茶荈以代酒。"

《晋中兴书》[23]："陆纳为吴兴太守时，卫将军谢安尝欲诣纳，【《晋书》云：纳为吏部尚书。】纳兄子俶怪纳无所备，不敢问之，乃私蓄十数人馔。安既至，所设唯茶果而已。俶遂陈盛馔，珍羞必具。及安去，纳杖俶四十，云：'汝既不能光益父，奈何秽吾素业？'"

《晋书》："桓温为扬州牧，性俭，每宴饮，唯下七奠柈茶果而已。"

《搜神记》[24]："夏侯恺因疾死。宗人字苟奴察见鬼神，见恺来收马，并病其妻。著平上帻[25]，单衣，入坐生时西壁大床，就人觅茶饮。"

刘琨《与兄子南兖州史演书》云："前得安州干姜一斤，桂一斤，黄芩一斤，皆所须也。吾体中愦[26]闷，常仰真茶，汝可置之。"

傅咸《司隶教》曰："闻南方有以困蜀妪作茶粥卖，为廉事打破其器具，后又卖饼于市，而禁茶粥以困蜀妪，何哉？"

《神异记》[27]："余姚人虞洪，入山采茗，遇一道士，牵三青牛，引洪至瀑布山，曰：'予，丹丘子也。闻子善具饮，常思见惠。山中有大茗，可以相给。祈子他日有瓯牺之余，乞相遗也’。因立奠祀。后常令家人入山，获大茗焉”。

左思《娇女诗》[28]：“吾家有娇女，皎皎颇白皙。小字为纨素，口齿自清历。有姊字蕙芳，眉目粲如画。驰骛翔园林，果下皆生摘。贪华风雨中，倏忽数百适。心为茶荈剧，吹嘘对鼎。”

张孟阳《登成都楼诗》云：“借问扬子[29]舍，想见长卿庐。程卓累千金，骄侈拟五侯。门有连骑客，翠带腰吴钩。鼎食随时进，百和妙且殊。披林采秋橘，临江钓春鱼。黑子过龙醢，果馔逾蟹蝑。芳茶冠六清，溢味播九区。人生苟安乐，兹土聊可娱。”

傅巽《七海》：“蒲桃宛柰，齐柿燕栗，峘阳黄梨，巫山朱橘，南中茶子，西极石蜜。”

弘君举《食檄》：“寒温既毕，应下霜华之茗。三爵而终，应下诸蔗、木瓜、元李、杨梅、五味、橄榄、悬豹、葵羹各一杯。”

孙楚《歌》：“茱萸出芳树颠，鲤鱼出洛水泉。白盐出河东，美豉出鲁渊。姜、桂、茶荈出巴蜀，椒橘木兰出高山。蓼苏出沟渠，精稗出中田。”

华佗《食论》[30]：“苦茶久食，益意思。”

[注释]

21《晏子春秋》：又称《晏子》，旧题春秋晏婴撰，实为后人采晏子事辑成。成书约在汉初。此处陆羽引书有误。《晏子春秋》原为："炙三弋五卵苔菜而矣"。不是"茗菜"。苔菜是古时常吃的蔬菜，又称紫堇、蜀芹、楚葵。

22 三弋、五卵：三五样禽鸟禽蛋。弋，禽鸟。

23 晋中兴书：原为八十卷，已佚。有清人辑存一卷。

24 搜神记：晋干宝著，计三十卷，为我国志怪小说之始。本条见其书卷十六，略有差异。

25 平上帻：魏晋以来武官所戴的一种平顶头巾。

26 愦：烦闷。

27 神异记：西晋王浮著。原书已佚。

28 左思《娇女诗》：描写两个小女儿天真顽皮的形象。原诗五十六句，陆羽所引仅为有关茶的十二句。

29 扬子：对杨雄的敬称。

30 华佗《食论》：华佗（约一四一—二〇八），字元化。今安徽亳州人。是东汉末著名医师。《三国志·魏书》有传。

[释文]

《晏子春秋》记载："晏婴在担任国相的时候，吃的是粗粮，和烧烤的三五样禽鸟和蛋类，除此之外，就只有饮茶了。"

汉司马相如《凡将篇》在药物类中记载："乌头、桔梗、芫花、款冬、贝母、木蘖、黄柏、瓜蒌、黄芩、甘草、芍药、肉桂、漏芦、蟑螂、藿芦、菥茶、白蔹、白芷、菖蒲、芒硝、茵芋、花椒、茱萸。”

汉扬雄《方言》记载：“蜀西南人把茶叶称为葰。”

《三国志·吴志·韦曜传》记载：“孙皓每次举办宴会，规定坐客人人要饮酒七升，即使不全部喝下去，也都要酌取完毕。韦曜酒量不超过二升。孙皓当初非常尊重他，暗地里赐茶来代替酒。”

晋《中兴书》记载：陆纳任吴兴太守的时候，卫将军谢安常想要拜访陆纳。【《晋书》说：陆纳为吏部尚书。】陆纳的侄子私自准备了十多人的肴馔，谢安来后，陆纳仅仅摆出茶和果品招待，陆俶于是摆上丰盛的肴馔，各种精美的菜全都有。等到谢安走了之后，陆纳打了陆俶四十板子，说：“你既不能给你叔父增光添彩，为什么要破坏我清白的操守呢？”

《晋书》记载：“桓温任扬州太守时，性好节俭，每次举办宴会，只设七个盘子的茶食、果馔罢了。”

《搜神记》记载：“夏侯恺因病去世，族人苟奴，看见了鬼魂。看见夏侯恺来取马匹，把他的妻子也弄得生病了。苟奴看见他戴着平顶头巾，穿的单衣，进屋来坐到他生前常坐的靠西壁的床位上，向人要茶喝。”

刘琨给他哥哥的儿子南兖州刺史刘演写信说：“先前收到你寄到安州的干姜一斤、桂一斤、黄芩一斤，都是我需要的。

我心烦意乱，精神不好，经常依靠茶来提神解闷，你可多置办一点。”

傅咸《司隶教》记载：“听说剑南蜀郡有一个老婆婆，煮茶卖，廉事把她的器皿打坏了，禁止老婆婆在市上卖茶饼和茶羹而使她陷入了困境，这究竟是为什么？”

《神异记》记载：“余姚人虞洪进山采茶，遇到一个道士，牵着三头青牛。他带领虞洪到瀑布山，说：‘我是丹丘子，听说你擅长煮茶喝，常常想请你送些给我品尝。山中有大茶树，可以供你采摘。希望你日后把喝不完的茶，送些给我喝。’虞洪于是设奠祭祀，后来经常让家人进山，果然找到了大茶树。”

西晋左思《娇女诗》记载：“我家有娇女，肤色很白皙。小妹叫纨素，口齿伶俐。姐姐叫蕙芳，眉目美如画。蹦蹦跳跳园林中，果子还没成熟就摘下。爱花哪管风和雨，跑出跑进上百次。看见煮茶心急想喝茶，对着茶炉帮吹气。”

张孟阳的《登成都楼》诗的大意说：请问当年扬雄的故居在哪里？司马相如的故居又是什么模样？过去程郑、卓王孙两大豪门，骄横奢侈可比王侯之家。他们的门前经常是车水马龙，宾客不断，腰间飘曳着绿色的缎带，佩挂着名贵的宝刀。家中山珍海味，百味调和，精妙无双。真可谓显赫权贵，百万富翁！遥望楼外，富庶的山川无边无际。秋天里，人们走进橘林中采摘柑橘；春天里，人们可在江边把竿垂钓。

果品胜过佳肴，鱼肉分外细嫩。四川的香茶在各种饮料中可称第一，美味声誉传天下。如果寻求人生的安乐，那么成都这个乐土还是可以让人们尽情享乐的。

傅巽《七诲》记载：“山西的桃子，河南的苹果，齐地的柿子，燕地的板栗，峘阳的黄梨，巫山的红橘，南中的茶子，西极的石蜜。”

弘君举《食檄》记载：“见面寒暄之后，应该先喝浮有白沫的好茶。酒过三巡，应该再陈上甘蔗、木瓜、元李、杨梅、五味、橄榄、悬豹、葵羹各一杯。”

孙楚《歌》记载：“茱萸出在树颠上，鲤鱼产在洛水中。白盐出产于河东，美豉出产于鲁渊。姜、桂、茶出于巴蜀，椒、橘、木兰产于高山。蓼苏生长在沟渠，稗子生长在田中。”

华佗《食论》记载：“长期饮用带苦味的茶叶，对人的意趣和思维有益。”

壶居士《食忌》[31]：“苦茶久食，羽化[32]；与韭同食，令人体重。”

郭璞《尔雅注》云：“树小似栀子，冬生叶，可煮羹饮。今呼早取为茶，晚取为茗，或一曰荈，蜀人名之苦茶”。

《世说》：“任瞻，字育长，少时有令名，自过江失志。既下饮，问人云：‘此为茶？为茗？’觉人有怪色，乃自分明云：‘向问饮为热为冷耳。’”

《续搜神记》[33]："晋武帝时，宣城人秦精，常入武昌山采茗，遇一毛人，长丈余，引精至山下，示以丛茗而去。俄而复还，乃探怀中橘以遗精。精怖，负茗而归。"

《晋四王起事》[34]："惠帝蒙尘[35]还洛阳，黄门以瓦盂盛茶上至尊。"

《异苑》："剡县陈务妻，少与二子寡居，好饮茶茗。以宅中有古冢，每饮，辄先祀之。儿子患之，曰：'古冢何知？徒以劳意！'欲掘去之，母苦禁而止。其夜，梦一人云：'吾止此冢三百余年，卿二子恒欲见毁，赖相保护，又享吾佳茗，虽潜壤朽骨，岂忘翳桑之报[36]！'及晓，于庭中获钱十万，似久埋者，但贯新耳。母告二子，惭之。从是祷馈愈甚。"

《广陵耆老传》："晋元帝时，有老姥，每旦独提一器茗，往市鬻之。市人竞买，自旦至夕，其器不减。所得钱散路旁孤贫乞人。人或异之。州法曹絷之狱中。至夜，老姥执所鬻茗器，从狱牖中飞出。"

《艺术传》[37]："敦煌人单道开，不畏寒暑，常服小石子，所服药有松、桂、蜜之气，所饮茶苏而已。"

释道说《续名僧传》："宋释法瑶，姓杨氏，河东人。元嘉中过江，遇沈台真，请真君武康小山寺，年垂悬车。【悬车，喻日入之候，指重老时也。《淮南子》[38]曰："日至悲泉，爱息其马'，亦此意。】饭所饮茶。大明中，敕吴兴礼致上京，年七十九。”

宋《江氏家传》[39]：“江统，字应元，迁愍怀太子洗马[40]，尝上疏谏云：‘今西园卖醯[41]、面、蓝子、菜、茶之属，亏败国体。’”

《宋录》：“新安王子鸾、豫章王子尚，诣昙济道人于八公山。道人设茶茗，子尚味之，曰：‘此甘露也，何言茶茗？’”

王微《杂诗》[42]：“寂寂掩高阁，寥寥空广厦。待君竟不归，收领今就槚。”

鲍照妹令晖著《香茗赋》。

南齐世祖武皇帝《遗诏》[43]：“我灵座上慎勿以牲为祭，但设饼果、茶饮、干饭、酒脯而已”。

梁刘孝绰《谢晋安王饷米等启》[44]：“传诏李孟孙宣教旨，垂赐米、酒、瓜、笋、菹、脯、酢、茗八种。气苾新城，味芳云松。江潭抽节，迈昌荇之珍。疆场擢翘，越葺精之美。羞非纯束野麐，裛似雪之驴；鲊异陶瓶河鲤，操如琼之粲。茗同食粲，酢类望柑。免千里宿舂，省三月种聚。小人怀惠，大懿难忘。”

陶弘景《杂录》：“苦茶，轻身换骨，昔丹丘子、黄山君服之。”

《后魏录》：“琅琊王肃，仕南朝，好茗饮、莼羹。及还北地，又好羊肉、酪浆。人或问之：‘茗何如酪？’

肃曰：‘茗不堪与酪为奴。’”[45]

[注释]

31 壶居士：又称壶公，道家臆造的真人之一。据说他在空屋中悬挂一壶，晚间就跳入壶中，别有天地。

32 羽化：羽化登仙。道家所指的修炼成正果。

33 续搜神记：旧本题晋陶潜著，实为后人伪托。

34 晋四王起事：南朝卢綝著，计四卷。原书已佚。

35 蒙尘：蒙受风尘。

36 翳桑之报：翳桑，古地名。春秋时晋赵盾，在翳桑打猎，救了将要饿死的灵辄，后来晋灵公欲杀赵盾，灵辄扑杀恶犬，救出赵盾。后世称此事为“翳桑之报”。

37 艺术传：即唐房玄龄所著《晋书·艺术列传》。陆羽引文有出入。

38 淮南子：又名《淮南鸿烈》，为汉淮南王刘安及其门客所著。今存二十篇。

39 江氏家传：南朝宋江饶著，共七卷。已佚。

40 愍怀太子：晋惠帝子司马遹，立为太子，永康元年（三〇〇年）为贾后害死，年仅二十一岁。

41 醯：醋。陆德明《经典释文》：“醯，酢（醋）也。”

42 王微《杂诗》：王微，南朝诗人。《杂诗》原二十八句，陆羽仅录四句。

43 南齐世祖武帝《遗诏》：南朝齐武皇帝名萧赜死前立下《遗诏》，写于齐永明十一年（四九三年）。

44 梁刘孝绰《谢晋安王饷米等启》：刘孝绰，本名冉，孝绰是他的字。晋安王名萧纲，昭明太子卒后，继为皇太子。后登位称简文帝。

45 王肃事：王肃，本在南朝齐做官，后降北魏。北魏是北方少数民族鲜卑族拓跋部建立的政权，该民族习性喜食牛羊肉、鲜牛羊奶加工的酪浆。王肃为讨好新主子，所以当北魏高祖问他时，他贬低说茶还不配给酪浆作奴仆。这话传出后，北魏朝贵遂称茶为“酪奴”，并且在宴会时，“虽设茗饮，皆耻不复食”。[见《洛阳伽蓝记》]

[释文]

壶居士《食忌》说：“长期喝茶，能使人身轻体健，好似飘飘欲仙；茶和韭菜同时吃，会使人增加体重。”

郭璞《尔雅注》说：“茶树矮小像栀子。冬季叶不凋零，叶子可以煮茶喝。现在把早上采的叫作‘茶’，晚上采的叫作‘茗’，或叫‘荈’，蜀地的人称它为‘苦茶’。”

《世说》记载：“任瞻，字育长，年少时就有好的名声，自从过江之后有点恍惚失去神智。有一次到主人家做客，饮茶的时候，他问别人说：‘这是茶，还是茗？’当看到旁人有奇怪不解的表情时，便自己辨明说：‘我刚才是问茶是热的，还是冷的？’”

《续搜神记》记载：“晋武帝时期，宣城人秦精，经常进武昌山采茶。有一次遇见一个毛人，有一丈多高，带领秦精到山下，把一丛丛茶树指给他看后便离开，过了一会儿又回来，从怀中掏出了橘子送给秦精。秦精害怕，赶紧背着茶叶回家了。”

《晋四王起事》记载：“惠帝逃难到外面，他回到洛阳时，黄门用陶钵盛了茶献给他喝。”

《异苑》记载：“剡县陈务的妻子，年轻的时候带着两个儿子守寡，喜欢喝茶。因为住处有一古墓，所以每次饮茶总先奉祭它。两个儿子感到古墓是个祸害，说：‘一个古墓知道什么？真是白费力气！’想把它挖掉。母亲苦苦劝说，坚决不允许他们挖掉古墓。当天晚上，母亲梦见一人说：‘我住在这个墓里三百多年了，你的两个儿子总要毁平它，幸亏你保护我，又拿好茶祭奠我，我虽然是地下的枯骨，但是怎么能忘记你的恩不报呢？’天亮了，母亲在院子里见到了十万串钱，像是埋了很久的，只有穿钱的绳子是新的。母亲把这件事告诉儿子们，两个儿子都感到很惭愧。从此更加频繁和诚心地祭奠。”

《广陵耆老传》记载：“晋元帝时，有一个老太婆，每天早晨独自提一器皿的茶，到市上去卖。市上的人争着买来喝。从早到晚，那个器皿中的茶不减少。她把赚得的钱施舍给路旁的孤儿、穷人和乞丐。有人认为她的行为不可思议，就向官府报告，州的官吏把她捆起来，关入监狱。到了晚上，老太婆手提卖茶的器皿，从监狱的窗口飞出去了。”

《晋书·艺术传》记载：“敦煌人单道开，冬天不怕寒冷，夏天不怕炎热，经常服食小石子，所服的药有松、桂、蜜的香气，除此之外只饮茶叶、紫苏罢了。”

释道说《续名僧传》记载：“南朝宋时的和尚法瑶，本姓杨，是河东人，元嘉年间过江 ，遇到了沈台真，请沈台真到武康小山寺。那时法瑶年龄很大了，用饮茶当饭。大明中，皇上下令吴兴官吏隆重地把他送入京城，那时候他年纪七十九。”

宋《江氏家传》记载：“江统，字应元。升任愍怀太子洗马。曾经上疏劝谏说：‘现在西园里面卖醋、面、蓝子、菜、茶之类的东西，有损国家体统。’”

《宋录》记载：“新安王刘子鸾、豫章王刘子尚到八公山拜访昙济道人，道人昙济设茶招待他们。子尚尝了尝茶说：‘这是甘露啊，怎么能说是茶呢？’”

王微《杂诗》说：“静静地关上高阁的门；孤单一人守着空空的大屋子。等您啊，您却迟迟不回来；失望啊，只能饮茶解愁怀。”

鲍照的妹妹令晖写了篇《香茗赋》。

南齐世祖武皇帝的遗诏称：“我的灵座上不要用杀牲作

祭品，只需要摆点饼果、茶饮、干饭、酒脯就可以了。”

梁刘孝绰《谢晋安王饷米等启》的呈文中记载：李孟孙君带来了您的告谕，赏赐我米、酒、瓜、笋、菹、脯、酢、茗等八种食品。酒气馨香，味道淳厚，可比新城、云松的佳酿。水边初生的竹笋，胜过菖荇之类的珍羞；田头肥硕的瓜菜，超越好上加好的美味。白茅束捆的野鹿虽好，哪比得上您惠赐的肉脯？陶瓶装的河鲤虽好，哪比得上您馈赠的鲊鱼？大米如玉粒般晶莹，茗荈又似大米精良，酸菜一看就令人胃口大开。您赏赐的食品如此丰盛，即使我远行千里，也用不着再筹措干粮。我记着您给我的恩惠，您的大恩大德我永远难忘。

陶弘景《杂录》记载：“苦茶能让人轻身换骨，从前丹丘子、黄山君都饮用它。”

《后魏录》记载：“琅琊人王肃在南朝做官时，喜欢喝茶，吃莼羹。等到回到了北方，又喜欢吃羊肉，喝羊奶。有人问他：‘茶和奶酪比，怎么样？’肃说：‘茶无法和奶酪比较，茶给奶酪做奴仆的资格都够不上。’”

《桐君录》[46]：“西阳、武昌、庐江、晋陵好茗，[47]皆东人作清茗。茗有饽，饮之宜人。凡可饮之物，皆多取其叶，天门冬、拔葜取根，皆益人。又巴东别有真茗茶[48]，煎饮令人不眠。俗中多煮檀叶并大皂李作茶，并冷。又南方有瓜芦木，亦似茗，至苦涩，取为屑茶饮，亦可

通夜不眠。煮盐人但资此饮，而交、广最重，客来先设，乃加以香芼辈[49]。”

《坤元录》[50]：“辰州溆浦县西北三百五十里无射山，云蛮俗当吉庆之时，亲族集会歌舞于山上。山多茶树。”

《括地图》[51]：“临遂县东一百四十里有茶溪[52]。”

山谦之《吴兴记》[53]：“乌程县西二十里，有温山[54]，出御荈。”

《夷陵图经》[55]：“黄牛、荆门、女观、望州等山[56]，茶茗出焉。”

《永嘉图经》：“永嘉县东三百里有白茶山”。[57]

《淮阴图经》[58]：“山阳县南二十里有茶坡。”

《茶陵图经》：“茶陵者，所谓陵谷生茶茗焉。”[59]

《本草·木部》[60]：“茗，苦茶。味甘苦，微寒，无毒。主瘘疮，利小便，去痰渴热，令人少睡。秋采之苦，主下气消食。《注》云：‘春采之’。”

《本草·菜部》：“苦菜，一名荼，一名选，一名游冬，生益州川谷山陵道旁，凌冬不死。三月三日采，干。《注》云：‘疑此即是今茶，一名荼，令人不眠。’《本草注》：‘按，《诗》云：谁谓荼苦[61]，又云：堇荼如饴[62]，皆苦菜也。陶谓之苦茶，木类，非菜流。茗，春采谓之苦【途遐反】。’”

《枕中方》：“疗积年瘘，苦茶、蜈蚣并炙，令香熟，等分，捣筛，煮甘草汤洗，以末傅之。”

《孺子方》："疗小儿无故惊蹶，以苦茶、葱须煮服之。"

[注释]

46 桐君录：全名《桐君采药录》，药物学著作，已佚。

47 西阳、武昌、庐江、晋陵：西阳、武昌、庐江、晋陵均为晋郡名，治所分别在今湖北黄冈、湖北武昌、安徽舒城、江苏常州一带。

48 巴东：晋郡名。治所在今四川万县一带。

49 香芼辈：各种芳香佐料。

50 坤元录：古地学书名，今残缺。

51 括地图：即《地括志》，唐萧德言等人著，共五百五十卷，已散佚，清人辑存一卷。

52 临遂：晋时县名，今湖南衡东县。

53 吴兴记：南朝宋山谦之著，共三卷。

54 乌程县：吴兴郡治所在，今浙江湖州市。

55 夷陵图经：夷陵，在今湖北宜昌西北，这是陆羽从方志中摘出自己加的书名。（下同）

56 黄牛、荆门、女观、望州：黄牛山在今宜昌市向北八十里处。荆门山在今宜昌市东南三十里处。女观山在今宜都县西北。望州山在今宜昌市西。

57 永嘉县：州治在今浙江温州市。

58 淮阴：楚州淮阴郡，治山阳县，今江苏淮安。

59 茶陵：县名，今湖南茶陵。

60 本草、木部：《本草》即唐英国公徐勣任总监的《新修本草》，又称《唐本草》或《唐英本草》，是我国第一部由国家颁布的药典。

61 谁谓荼苦：语出《诗经·谷风》：“谁谓荼苦，其甘如荠。”周秦时，荼作二解，一为茶，一为野菜。这里是野菜。

62 堇荼如饴：语出《诗经·大雅·绵》：“周原朊朊，堇荼如饴”。描述周族祖先在周原地方采集堇菜和苦菜。荼，野菜。

[释文]

《桐君录》记载：“湖北黄冈、武昌、安徽庐江，江苏武进等地人都喜欢饮茶，有客人时，主人家都会准备茶来招待。茶有汤花浮沫，喝了对人有好处。凡是可作饮料的植物，大都是用它的叶，而天门冬、菝葜却是用其根，也对人有好处。又湖北巴东有真茶，煮之后喝了让人感到兴奋没有瞌睡。当地人习惯把檀叶和大皂李叶煮当茶饮，两者的性质都冷。另外，南方有瓜芦树，它的叶大一点，也像茶，很苦很涩，制取为末，当茶一样喝，也可以整夜不睡觉，煮盐的人全靠喝这种茶。交州和广州很重视饮茶，客人来了，先用它来招待，还加一些芳香佐料。”

《坤元录》记载：“辰州溆浦县西北三百五十里处，有无射山，当地土人风俗，每次遇到吉庆的时候，亲族都在山上聚会，歌舞。山上有很多茶树。”

《括地图》记载:“在临遂县向东一百四十里处,有茶溪。”

山谦之《吴兴记》记载：“吴兴县西二十里有温山，出产上贡皇上的茶。”

《夷陵图经》记载：“黄牛、荆门、女观、望州等山，出产茶叶。”

《永嘉图经》记载：“永嘉县向东三百里处，有白茶山。”

《淮阴图经》记载：“山阳县向南二十里处，有茶坡。”

《茶陵图经》记载:“茶陵,就是陵谷中生长着茶的意思。”

《本草·木部》记载：“茗，又叫苦茶。味甘苦，性微寒，没有毒。主治瘘疮，利尿，去痰，解渴，散热，使人少睡。秋天采摘的有苦味，能通气，可以帮助消化。原注说：要在春天采它”。

《本草·菜部》记载:“苦菜,又叫茶,又叫选,又叫游冬,生长在四川西部的河谷、山陵和路旁，即使是在结冰的寒冬也冻不死。三月三日采摘，制干。”陶弘景注：我怀疑这就是现在所说的茶,又叫作茶,喝后让人不能入睡。《本草注》按:《诗经》中说“谁说茶苦”，又说“乌头、苦茶像糖一样甜”，这些指的都是苦菜。陶弘景所说的苦茶，是木本植物茶，不是菜类。茗，春季采摘，叫作苦搽。【音途遐反】

《枕中方》记载："治疗多年的瘘疾，将茶和蜈蚣一起放在火上烤熟，等发出香气，分成相等的两份，捣碎筛末，另加甘草煮水擦洗；再用细末外敷。"

《孺子方》记载："治疗小孩不明原因的惊厥，用苦茶和葱的根须煎水服用。"

附一：茶诗

走笔谢孟谏议寄新茶

唐·卢仝

日高丈五睡正浓，军将打门惊周公。
口云谏议送书信，白绢斜封三道印。
开缄宛见谏议面，手阅月团三百片。
闻道新年入山里，蛰虫惊动春风起。
天子须尝阳羡茶，百草不敢先开花。
仁风暗结珠琲瓃，先春抽出黄金芽。
摘鲜焙芳旋封裹，至精至好且不奢。
至尊之馀合王公，何事便到山人家。
柴门反关无俗客，纱帽笼头自煎吃。

碧云引风吹不断，白花浮光凝碗面。
一碗喉吻润，两碗破孤闷。
三碗搜枯肠，唯有文字五千卷。
四碗发轻汗，平生不平事，尽向毛孔散。
五碗肌骨清，六碗通仙灵。
七碗吃不得也，唯觉两腋习习清风生。
蓬莱山，在何处。
玉川子，乘此清风欲归去。
山上群仙司下土，地位清高隔风雨。
安得知百万亿苍生命，堕在巅崖受辛苦。
便为谏议问苍生，到头还得苏息否。

和章岷从事斗茶歌

北宋·范仲淹

年年春自东南来，建溪先暖水微开。
溪边奇茗冠天下，武夷仙人从古栽。
新雷昨夜发何处，家家嬉笑穿云去。
露芽错落一番荣，缀玉含珠散嘉树。
终朝采掇未盈襜，唯求精粹不敢贪。
研膏焙乳有雅制，方中圭兮圆中蟾。
北苑将期献天子，林下雄豪先斗美。

鼎磨云外首山铜，瓶携江上中泠水。

黄金碾畔绿尘飞，碧玉瓯中翠涛起。

斗茶味兮轻醍醐，斗茶香兮薄兰芷。

其间品第胡能欺，十目视而十手指。

胜若登仙不可攀，输同降将无穷耻。

吁嗟天产石上英，论功不愧阶前蓂。

众人之浊我可清，千日之醉我可醒。

屈原试与招魂魄，刘伶却得闻雷霆。

卢仝敢不歌，陆羽须作经。

森然万象中，焉知无茶星。

商山丈人休茹芝，首阳先生休采薇。

长安酒价减百万，成都药市无光辉。

不如仙山一啜好，泠然便欲乘风飞。

君莫美花间女郎只斗草，赢得珠玑满斗归。

一字至七字诗·茶

唐·元稹

茶，

香叶，嫩芽，

慕诗客，爱僧家。

碾雕白玉，罗织红纱。

铫煎黄蕊色，碗转曲尘花。

夜后邀陪明月，晨前独对朝霞。

洗尽古今人不倦，将知醉后岂堪夸。

八之出

山南[1]：以峡州上[2]，【峡州生远安、宜都、夷陵三县山谷[3]。】襄州、荆州次[4]，【襄州生南漳县山谷[5]，荆州生江陵县山谷。】衡州下[6]，【生衡山、茶陵二县山谷[7]。】金州、梁州又下[8]。【金州生西城、安康二县山谷[9]。梁州生褒城、金牛二县山谷[10]。】淮南[11]：以光州上[12]，【生光山县黄头港者，与峡州同。】义阳郡[13]、舒州次[14]，【生义阳县钟山者[15]，与襄州同。舒州生太湖县潜山者[16]，与荆州同。】寿州下[17]，【生盛唐县霍山者[18]，与衡州同。】蕲州[19]、黄州又下[20]。【蕲州生黄梅县山谷，黄州生麻城县山谷，并与金州、梁州同也。】浙西[21]：以湖州上[22]，【湖州生长城县[23]顾渚山谷[24]，与峡州、光州同；生山桑、儒师二坞、白茅山、悬脚岭[25]，与襄州、荆州、义阳郡同；生凤亭山伏翼阁、飞云曲水二寺[26]、啄木岭[27]，与寿州、常州同。生安吉、武康二县山谷，与金州、梁州同。】**常州次**[28]，【常州义兴县[29]生君山悬脚岭北峰下[30]，与荆州、义阳郡同；生圈岭善权寺、石亭山[31]，与舒州同。】**宣州、杭州、睦州、歙州下**[32]，【宣州生宣城县雅山[33]，与蕲州同；太平县生上睦、临睦[34]，与黄州同；杭州临安、于潜[35]二县生天目山[36]，与舒州同。钱塘生天竺、灵隐二寺[37]；睦州生桐庐县山谷；歙州生婺源山谷；与衡州同。】**润州**[38]、**苏州又下**[39]。【润州江宁县生傲山[40]，苏州长洲县生洞庭山[41]，与金州、蕲州、梁州同。】**剑南**[42]：**以彭州上**[43]，【生九陇县马鞍山至德寺、棚口[44]，与襄州同。】**绵州、蜀州次**[45]【绵州龙安县生松岭关[46]，与荆州同，其西昌、昌明、神泉县西山者[47]并佳；有过松岭者，不堪采。蜀州青城县生八丈人山[48]，与绵州同。青城县有散茶、末茶。】**邛州次**[49]，**雅州、泸州下**[50]，【雅州百丈山、名山[51]，泸州泸川者[52]，与金州同也。】**眉州**[53]、**汉州又下**[54]。【眉州丹棱县生铁山者，汉州绵竹县生竹山者[55]，与润州同。】**浙东**[56]：**以越州上**[57]，【余姚县生瀑布泉岭曰仙茗，大者殊异，小者与襄州同。】**明州**[58]、**婺州次**[59]，【明州贸县生榆荚村[60]，婺州东阳县东白山[61]，与荆州同。】**台州下**[62]，【台州始丰县[63]生赤城者[64]，与歙州同。】**黔中**[65]：**生思州、**

播州、费州、夷州[66]。

江西[67]：生鄂州、袁州、吉州[68]。

岭南[69]：生福州、建州、韶州、象州[70]。【福州生闽县方山之阴也[71]。】其思、播、费、夷、鄂、袁、吉、福、建、韶、象十一州未详，往往得之，其味极佳。

［注释］

1 山南：唐贞观元年，划全国为十道，道辖郡州，郡辖县。山南为十道之一，因其在终南、太华二山之南，故名。

2 峡州：原名硖州，又称夷陵郡，治所在今湖北宜昌。

3 远安、宜都、夷陵三县：即今湖北远安、宜都、宜昌。

4 襄州、荆州：襄州，今湖北襄樊市；荆州，今湖北江陵县。

5 南漳县：今湖北南漳。

6 衡州：今湖南衡阳。

7 衡山县：约在今湖南衡山。

8 金州、梁州：金州，今陕西安康一带；梁州，今陕西汉中东。

9 西城、安康：西城，今陕西安康；安康，今陕西汉阴。

10 褒城、金牛：褒城，今陕西汉中褒城镇；金牛，今四川广元。

11 淮南：唐贞观十道之一。

12 光州：又称弋阳郡。今河南潢川、光山县、固始、商城、新县一带。

13 义阳郡：今河南信阳及其周边一带。

14 舒州：又名同安郡。今安徽潜山。

15 义阳县钟山：义阳县，今河南信阳。钟山，在信阳市东十八里。

16 太湖县潜山：潜山，在安徽潜山县西北三十里。

17 寿州：又名寿春郡。今安徽寿县一带。

18 盛唐县霍山：盛唐县，今安徽六安县。霍山，在今霍山县西北五里。

19 蕲州：又名蕲州郡。今湖北蕲春一带。

20 黄州：又名齐安郡。今湖北新洲一带。

21 浙西：唐贞观十道之一。大致辖区今安徽、江苏两省长江以南、浙江富春江以北以西、江西鄱阳湖东北角地区。

22 湖州：又名吴兴郡。今浙江吴兴一带。

23 长城县：今浙江长兴县。

24 顾渚山：在长兴县西三十里。

25 白茅山悬脚岭：在今浙江长兴县顾渚山东面。

26 凤亭山：在今浙江长兴县西北五十里。伏翼阁、飞云寺、曲水寺，都是山里的寺院。

27 啄木岭：在今浙江长兴县西北六十里，山中多啄木鸟。

28 常州：又名晋陵郡。今江苏常州一带。

29 义兴县：今江苏宜兴。

30 君山：在宜兴南二十里，旧名荆南山，在荆溪之南。

31 圈岭善权寺：善权，相传是尧舜时隐士。石亭山：宜兴城南一小山。

32 宣州、杭州、睦州、歙州：宣州，又称宣城郡。今安徽宣城一带。杭州，又名余杭郡。今浙江杭州一带。睦州，又称新定郡。今浙江建德、桐庐一带。歙州，又名新安郡。今安徽歙县、祁门以及江西婺源一带。

33 雅山：又写作鸦山、鸭山、丫山。在宁国县北。

34 上睦、临睦：太平县二地名。

35 于潜县：现已并入临安县。

36 天目山：因山有两峰，峰顶各一池，左右相对，名曰天目。山脉横亘于浙江西、皖东南边境。

37 钱塘生天竺、灵隐二寺：钱塘县，今浙江杭州市，灵隐寺在市西灵隐山下。天竺寺分上、中、下三寺。下天竺寺在灵隐飞来峰。陆羽曾到过杭州，撰有《天竺、灵隐二寺记》。

38 润州：隋朝设置，又称丹阳郡。今江苏镇江、丹阳一带。

39 苏州：又称吴郡。今江苏苏州、吴县一带。因姑苏山得名。

40 江宁县傲山：江宁县在今江苏南京市及江宁县。傲山：不详。

41 长洲县洞庭山：长洲县在今苏州吴中一带。洞庭山，又称包山，是太湖中的小岛。

42 剑南：唐贞观十道之一。因在剑门山南而得名。

43 彭州：又叫濛阳郡。今四川彭县、都江堰一带。

44 九陇县马鞍山至德寺、棚口：九陇县，今彭县。马鞍山，即今至德山，在鼓城西。棚口，在鼓城西。

45 绵州、蜀州：绵州，又称巴西郡，今四川绵阳、安县一带。蜀州，又称唐安郡，今四川崇州、新津一带。

46 龙安县、松岭关：龙安县，今四川安县。松岭关，在今安县西北五十里。

47 西昌、昌明、神泉县、西山：西昌，在今四川安县东南。昌明，在今四川江油县附近，神泉县，在安县南五十里。县西有泉十四穴，能治病，因名之。西山，岷山山脉之一部分。

48 青城县、丈人山：今四川灌县南四十里。因境内有青城山而得名。青城山有三十六峰，丈人山为主峰。

49 邛州：又称临邛郡。在今四川邛峡、大邑、蒲江一带。

50 雅州、泸州：雅州又称卢山郡，今四川雅安地区。泸州，又称泸川郡，今四川泸州市及其周边一带。

51 百丈山、名山：百丈山，在今四川名山县东北六十里。名山，又名蒙山，在名山县西北十里。二山皆产茶。

52 泸川县：今四川泸县。

53 眉州：又名通义郡，今四川眉山一带。

54 汉州：又称德阳郡，今四川广汉、德阳、金堂一带。

55 铁山、竹山：铁山，即铁桶山，在四川丹陵县东南四十里。竹山，即绵竹山，在四川绵竹县境内。

56 浙东：唐朝浙江东道节度使方镇的简称。节度使驻地在今浙江绍兴。

57 越州：又称会稽郡。今浙江绍兴、嵊县一带。

58 明州：又称余姚郡。今浙江宁波地区和舟山群岛。

59 婺州：又称东阳郡。今浙江金华、兰溪一带。

60 贸县：今浙江宁波市东南的东钱湖畔。

61 东白山：在今浙江东阳县巍山镇北。

62 台州：又名临海郡。今浙江台州一带。

63 始丰县：治所在今浙江天台县。

64 赤城：赤城山，在今浙江天台西北六里。

65 黔中：唐开元十五道之一。大致辖今四川大部和贵州大部。

66 思州、播州、费州、夷州：思州，又称宁夷郡。今贵州沿河、务川、印江和重庆酉阳一带。播州，又名播川郡，今贵州遵义一带。费州，又称涪川郡，今贵州思南、德江一带。夷州：又名义泉郡，今贵州风冈、绥阳、湄潭一带。

67 江西：江西团练观察使方镇的简称。观察使驻地在今江西南昌市。辖区为今江西全境，安徽宣城、芜湖、马鞍山、铜陵等地，以及湖北鄂州、湖南岳阳、长沙、衡阳、永州一带和广东连州。

68 鄂州、袁州、吉州：鄂州，又称江夏郡。今湖北武昌、黄石一带。袁州，又名宜春郡。今江西萍乡、吉安、宁冈一带。

69 岭南：唐贞观十道之一。因在五岭以南得名。辖境大概在今广东、广西、海南三省区、云南南盘江以及越南北部地区。

70 福州、建州、韶州、象州：福州，又名长乐郡。今福建福州、古田、福安、福鼎、甫田一带。建州，又称建安郡。今福建南平一带。韶州，又名始兴郡。今广东曲江、翁源、乳源以北地区。象州，又称象山郡。今广西象州县一带。

71 方山：在福建福州市闽江南岸。周回一百里，山顶方平，故名。

[释文]

山南地区的茶，以峡州所产的最好，【峡州的茶产于远安、宜都、夷陵三县山谷。】襄州、荆州产的次之，【襄州的茶产于南漳县的山谷中，荆州的茶产于江陵县的山谷中。】衡州产的差一些，【衡州的茶产于衡山、茶陵二县的山谷里。】金州、梁州的又差一些。【金州的茶产于西城和安康二县的山谷中。梁州的茶产于褒城和金牛二县的山谷中。】

淮南地区的茶，光州生产的最好，【光山县的黄头港出产的茶与峡州的一样。】义阳郡、舒州产的次之，【义阳县钟山产的茶和襄州的一样。舒州的太湖县潜山生产的茶与荆州的一样。】寿州产的差一些，【盛唐县的霍山出产的茶与

衡州的一样。】蕲州、黄州产的又次一些。【蕲州的茶产于黄梅县山谷，黄州的茶产于麻城县山谷，其与金州、梁州的类似。】

浙西地区产的茶，湖州生产的最好，【湖州长城县顾渚山谷产的茶与峡州、光州出产的茶类似；山桑、儒师二坞、白茅山悬脚岭产的茶与襄州、荆州、义阳郡的类似；凤亭山伏翼阁、飞云寺、曲水寺、啄木岭产的茶和寿州和常州的类似。安吉县和武康县出产的茶与金州、梁州的类似。】常州产的次之，【常州义兴县君山悬脚岭北峰下产的茶和荆州、义阳郡类似；圈岭善权寺、石亭山出产的茶和舒州的类似。】宣州、杭州、睦州、歙州产的差一些，【宣州宣城县雅山出的茶和蕲州的类似；太平县上睦、临睦出的茶与黄州的类似；杭州临安县、于潜县天目山出的茶与舒州的类似。钱塘天竺寺、灵隐寺、睦州桐庐县山谷、歙州婺源山谷出的茶和衡州的类似。】润州、苏州产的次之。【润州江宁县傲山，苏州长洲县洞庭山出的茶和金州、蕲州、梁州的类似。】

剑南地区的茶，彭州生产的最好，【九陇县马鞍山、至德寺、棚口出的茶与襄州的一样。】绵州蜀州产的次之，【绵州龙安县松岭关出的茶同荆州的一样；西昌、昌明和神泉县西山产的茶品质相当；松岭以外的茶就犯不上采摘了。蜀州青城县丈人山出的茶与绵州的一样。青城县出散茶、末茶。】邛州、雅州、泸州的差一些，【雅州百丈山、名山以及泸州

泸川出的茶与金州的一样。】眉州、汉州又差一些。【眉州丹棱县铁山和汉州绵竹县竹山所出的茶与润州一样。】

浙东地区的茶，越州生产的最好，（余姚县瀑布泉岭出的茶被称作仙茗，叶大的茶很是特别，叶小的茶与襄州的类同。）明州、婺州产的次之，（明州贸县榆荚村和婺州东阳县东白山出的茶，与荆州的类似。）台州产的差一些。【台州始丰县赤城出的茶，和歙州的类似。】

黔中产地是思州、播州、费州、夷州。

江西产地是鄂州、袁州、吉州。

岭南产地是福州、建州、韶州、象州。【福州的茶，产自闽县境内方山之北地区。】对于思、播、费、夷、鄂、袁、吉、福、建、韶、象这十一州所出产的茶，还不是很了解，有时得到一些，品尝一下，觉得味道非常不错。

附一：宣和北苑贡茶图

萬壽龍芽
銀模
銀圈
御苑玉芽
銀模
銀圈
白茶
銀模
竹圈
龍團勝雪
銀模
竹圈
龍鳳英華
按此係原本闕圈模
承平雅玩
竹圈
乙夜供清
竹圈
上林第一
按此係原本闕圈模

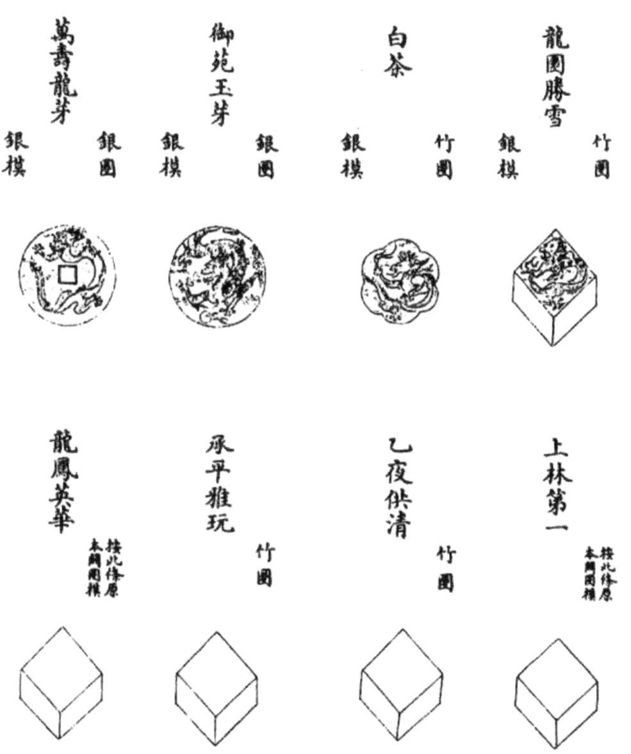

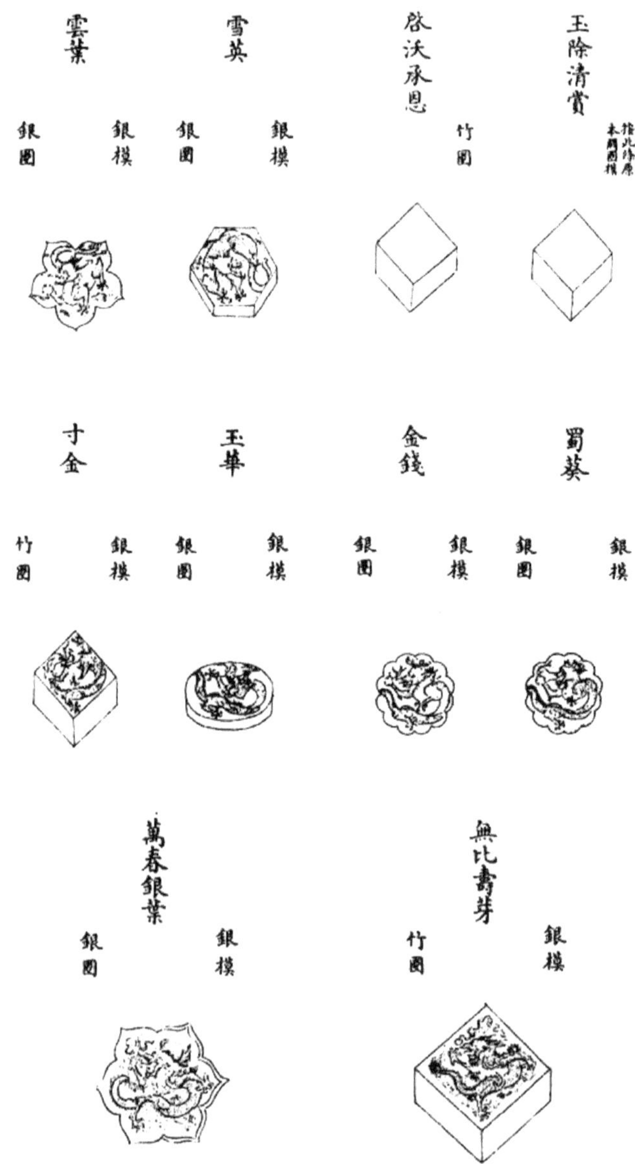
玉除清賞
指此係原本闕圈模
啓沃承恩
竹圈
雪英
銀模
銀圈
雲葉
銀模
銀圈
蜀葵
銀模
銀圈
金錢
銀模
銀圈
玉華
銀模
銀圈
寸金
銀模
竹圈
無比壽芽
銀模
竹圈
萬春銀葉
銀模
銀圈

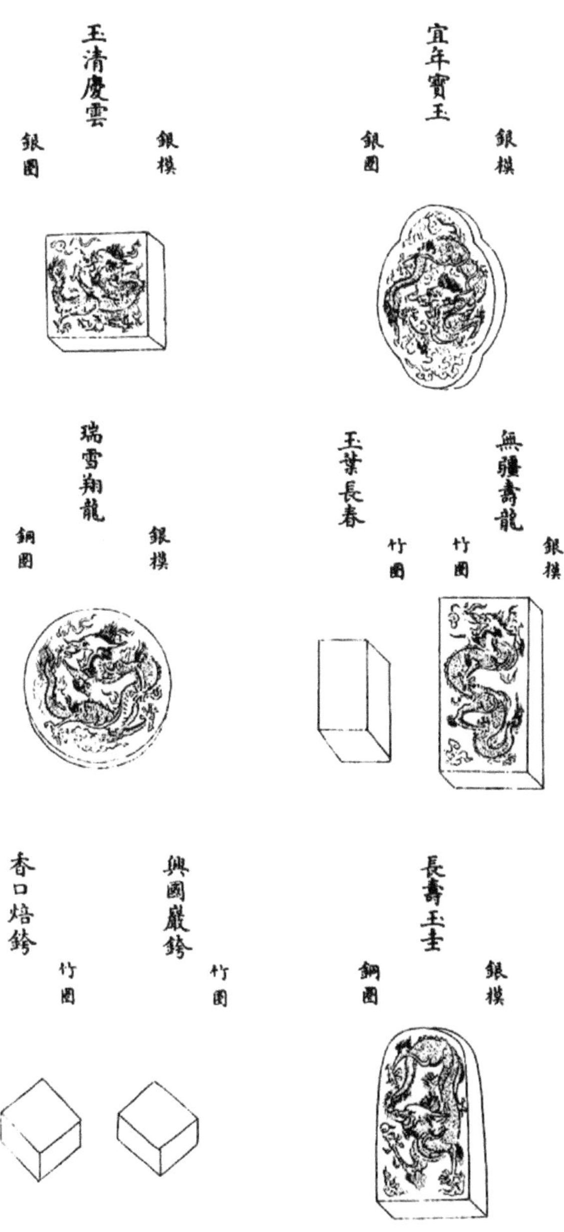
玉清慶雲
銀圈
銀模
宜年寶玉
銀圈
銀模
瑞雪翔龍
銅圈
銀模
玉葉長春
竹圈
無疆壽龍
竹圈
銀模
香口焙銙
竹圈
興國巖銙
竹圈
長壽玉圭
銅圈
銀模

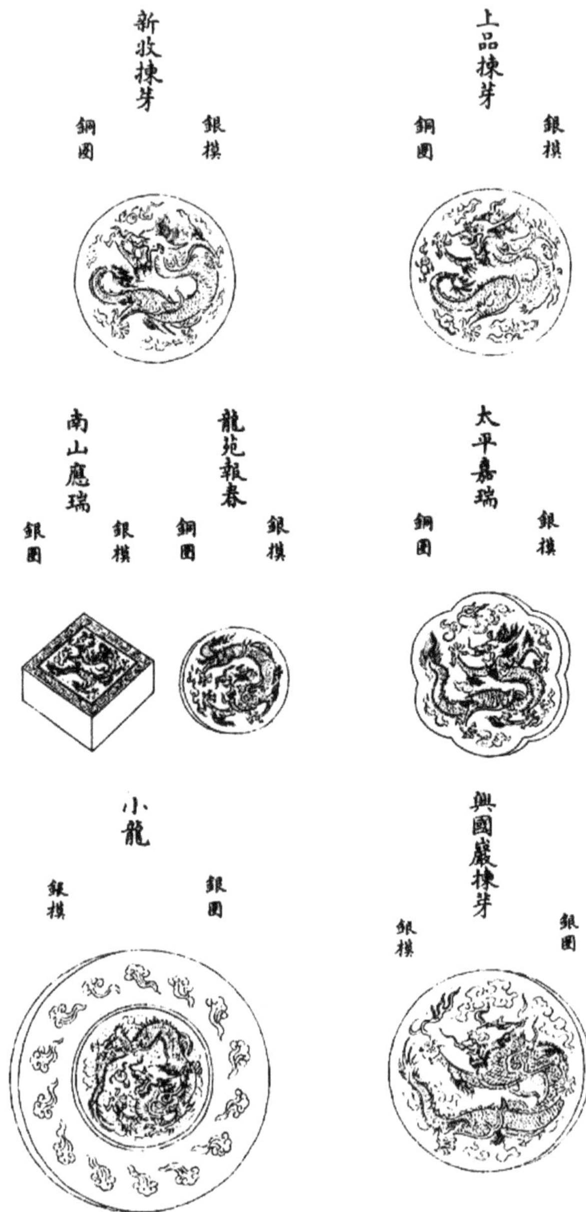
新收揀芽
銅圈
銀模
上品揀芽
銅圈
銀模
南山應瑞
銀圈
銀模
龍苑報春
銅圈
銀模
太平嘉瑞
銅圈
銀模
小龍
銀模
銀圈
興國巖揀芽
銀模
銀圈

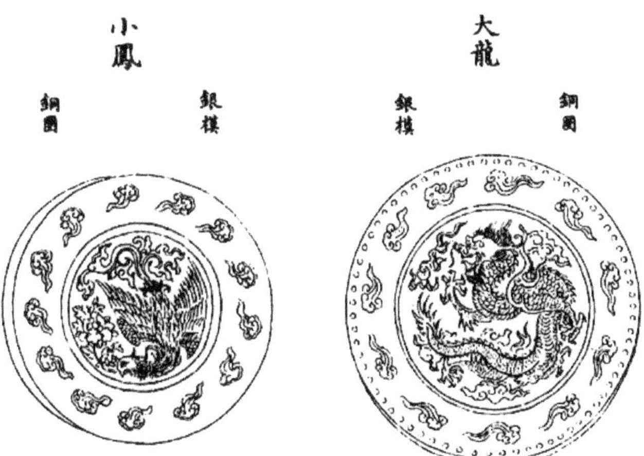
小鳳
銀模
銅圈
大龍
銅圈
銀模

附二：茶之鉴别

一、新茶和旧茶鉴别法

购买茶叶一般说来是求新不求陈。当年采制的茶叶为新茶；隔年的茶叶为陈茶，而两者是有本质上的区别的。一般来说，陈茶是由于茶叶在贮藏过程中受湿度、温度、光线、氧气等诸多外界因素的单一或综合影响，加上茶叶本身就具有的陈化性所致。茶叶在贮藏中，其内含成分的变化是产生陈气、陈味和陈色的根本原因。茶叶中的类脂物质的氧化或水解可产生陈味。氨基酸的氧化和脱氨、脱羧作用使其含量降低，导致鲜味下降。一些多酚类化合物因发生氧化、聚合作用而含量减少，结果茶叶的收敛性减弱，滋味变淡而出现陈味，同时于茶色泽由鲜变枯，汤色、叶底也由亮变暗。因此，无论从饮茶的品赏还是营养角度来说，大多数的茶叶还是求新不求陈，陈茶是远远不如新茶的。

陈茶一般是不受欢迎的，但在众多的茶叶家族中也有例外，即有的茶叶是越陈越香，只有具有“陈香”品质才能算正宗。越陈越好的茶叶是我国所特有的黑茶类中的某些茶，如湖南黑毛茶、广西六堡茶、云南普洱茶，它们都是陈茶香气好，新茶香气差。另外青茶类中的武夷岩茶也是久藏不坏，越陈香气越高，滋味越醇。

那么究竟怎样判断新茶与陈茶?

首先，可以根据茶叶的色泽分辨陈茶与新茶。

绿茶色泽青翠碧绿，汤色黄绿明亮；红茶色泽乌润，汤色红橙泛亮，这皆是新茶的标志。茶在贮藏过程中，由于构成茶叶色泽的一些物质，会在光、气、热的作用下，发生缓慢分解或氧化，如绿茶中的叶绿素分解、氧化，会使绿茶色泽变得枯灰无光，而茶褐素的增加，则会使绿茶汤色变得黄褐不清，失去了原有的新鲜色泽；红茶贮存时间长，茶叶中的茶多酚产生氧化缩合，会使色泽变得灰暗，而茶褐素的增多，也会使汤色变得混浊不清，同样会失去新红茶的鲜活感。

其次，可从香气上分辨新茶与陈茶。

科学分析表明，构成茶叶香气的成分有三百多种，主要是醇类、酯类、醛类等物质。它们在茶叶贮藏过程中，既能不断挥发，又会缓慢氧化。因此，随着时间的延长，茶叶的香气就会由浓变淡，香型就会由新茶时的清香馥郁而变得低闷混浊。

第三，还可从茶叶的滋味去分辨新茶与陈茶。

因为在贮藏过程中，茶叶中的酚类化合物、氨基酸、维生素等构成滋味的物质，有的分解挥发，有的缩合成不溶于水的物质，从而使可溶于茶汤中的有效滋味物质减少。因此，不管何种茶类，大凡新茶的滋味都醇厚鲜爽，而陈茶却显得淡而不爽。

二、春茶、夏茶和秋茶鉴别法

首先，可以从干茶的色、香、形三个因素上判断：

凡绿茶色泽绿润，红茶色泽乌润，茶叶肥壮重实，或有较多白毫，且红茶、绿茶条索紧结，珠茶颗粒圆紧，而且香气馥郁，就是春茶的品质特征。凡绿茶色泽灰暗，红茶色泽红润，茶叶轻飘松宽，嫩梗宽长，且红茶、绿茶条索松散，珠茶颗粒松泡，香气稍带粗老，就是夏茶的品质特征。凡绿茶色泽黄绿，红茶色泽暗红，茶叶大小不一，叶张轻薄瘦小，香气较为平和，就是秋茶的标志。

在购茶时还可结合偶尔夹杂在茶叶中的茶花、茶果来判断是何季茶。如果发现茶叶中夹有茶树幼果，其大小近似绿豆时，那么，可以判断为春茶。若幼果接近豌豆大小，那么，可以判断为夏茶。自七月下旬开始，直至当年八月，为茶花蕾期，而九至十一月为茶树开花期，所以凡发现茶叶中夹杂有干茶树花蕾或干茶树花朵者，当为秋茶了。只是，茶叶在加工过程中，通过筛分、拣剔，很少会有茶树花、果夹杂。因此，在判断季节茶时，必须进行综合分析，方可避免片面性。

其次，就是对茶叶进行开汤审评：凡茶叶冲泡后下沉快，香气浓烈持久，滋味醇，绿茶汤色绿中显黄，红茶汤色艳现金圈，茶叶叶底柔软厚实，正常芽叶多者，为春茶；凡茶叶冲泡后，下沉较慢，香气稍低，绿茶滋味欠厚稍涩，汤色青绿，叶底中夹杂铜绿色芽叶，红茶滋味较强欠爽，汤色红暗，叶底较红亮，茶叶叶底薄而较硬，对夹叶较多者，为夏茶；凡茶叶冲泡后香气不高，滋味平淡，叶底夹有铜绿色芽叶，叶张大小不一，对夹叶多者，为秋茶。

附三：茶之贮藏

茶叶的贮藏保管方法是普遍关注的问题，因为茶叶贮藏保管的好坏将使茶叶色、香、味品质受到直接影响。茶叶从加工结束到市场销售及至消费者饮用，其间需经很多流通环节，要有很长一段时间。家庭日常饮茶一般都是随用随买，但多少也应储存或备用一些待客茶，也需要存放一定的时间。由于茶叶质地疏松，有很多孔隙，并具有很强的吸湿性和容易感染异味的特点，如保管不当，使茶叶含水量增加或感染异味，在短期内就会发生变化。变质以后，茶叶色泽变枯，香气滋味变劣，品质下降，严重影响茶叶的饮用。为了保持茶叶品质不变，充分发挥茶叶的功效，有必要了解茶叶的特性，以便采取妥当的贮藏保管方法。

一、家庭保存茶叶的储藏方式

一般家庭选购的茶叶多为罐装或散装茶，所以就会遇到茶叶保存和储藏的问题。下面介绍几种家庭常用的茶叶储藏方法。

（一）塑料袋、铝箔袋贮存法

用塑料袋储藏茶叶，最好选有封口且包装食品专用的塑料袋，因为这种塑料袋的材料较厚实，密度也高一些。切记不要用有异味或再制的塑料袋来储藏茶叶。将茶叶装入塑料袋以后，要将袋中空气尽量挤出，最好再用第二个塑料袋反向套上。

用铝箔袋或者锡箔纸贮存茶叶的原理和方法基本上与塑料袋相同。

另外，将买回来的茶分袋包装后，要尽量密封放置于冰箱内，然后分批冲泡，这样可以减少茶叶开封后与空气接触的机会，延迟品质劣变的时间。

（二）金属、瓷罐贮存法

储藏茶叶的金属罐可选用铁罐、不锈钢罐或质地密实的锡罐，如果是新买的罐子，或原先存放过其他物品而留有味道的罐子，可先用少许茶末置于罐内，盖上盖子，上下左右摇晃，使茶末轻擦罐壁后倒弃，以去除异味。可先用清洁无味的塑料袋装茶后，再置入罐内盖上盖子，以胶带黏封盖口，这样效果会很好。装有茶叶的金属罐应置于阴凉处，不要放在阳光下直晒，有异味、潮湿或有热源的地方也不适宜放置茶叶罐，因为，这种地方容易使铁罐生锈，而且会加速茶叶陈化、劣变的速度。

金属锡罐材料致密，对防潮、防氧化、阻光、防异味有很好的效果，是储藏茶叶最好的容器。

另外，瓷茶罐的效果也很好，但是在选择瓷茶罐的时候，一定要注意口部的严实性。

（三）低温贮存法

用低温储藏茶叶的方法是将茶叶贮存的环境保持在五摄氏度以下，也就是使用冷藏库或冷冻库保存茶叶。

茶叶冷藏时间在六个月以内的，冷藏温度以维持零摄氏度到五摄氏度为佳；贮藏时间超过半年的，以零下 10 摄氏度 ~ 零下 18 摄氏度较好。

贮茶以专用冷藏库最好，如必须与其他食物一起冷藏，需将茶叶妥善包装、完全密封，以免吸附上异味。

冷藏茶叶的地方要保证空气循环良好，以达到将茶叶充分冷却的效果。

由冷藏库内取出茶叶时，应先让茶罐内茶叶温度回升至与室温相近，才可取出茶叶。若取出后立刻打开茶罐，会使茶叶凝结水汽而增加含水量，从而使未泡完的茶叶品质加速劣变。

二、家庭保存茶叶的注意事项

通常茶叶在储放一段时间后，香气、汤色、滋味、颜色会发生变化，原来的新茶味消失，陈味渐露。茶叶中的一些成分不稳定，在一定的物理、化学条件的诱因下，易产生化学变化，也就是茶变。

为了减少茶叶的自身氧化和霉变，家庭保存茶叶需要注意以下几点：

保存茶叶的容器以锡罐、瓷坛、有色玻璃瓶为最佳；其次宜用铁罐、木盒、竹盒等，其中竹盒不宜在干燥的北方使用；塑料袋、纸盒最次。

茶叶吸湿及吸味性强，很容易吸附空气中的水分及异味，贮存方法稍有不当，就会在短时期内失去风味，而且愈是轻发酵、高清香的名贵茶叶，愈是难以保存，因此，保存茶叶的容器要干燥、洁净。

盛好保存的茶叶宜放在干燥通风处，不能放在潮湿、高温、不洁、曝晒的地方。另外，储藏茶叶的地方不能有强烈气味的物品；不同种类、不同级别的茶叶不能混在一起保存；不能在保存红茶、花茶时使用生石灰作吸湿剂。

三、影响茶叶变质的环境因素

影响茶叶变质、陈化的主要环境条件是温度、水分、氧气、光线和它们之间的相互作用。

（一）温度

温度愈高，茶叶外观色泽越容易变为褐色，低温冷藏可有效减缓茶叶变褐及陈化。

（二）水分

茶叶中的水分含量超过 5% 时会使茶叶品质加速劣变，并促进茶叶中残留酵素的氧化，使茶叶色泽变化。

（三）氧气

引起茶叶劣变的各种物质的氧化作用均与氧气的存在有较大的关系。

（四）光线

光线的照射会对茶叶产生不良的影响，会加速茶叶中各种化学反应的进行，叶绿素经光线照射易褪色。

四、茶叶长期贮存后的处理方法

茶叶含水量控制在 3% ～ 5% 才能长时间保存。焙火及干燥程度与茶叶贮藏期限有相当重要的关系，一般而言，焙火较重、含水量较低者可贮存较久。

茶叶最适贮存期满时，应取出再焙火。具体做法是洗净电饭锅至无味，拭干后倒茶叶于瓷盘或铝箔纸上置入电饭锅内，开关切至保温档，锅盖半掩，适时翻动，约半天时间，茶叶由陈旧味转清熟香，以食拇指捏之即碎为宜，待降温冷却后，可再重新包装贮藏。

还有一种方法是用微波炉干燥、烘焙茶叶，但其加热时间短，而且炉门需紧闭，火候不易控制，常导致茶叶表面炭化或陈旧味不能逸散之缺点。

最稳妥的方法是将珍藏的茶叶委请熟识的茶师代为焙火。

九之略

其造具，若方春禁火之时[1]，于野寺山园，丛手而掇[2]，乃蒸、乃舂，乃拍，以火干之，则棨、扑、焙、贯、棚、穿、育等七事皆废。

其煮器，若松间石上可坐，则具列废。用槁薪、鼎之属，则风炉、灰承、炭挝、火筴、交床等废。若瞰泉临涧，则水方、涤方、漉水囊废。若五人以下，茶可末而精者，则罗废。若援藟跻岩[3]，引絙[4]入洞，于山口灸而末之，或纸包、盒贮，则碾、拂末等废。既瓢、碗、筴、札、熟盂、鹾簋悉以一筥盛之，则都篮废。但城邑之中，王公之门，二十四器阙一，则茶废矣。

[**注释**]

1 方春禁火之时：方，犹正。禁火，即寒食节。古时民间习俗，在清明前一二日禁火三天，用冷食。

2 丛手而掇：聚众手一起采摘茶叶。

3 援藟跻岩：藟，藤蔓。《广雅》：“藟，藤也。”跻，登、升。《释文》：“跻，升也。”

4 ：绳索。

[**释文**]

关于造茶工具，如果正当春季寒食前后，在野外寺庙或者山间茶园，大家一起动手采摘，当即就地蒸熟，捣碎，用火烘烤干燥，然后饮用，那么，棨、扑、焙、贯、棚、穿、育等七种工具以及制茶的这七道工序都可以省略了。

关于煮茶器具，如果是在松林间，有石可坐，那么具列就可以不用。如果用干柴枯叶鼎锅之类烧水，那么，风炉、灰承、炭、火筴、交床等等都可不使用。如果是在泉旁溪边，那么水方、涤方、漉水囊也可以不用。如果是五个人以下喝茶，茶又可碾得精细，就不必使用罗筛了。如果要攀藤附葛，登上险岩，或者沿着粗大绳索进入山洞，就先在山口把茶烤好研细，或用纸包，或用盒装，那么，碾、拂末也可以不用。如果瓢、碗、筴、札、熟盂、鹾簋都用一只竹筥装，都篮也可以省略。

附一：中国茶道

一、源远流长的中国茶道

早在唐宋年间人们对饮茶的环境、礼节、冲泡方式等饮茶流程都已很讲究，有了一些约定俗成的仪轨，茶宴已有宫庭茶宴、寺院茶宴、文人茶宴之分，对茶饮在修身养性中的作用也有了相当深刻的认识。宋徽宗赵佶是茶道大家，他认为茶的芬芳和品味，能使人闲和、宁静、趣味无穷："至若茶之为物，擅瓯闽之秀气，钟山川之灵禀，祛襟涤滞，致清导和，则非庸人孺子可得知矣。中澹闲洁，韵高致静……"

茶道，是一种以茶为媒的生活礼仪，也被认为是一种修身养性的方式。它通过沏茶、赏茶、饮茶，增进友谊，美心修德，学习礼法，茶道最早起源于中国，中国人至少在唐或唐以前，就在世界上首先将茶饮作为一种修身养性之道。唐朝《封氏闻见记》中就有这样的记载:“茶道大行,王公朝士无不饮者。”这是现存文献中对茶道的最早记载。在唐朝寺院僧众念经坐禅，皆以茶为饮，清心养神。当时社会上茶宴已很流行，宾主在以茶代酒、文明高雅的社交活动中,品茗赏景,各抒胸襟。唐吕温在《三月三茶宴序》中对茶宴的优雅氛围和品茶的美妙韵味，作了非常生动的描绘。

南宋绍熙二年（一一九一），日本僧人荣西首次将茶种从中国带回日本，从此日本才开始遍种茶叶。在南宋末期（一二五九）日本南浦昭明禅师来到我国浙江省余杭县的径山寺求学取经，学习了该寺院的茶宴仪程，首次将中国的茶道引进日本，成为中国茶道在日本的最早传播者。日本《类聚名物考》对此有明确记载：“茶道之起，在正元中筑前崇福寺开山南浦昭明由宋传入。”日本《本朝高僧传》也有：“南浦昭明由宋归国,把茶台子、茶道具一式带到崇福寺”的记述。直到日本丰臣秀吉时代（一五三六——五九八，）千利休成为日本茶道高僧后，才高高举起了“茶道”这面旗帜，并总结出茶道四规：“和、敬、清、寂”。显然这个基本理论是受到了中国茶道精髓的影响而形成的，其主要的仪轨仍源于中国。

中国的茶道早于日本数百年甚至上千年，但遗憾的是，中国虽然最早提出了“茶道”的概念，也在该领域中不断实践探索，并取得了很大的成就，却没有能够旗帜鲜明地以“茶道”的名义来发展这项事业，也没有规范出具有传统意义的茶道礼仪，以至于使不少人误以为茶道来源于他邦。中国的茶道可以说是重精神而轻形式。

泡茶本是一件很简单的事情，简单得来只要两个动作就可以了：放茶叶、倒水。

事实上中国茶道并没有仅仅满足于以茶修身养性的规范，而是更加大胆地去探索茶饮对人类健康的真谛，创造性地将茶与中药等多种天然原料有机地结合，使茶饮在医疗保健中的作用得以增强，并使之获得了一个更大的发展空间，这就是中国茶道最具实际价值的方面，也是千百年来一直受到人们重视和喜爱的魅力所在。

有人说，西方人性格像酒，火热、兴奋但也容易偏执、暴躁、走极端，动辄决斗，很容易对立；中国人性格像茶，总是清醒、理智的看待世界，不卑不亢，执著持久，强调人与人相助相依，在友好、和睦的气氛中共同进步。

表面看，中国儒、道、佛各家都有自己的茶道流派，其形式与价值取向不尽相同。佛教在茶宴中伴以青灯孤寂，在于明心见性；道家茗饮寻求空灵虚静，避世超生；儒家以茶励志，沟通人际关系，积极入世。也许有人要问，无论意境和价值取向不都是很不相同吗？

其实不然。这种表面的区别确实存在，但各家茶文化精神有一个很大的共同点，即：和谐、平静，实际上是以儒家的中庸为提携。

与无边的宇宙和大千世界相比，人生活的空间环境是那样狭小，因此，人与自然，人与人之间便难免有矛盾冲突。解决这些矛盾的办法，在西方人看来，就是要直线运动，不是你死，便是我活，水火不容。在社会生活中，中国人主张有秩序，相携相依。在与自然的关系中，主张天人合一，五行协调，向大自然索取，但不能无休无尽，破坏平衡。水火本来是对立的，但在一定条件下却可相容相济。儒家把这种思想引入中国茶道，主张在饮茶中沟通思想，创造和谐气氛，增进彼此的友情。饮茶可以更多的审己、自省，清清醒醒地看自己，也清清醒醒地看世界。

陆羽创中国茶艺，无论形式、器物都首先体现和谐统一。他所作的煮茶风炉，形如古鼎，运用《周易》思想为指导，而《周易》被儒家称为“五经之首”。陆羽除用易学象数原理严格定风炉的尺寸、外形，还运用了《易经》中三个卦象：坎、离、巽，来说明煮茶包含的自然和谐的原理。坎在八卦中为水；巽在八卦中代表风；离在八卦中代表火。陆羽在三足间设三窗，于炉内设三格，三格上，一格书“翟”，翟为火鸟，然后绘离的卦形；一格书坎，绘坎卦图样；另一格书“彪”，彪为风兽，然后绘巽卦。陆羽说，这是表示“风能兴火，火能煮水”。故又于炉足上写下：“坎上巽下离于中”，“体均五行去百疾”。

在中国茶文化中，处处贯彻着和谐的人文精神。宋人苏汉臣有《百子图》，一大群娃娃，一边调琴、赏花、欢笑嬉戏，一边拿了小茶壶、茶杯品茶，宛如中华传统的大家庭，孩子虽多并不打架，而能和谐共处。至于直接以《同胞一气》命名的俗饮图，或把茶壶、茶杯称为“茶娘”“茶子”，更直接表达了这种亲和态度。清代茶人陈鸣远，造了一把别致的茶壶，三棵老树虬根，用一束腰结为一体，左分枝出壶嘴，右出枝为把手，三根与共，同含一壶水，同用一支盖，不仅立意鲜明，取“众人捧柴火焰高”“共饮一江水”等古意，而且造型自然、高雅、朴拙中透着美韵。此壶命名为“束柴三友壶”，主题一下被点明。

中国历史上，无论煮茶法、点茶法、泡茶法，都讲究“精华均分”。好的东西，共同创造，也共同分享。从自然观念讲，饮茶环境要协和自然，程序、技巧等茶艺手段既要与自然环境协调，也要与人事、茶人个性相符。青灯古刹中体会茶的苦寂；琴台书房里体会茶的浓韵；花间月下宜用点花茶之法；民间俗饮要有欢乐与亲情。从社会观说，整个社会要多一些理解，多一些友谊。茶壶里可装着天下宇宙，壶中看天，可以小中见大。

二、贵乎简约的茶道之美

茶道贵乎简约之美。简者，简易也；约者，俭约也。茶道的俭约化与简易化，两者密切相关连着：俭约必简易；简易必俭约。此种简约之美，恰恰正是中国茶道的优良审美传统的一大特色。

我国早在魏晋南北朝时期，社会上就发生了两种风尚之间彼此殊异和彼此消长的状况，这两种风尚就是尚酒的奢靡之风与尚茶的俭约之风。两者由于各自在社会生活中表现出了迥乎其异的物质效应与精神效应，因而民间的评价也就大相径庭。

且看其时南北朝廷频频颁布的禁酒令：

隆安五年（四〇一），以岁饥，禁酒。（引自《晋书·安帝本纪》）

元嘉十二年（四三五）六月，丹阳、淮南、吴兴、义兴大水，断酒。（其后待到元嘉二十年、二十一年，则又在局部地方颁禁酒令。）（引自《宋书·文帝本纪》）

河清四年（六五六）二月壬申，以年谷不登，禁沽酒。（引自《北齐书·武成帝本纪》）

太安四年（四五八）始设酒禁。是时年谷屡登，士民多因酒致酗讼，或议主政。帝恶其若此，故一切禁之。（引自《魏书·刑罚志》）

北魏文成帝太安四年颁的禁酒令中，更有极其严酷的刑罚，谓：“酿、沽、饮，皆斩之。”（引自《魏书·刑罚志》）

由此可见，作为对于尚酒之风的一种社会抵制，文明而俭约的尚茶之风便就此悄然兴起。与之同时，茶树的种植，则亦由长江流域的上游而扩展延伸到了中下游，处处茶园，葱茏生色。特别是在江南的那些产茶区域境内，大大小小茶园更是举目可见，包括有官家茶园、私家茶园、道观茶园、寺院茶园，弥谷披冈，景象不凡。其时尚茶之风，不仅使市井民众深受浸染，而且多少朝廷官吏，以及文人、隐士之辈，也被席卷其中，竞相饮茶。当初，文人、隐士圈内本来是盛行着一种酒佐清谈的世风，其因为在乱世的恐怖政治氛围笼罩之下，他们不得不整日价嗜酒以逍遥遁世，醉饮以浇愁释闷，或者借酒以抒悲怀，或者借酒以寄叹息。而后来，当禁酒令颁布之后，他们这才开始转而结缘于茶，从而便也养成了茶佐清谈的世风，这就更使其表现出了道家的审美情怀和人生态度。

我国魏晋南北朝时期这种不施铺张、不设盛馔、佐以瓜果、伴以清谈的小型茶果宴，蕴含有中国茶道的简约之美这个审美特色。

当然，毋庸讳言，中国茶道的审美取向亦有其复杂而曲折的历史。例如我国历史上的宫廷茶道和贵族茶道，尤其是唐代以后的宫廷茶道和贵族茶道，就恰恰是跟中国茶道的简约之美背道而驰。这是因为它们追求的是森严的礼仪，这些全然有悖于中国茶道崇尚简约之美的优良审美传统。无怪乎历代宫廷茶道和贵族茶道，尽管堂皇之至，威风之至，然而却毕竟是没有什么生命力的，它们也就不可避免地被现代文明取替。

而相比之下，中国城乡遍布的那种饮之随意、行之简易且俭约的庶民茶道，尤其是明代以来普遍推行的撮泡茶这种即冲即饮的茶道俗风，恰恰就更体现出了富有自然之美和简约之美的这个审美传统特色。这是中国茶道文化富有顽强生命力和竞争力的一个突出表现。

三、简约活泼的茶道之礼

中国向来被称为“礼仪之邦”。现代人一提起“礼”，便想起封建礼教、三纲五常。其实，儒家思想中的礼，并不都是坏的，比如敬老爱幼、兄弟礼让、尊师爱徒。

中国人主张礼仪，便是主张互相节制、有秩序。茶使人清醒，所以在中国茶道中也吸收了“礼”的精神。

南北朝时，茶已用于祭礼，唐以后皆以茶兴社稷、旺宗庙，以至朝廷进退应对之盛事，皆有茶礼。宋代宫廷茶文化的一种重要形式便是朝廷茶仪，朝廷春秋大宴皆有茶仪。宋徽宗作有《文会图》，无论从徽宗本身的地位或这幅画表现的场景、内容都不可能是一般文人的寻常茶会。图的下方有四名侍者分侍茶酒，茶在左，酒在右，看来茶的地位还在酒之上。宴桌上有珍馐、果品及六瓶插花，树后石桌上有香炉与琴。整个宴会环境是在阔大的厅园之中，决不似同时期书斋捧茶，或刘松年的《卢仝烹茶图》那样自在闲适。由此可见，文人以茶为聚会仪式，或朝廷亲自主持文人茶会已是日常性的活动。所以，在《宋史·礼志》《辽史·礼志》中，到处可见“行茶”记载。《宋史》一五卷《礼志》载，宋代诸王纳妃，称纳彩礼为“敲门”，其礼品除绢、酒、彩帛之类外，还有“茗百斤”。这不是一种随意的行为，而是一种必行的礼仪。

自此以后，朝廷举行会试有茶礼，寺院有茶宴，民间结婚有茶礼，居家茗饮皆有礼仪制度，方丈以茶礼为丛林清修的必备礼仪。《家礼仪节》中，茶礼是重要内容。元代德辉的《百大清规》中，如何入蒙堂，如何挂牌点茶，如何焚香，如何问讯，主客座位，如何点茶、起炉、收盏、献茶，如何鸣板送点茶人……规定十分详尽。至于僧堂点茶仪式，同样有详细规定。这可以说是影响禅宗茶礼的主要经典，但同样也影响了世俗茶礼的发展。明人丘濬的《家常礼节》更深刻地影响着民间茶礼，甚至影响到国外。

茶礼过于繁琐，当然使人感到不胜其烦，但其中贯彻的精神还是有许多可取之处的。如唐代鼓励文人奋进，向考场送“麒麟草”，清代表示尊重老人举行“百叟宴”，民间婚礼夫妻行茶礼表示爱情的坚定、纯洁，都有一定的积极意义。

总而言之，茶礼所表达的精神，主要是秩序、仁爱、敬意与友谊。现代茶礼可以说是把议程简约化、活泼化，而“礼”的精神却加深了。无论大型茶话会，或客来敬茶的“小礼”，都表现了中华民族好礼的精神。

四、和静怡真的茶道精髓

中国人视道为体系完整的思想学说，是宇宙、人生的法则、规律，所以，中国人轻易不言道，不像日本茶有茶道，花有花道，香有香道，剑有剑道，连摔跤搏击也有柔道、跆拳道。在中国饮食、玩乐诸活动中能升华为“道”的只有茶道。茶道在中国文化中往往没有一个科学的、准确的定义，而要靠个人凭借自己的悟性去贴近它、理解它。早在我国唐代就有了“茶道”这个词，例如，《封氏闻见记》中云：“又因鸿渐之论，广润色之，于是茶道大行。”唐代刘贞亮在饮茶十德中也明确提出：“以茶可行道，以茶可雅志。”

尽管“茶道”这个词从唐代至今已使用了一千多年，但至今在《新华辞典》、《辞海》、《词源》等工具书中均无此词条。那么，什么是茶道呢？

我国学者对茶道的解释受老子“道可道，非常道。名可名，非常名”的思想影响，“茶道”一词从使用以来，历代茶人都没有下过精准的定义，直到近年对茶道见仁见智的解释才热闹起来。

吴觉农先生认为：茶道是“把茶视为珍贵、高尚的饮料，因茶是一种精神上的享受，是一种艺术，或是一种修身养性的手段。”

庄晚芳先生认为：茶道是一种通过饮茶的方式，对人民进行礼法教育、道德修养的一种仪式。庄晚芳先生还归纳出中国茶道的基本精神为：“廉、美、和、敬”，他解释说：“廉俭育德、美真廉乐、合诚处世、敬爱为人。”

陈香白先生认为：中国茶道包含茶艺、茶德、茶礼、茶理、茶情、茶学说、茶道引导七种义理，中国茶道精神的核心是“和”。中国茶道就是通过茶，引导个体在美的享受过程中走向完成品格修养，以实现全人类和谐安乐之道。陈香白先生的茶道理论可简称为“七艺一心”。

周作人先生则说得比较随意，他对茶道的理解为：“茶道的意思，用平凡的话来说，可以称作为忙里偷闲，苦中作乐，在不完全现实中享受一点美与和谐，在刹那间体会永久。”

台湾学者刘汉介先生提出：“所谓茶道是指品茗的方法与意境。”

其实，茶道文化的本身特点正是老子所说的：“道可道，非常道。名可名，非常名。”同时，佛教也认为：“道由心悟。”如果一定要给茶道下一个定义，把茶道作为一个固定的、僵化的概念，反倒失去了茶道的神秘感，同时也限制了茶人的想像力，淡化了通过用心灵去悟道时产生的玄妙感觉。用心灵去悟茶道的玄妙感受，好比是“月印千江水，千江月不同。”有的“浮光耀金”，有的“静影沉壁”，有的“江清月近人”，有的“水浅鱼读月”，有的“月穿江底水无痕”，有的“江云有影月含羞”，有的“冷月无声蛙自语”，有的“清江明水露禅心”，有的“疏枝横斜水清浅，暗香浮动月黄昏”，有的则“雨暗苍江晚来清，白云明月露全真”。月之一轮，映像各异，“茶道”如月，人心如江，在各个茶人的心中对茶道自有不同的美妙感受。

茶道不同于茶艺，它不但讲求表现形式，而且注重精神内涵。

这里援引林治先生的解释，他认为“和、静、怡、真”应作为中国茶道的四谛。因为，“和”是中国茶道哲学思想的核心，是茶道的灵魂；“静”是中国茶道修习的不二法门；“怡”是中国茶道修习实践中的心灵感受；“真”是中国茶道终极追求。

（一）“和”——中国茶道哲学思想的核心

茶道追求的“和”源于《周易》中的“保合大和”。“保合大和”的意思指，实践万物皆有阴阳两要素构成，阴阳协调，保全大和之元气以普利万物，才是人间真道。陆羽在《茶经》中对此论述的很明白。惜墨如金的陆羽不惜用二百五十个字来描述它设计的风炉。指出，风炉用铁铸从“金”；放置在地上从“土”；炉中烧的木炭从“木”；木炭燃烧从“火”；风炉上煮的茶汤从“水”。煮茶的过程就是金木水火土悟心相生相克并达到和谐平衡的过程。可见五行调和等理念是茶道的哲学基础。

儒家从“大和”的哲学理念中推出“中庸之道”的中和思想。在儒家眼里和是中，和是度，和是宜，和是当，和是一切恰到好处，无过亦无不及。儒家对和的诠释，在茶活动中表现得淋漓尽致。在泡茶时，表现为“酸甜苦涩调太和，掌握迟速量适中”的中庸之美。在待客中表现为“奉茶为礼尊长者，备茶浓意表浓情”的明礼之伦。在饮茶过程中表现为“饮罢佳茗方知深，赞叹此乃草中英”的谦和之礼。在品茗的环境与心境方面表现为“普事故雅去虚华，宁静致远隐沉毅”的俭德之行。

（二）“静”——中国茶道修习的必由之路

中国茶道是修身养性，追寻自我之道。静是中国茶道修习的必由途径。如何从小小的茶壶中去体悟宇宙的奥秘？如何从淡淡的茶汤中去品位人生？如何在茶事活动中明心见性？如何通过茶道的修习来陶冶性情，锻炼人格，超越自我？答案只有一个字——静。

老子说：“至虚极，守静笃，万物并作，吾以观其复。夫物芸芸，各复归其根。归根曰静，静曰复命。”

庄子说："水静则明烛须眉，平中准，大匠取法焉。水静伏明，而况精神。圣人之心，静，天地之鉴也，万物之镜。"

老子和庄子所启示的"虚静观复法"是人们明心见性，洞察自然，反观自我，体悟道德的无上妙法。

道家的"虚静观复法"在中国的茶道中演化为"茶须静品"的理论实践。宋徽宗赵佶在《大观茶论》中写道："茶之为物，……冲淡闲洁，韵高致静。"

徐祯卿《秋夜试茶》诗云：

静院凉生冷烛花，风吹翠竹月光华。

闷来无伴倾云液，铜叶闲尝字笋茶。

梅妻鹤子的林逋在《尝茶次寄越僧灵皎》的诗中云：

白云南风雨枪新，腻绿长鲜谷雨春。

静试却如湖上雪，对尝兼忆剡中人。

诗中无一静字，但意境却幽极静笃。

戴昺的《赏茶》诗：

自汲香泉带落花，漫烧石鼎试新茶。

绿阴天气闲庭院，卧听黄蜂报晚衙。

连黄蜂飞动的声音都清晰可闻，可见虚静至极。"卧听黄蜂报晚衙"真可与王维的"蝉噪林欲静，鸟鸣山更幽"相比美。

苏东坡在《汲江煎茶》诗中写道：

活水还须活火烹，自临钓石汲深清。

大瓢贮月归春瓮，小勺分江入夜瓶。

雪乳已翻煎处脚，松风忽作写时声。

枯肠未易禁散碗，卧听山城长短更。

生动描写了苏东坡在幽静的月夜临江汲水煎茶品茶的妙趣，堪称描写茶境虚静清幽的千古绝唱。

中国茶道正是通过茶事创造一种宁静的氛围和一个空灵虚静的心境，当茶的清香静静地浸润你的心田和肺腑的每一个角落的时候，你的心灵便在虚静中显得空明，你的精神便在虚静升华净化，你将在虚静中与大自然融涵玄会，达到“天人和一”的“天乐”境界。

得一静字，便可洞察万物、道识天地、思如风云、心中常乐，且可成为男儿中之豪情。道家主静，儒家主静，佛教更主静。我们常说：“禅茶一味。”在茶道中以静为本，以静为美的诗句还很多。

唐代皇甫曾的《陆鸿渐采茶相遇》云：

千峰待逋客，香茗复丛生。

采摘知深处，烟霞羡独行。

幽期山寺远，野饭石泉清。

寂寂燃灯夜，相思一磬声。

这首诗写的是境之静。

宋代杜小山有诗云：

寒夜客来茶当酒，竹炉汤沸火初红。

寻常一样窗前月，才有梅花便不同。

这首诗写的是夜之静。

清代郑板桥诗云：

不风不雨正清和，翠竹亭亭好节柯。

最爱晚凉佳客至，一壶新茗泡松萝。

这首诗写的是心之静。

在茶道中，静与美常相得益彰。古往今来，无论是羽士还是高僧或儒生，都殊途同归地把“静”作为茶道修习的必经大道。因为静则明，静则虚，静可虚怀若谷，静可内敛含藏，静可洞察明激，体道入微。可以说：“欲达茶道通玄境，除却静字无妙法。”

（三）“怡”——中国茶道中茶人的身心享受

中国茶道是雅俗共赏之道，它体现于平常的日常生活之中，不讲形式，不拘一格，突出体现了道家“自恣以适己”的随意性。同时，不同地位、不同信仰、不同文化层次的人对茶道有不同的追求。历史上王公贵族讲茶道，他们重在“茶之珍”，意在炫耀权势，夸示富贵，附庸风雅。文人学士讲茶道重在“茶之韵”，托物寄怀，激扬文思，交朋结友。佛家讲茶道重在“茶之德”，意在去困提神，参禅悟道，间性成佛。道家讲茶道，重在“茶之功”，意在品茗养生，保生尽年，羽化成仙。普通民众讲茶道，重在“茶之味”，意在去腥除腻，涤烦解渴，享受人生。无论什么人都可以在茶事活动中取得生理上的快感和精神上的畅适。

参与中国茶道，可抚琴歌舞，可吟诗作画，可观月赏花，可论经对弈，可独对山水，亦可以翠娥捧瓯，可潜心读《易》，亦可置酒助兴。儒生可“怡情悦性”，羽士可“怡情养生”，僧人可“怡然自得”。中国茶道的这种怡悦性，使得它有极广泛的群众基础，这种怡悦性也正是中国茶道区别于强调“清寂”的日本茶道的根本标志之一。

五、“真”——中国茶道的终极追求

“真”是中国茶道的起点，也是中国茶道的终极追求。

中国茶道在从事茶事时所讲究的“真”，不仅包括茶应是真茶、真香、真味；环境最好是真山真水；挂的字画最好是名家名人的真迹；用的器具最好是真竹、真木、真陶、真瓷，还包含了对人要真心，敬客要真情，说话要真诚，心境要真闲。茶事活动的每一个环节都要认真，每一个环节都要求真。

中国茶道追求的“真”有三重含义：

追求道之真，即通过茶事活动追求对“道”的真切体悟，达到修身养性，品味人生之目的；

追求情之真，即通过品茗述怀，使茶友之间的真情得以发展，达到茶人之间互见真心的境界；

追求性之真，即在品茗过程中，真正放松自己，在无我的境界中去放飞自己的心灵，放牧自己的天性，达到“全性葆真”。

爱护生命，珍惜声明，让自己的身心都更健康，更畅适，让自己的一生过得更真实，做到“日日是好日”，这是中国茶道追求的最高境界。

放飞自己的天性，达到“全性葆真”，才是茶道的最终目的。

六、五花八门的茶道人间

（一）贵族茶道

茶为洁品，它的功能被人们所认识，被列为贡品，首先享用它的自然是皇室成员，再推及达官贵人。“小家碧玉”一朝选在君王侧，还能保持质朴纯洁么？恐怕很难。这叫近朱者赤，近墨者黑。

茶列为贡品的记载最早见于晋代常据著的《华阳国志·巴志》，周武王联合当时居住川、陕一带的庸、蜀、羡、苗、微、卢、彭、消几个小国共同伐纣，凯旋而归。此后，巴蜀之地所产的茶叶便正式列为朝廷贡品。此事发生在公元前一一三五年，离今已有三千年之久。

列为贡品从客观上讲是提升了茶叶作为饮品的身价，推动了茶叶生产的发展，刺激了茶叶的科学研究。贡茶制度确立了茶叶的“国饮地位”，也确立了中国是世界产茶大国、饮茶大国的地位。

为了贡茶，当此时，男废耕，女废织，夜不得息，昼不得停。茶之灵魂被扭曲，陆羽所创立的茶道被异化，生出一个畸形物：贵族茶道。茶被装金饰银，脱尽了质朴；茶成了坑民之物，不再济世活人。达官贵人借茶显示等级秩序，夸示皇家气派。

贵族茶道的茶人是达官贵人、富商大贾、豪门乡绅之流的人物，不必具有诗词歌赋、琴棋书画的修养，但一要贵，有地位；二要富，有万贯家私。于茶艺四要“精茶、真水、活火、妙器”无不求其“高品位”。

由贡茶而演化为贵族茶道，达官贵人、富商大贾、豪门乡绅于茶、水、火、器无不凭借权力和金钱求其极，虽然很违情悖理，但源于明清的潮闽功夫茶虽为贵族茶道，却一直发展至今并日渐大众化。

（二）雅士茶道

古代的“士”有机会得到名茶，有条件品茗，他们最先培养起对茶的精细之感。茶助文思，他们又最先体会茶之神韵。他们雅化茶事并创立了雅士茶道。受其影响，此后相继形成茶道各流派。

中国古代的“士”和茶有不解之缘，可以说没有古代的士便无中国茶道。此处所说的“士”是已久仕的士。

中国文人嗜茶者在魏晋之前不多，诗文中涉及茶事的有汉代司马相如，晋代张载、左思、郭璞、张华、杜育，南北朝鲍令晖、刘孝绰、陶弘景等，人数寥寥，而其中懂品饮者仅三、五人而已。但唐以后凡著名文人不嗜茶者几乎没有，不仅品饮，还咏之以诗。唐代写茶诗最多的是白居易、皮日休、杜牧，还有李白、杜甫、陆羽、卢仝、孟浩然、刘禹锡、陆龟蒙等；宋代写茶诗最多的是梅尧臣、苏轼、陆游，还有欧阳修、蔡襄、苏辙、黄庭坚、秦观、杨万里、范成大等。原因大抵是魏晋之前文人多以酒为友，如魏晋名士“竹林七贤”，山涛有八斗之量，刘伶更是“常乘一鹿车，携酒一壶，使人荷锸随之，云：死便掘地以埋”。唐以后知识界颇不赞同魏晋的所谓名士风度，一改“狂放啸傲、栖隐山林、向道慕仙”的文人作风，人人有“入世”之想，希望一展所学、留名千秋，文人作风变得冷静、务实，以茶代酒便蔚然成风。

这一转变有其深刻的社会原因和文化背景，是历史的发展把中国的文人推到这样的位置——担任茶道的主角。中国文人特别是在茶区任职的州府和县两级的官吏员近水楼台先得月，贡茶以皇帝为先，而事实上他们比皇帝还要“先尝为快”；二则，在品茗中培养了对茶的精细感觉，他们大多是品茶专家，既然“穷春秋，演河图，不如载茗一车”，茶中自有“黄金屋”，茶中自有“颜如玉”，当年为功名头悬梁、锥刺股的书生们而今全身心投入茶事中，所以，他们比别人更通晓茶艺，并在实践中不断改进茶艺，著之以文传播茶艺；三则，茶助文思，有益于吟诗作赋，李白可以“斗酒诗百篇”，一般人做不到，喝得酩酊大醉，头脑发胀，手难握笔何以能诗？但茶却令人思勇神爽，笔下生花。正如元代贤相、诗人耶律楚材在《西域从王君玉乞茶因其韵》中所言：

嗳罢江南一碗茶，枯肠历历走雷车。

黄金小碾飞琼雪，碧玉深瓯点雪芹。

笔阵兵陈诗思奔，睡魔卷甲梦魂赊。

精神爽逸无余事，卧看残阳补断霞。

茶助文思，兴起了品茶文学，还有茶文、茶学、茶画、茶歌、茶戏等；又相辅相成，使饮茶升华为精神享受，并进而形成中国茶道。

雅士茶道是已成大气候的中国茶道流派。

茶人主要是古代的知识分子，以“入仕”的士为主体，还包括未曾发迹的士，以及有一定文化艺术修养的名门才俊、青楼歌妓、艺坛伶人等。对于饮茶，主要不图止渴、消食、提神，而在乎导引人之精神步入超凡脱俗的境界，于闲情雅致的品茗中悟出人生之真谛。茶人之意在乎山水之间，在乎风月之间，在乎诗文之间，在乎名利之间，希望有所发现、有所寄托、有所忘怀。

“雅”体现在下列几个方面：

一是品茗之趣；

二是茶助诗兴；

三是以茶会友；

四是雅化茶事。

正因为文人的参与才使茶艺成为一门艺术，成为一种文化。文人又将这门特殊的艺术与文化、与修养、与教化紧密结合，从而形成雅士茶道。受其影响，此后又形成其他几个流派。所以说是中国的“士”推动了中国茶道，原因就在此。

（三）禅宗茶道

僧人饮茶历史悠久，因茶有“三德”，利于丛林修持，由“茶之德”生发出禅宗茶道。僧人种茶、制茶、饮茶并研制名茶，为中国茶叶的发展、茶道的形成立下了不朽之功劳。

明代乐纯著《雪庵清史》并列举居士“清课”有“焚香、煮茗、习静、寻僧、奉佛、参禅、说法、作佛事、翻经、忏悔、放生……”，“煮茗”居第二，竟列于“奉佛”“参禅”之前，这足以证明“茶佛一味”的说法是千真万确的。

和尚饮茶的历史由来已久。《晋书·艺术传》记载：

“敦煌人单道开，不畏寒暑，常服小石子，所服药有松、桂、蜜之气，所饮茶苏而已。”

这是较早的僧人饮茶的正式记载。单道开是东晋时人，在鄴城昭德寺坐禅修行，常服用有松、桂、蜜之气味的药丸，饮一种将茶、姜、桂、桔、枣等合煮的名曰“茶苏”的茶饮。清饮是宋代以后的事，应当说单道开饮的是当时很正宗的茶汤。

壶居士《食论》中说：“苦茶，久食羽化，与韭同食，令人体重。”长期喝茶可以“羽化”，大概就是唐代卢仝所说的“六碗通仙灵；七碗吃不得，惟觉两腋习习清风生”。与韭菜同食，能使人肢体沉重，是否真如此，尚无人验证。作者壶居士显然是化名，以“居士”相称定与佛门有缘。

僧人饮茶已成传统，茶神出自释门便不足为怪。

陆羽自小就跟着智积学习煮茶技艺，在建中元年四十八岁时在湖州完成了世界第一部茶学专著《茶经》。陆羽能写成此书与他长期在茶区生活有关，但更主要是得益于佛门经历。可以说，《茶经》主要是中国僧人种茶、制茶、烹茶、饮茶生活经验的总结。中国茶道在寺庙香火中熏过一番，所以自带三分佛气。

僧人为何嗜茶？其茶道生发于茶之德。佛教认为“茶有三德”：不眠、不积、不失。坐禅时通夜不眠；满腹时帮助消化；茶可抑制欲望。这三条皆是经验之谈。

释氏学说传入中国成为独具特色的“禅宗”，禅宗和尚、居士日常修持之法就是坐禅，要求静坐、敛心，达到身心“轻安”，观照“明净”。其姿势要头正背直，“不动不摇，不委不倚”，通常坐禅一坐就是三个月，老和尚难以坚持，小和尚年轻瞌睡多，更难熬，饮茶正可提神驱睡魔；饭罢就坐禅，易患消化不良，饮茶正可生津化食；佛门乃清净之地，饮茶即能转移注意力、抑制欲望，这些原因合在一起，使得茶成了佛门的首选饮品。

僧人的另一个突出贡献就是种茶，培植名茶。茶产于山谷，而名山有名寺，名寺出名茶。最早的茶园多在寺院旁，稍晚才出现民间茶园。

古代多数名茶都与佛门有关，如有名的西湖龙井茶，陆羽《茶经》说：“杭州钱塘天竺、灵隐二寺产茶。”宋代，天竺出的香杯茶、白云茶列为贡茶。乾隆皇帝下江南在狮峰胡公庙品饮龙井茶，封庙前一八棵茶树为御茶。阳羡茶的最早培植者也是僧人。屯溪绿茶曾名松萝茶，由一位佛教徒创制。明代冯时可于《茶录》记载：“徽郡向无茶，近出松萝茶最为时尚。是茶始于一比丘大方，大方居虎丘最久，得采制法。其后于松萝结庵，来造山茶于庵焙制，远迹争市，价倏翔涌，人因称松萝茶。”武夷岩茶与龙井齐名，属乌龙茶系，有“一香二清三甘四活”之美评，其中又以“大红袍”为佳。传说崇安县令久病不愈，和尚献武夷山茶，这位县官饮此茶后竟出了奇事，百病全消。为感激此茶济世活人之德，县官亲攀茶崖，把一件大红袍披于茶树之上，故此茶以“大红袍”名之。不论此说是否合情理，武夷茶与佛门有缘则是真实无伪的。安溪铁观音“重如铁，美如观音”，其名取自佛经。普陀佛茶产于佛教四大名山之一的浙江舟山群岛的普陀山，僧侣种茶用于献佛、待客，直接以“佛”名其茶。庐山云雾原是野生茶，经寺观庙宇的僧人之手培植成家生茶，并进入名茶系列。别说产于中国的茶，就是日本的茶也是由佛门僧人由中国带回茶种在日本种植、繁衍的。

毫不夸张地说，中国茶的发现、培植、传播和名茶的研制，佛门僧人作出了重要贡献。目前，见之于文字记载的产茶寺庙有扬州禅智寺、蒙山智炬寺、苏州虎丘寺、丹阳观音寺、扬州大名寺和白塔寺、杭州灵隐寺、福州鼓山寺、天台雁荡山天台寺、泉州清源寺、衡山南岳寺、西山白云寺、建安能仁院、南京栖霞寺、长兴顾清吉祥寺、应灵县金山号绍兴白云寺、丹徒招隐寺、江西宜慧县普利寺、岳阳白鹤寺、黄山松谷庵、吊桥庵和云谷寺、东山洞庭寺、杭州龙井寺、徽州松萝庵、武夷天心寺等。

（四）世俗茶道

茶是雅物，亦是俗物。进入世俗社会，行于官场，染几分官气；行于江湖，染几分江湖气；行于商场，染几分铜臭；行于戏场，染几分脂粉气；行于市井，染几分市侩气；熏得几分人间烟火，焉能不带烟火气。这便是生发于“茶之味”以“享乐人生”为宗旨的“世俗茶道”，其中大众化的部分发展前景可观。

唐代，朝廷将茶沿丝绸之路输往海外诸国，借此打开外交局面。都城长安能成为世界大都会、政治经济文化之中心，茶亦有一份功劳。太宗时，文成公主和亲西藏，带去了香茶，此后，藏民饮茶成为时尚，此事在西藏传为历史美谈。文宗李昂太和九年（公元八三五年），为抗议榷茶制度，江南茶农打死了榷茶使王涯，这就是茶农斗争史上著名的“甘露事变”。

明代，朝廷将茶输边易马，欲借此“以制番人之死命”，茶成了明代一个重要的政治筹码。

清代，左宗棠收复新疆，输入湖茶，并作为一项固边的经济措施。

清代官场钦定有特殊的程序和含义，有别于贵族茶道、雅士茶道、禅宗茶道。在隆重场合，如拜谒上司或长者，仆人献上的盖碗茶照例不能取饮，主客同然。若贸然取饮，便视为无礼。主人若端茶，意即下了“逐客令”，客人得马上告辞，这叫“端茶送客”。主人令仆人“换茶”，表示留客，这叫“留茶”。

茶作为有特色的礼品，人情往来靠它，挖门子搭桥铺路也得靠它。茶通用于不同场合，成事也坏事，温情又势利，茶虽洁物亦难免落入染缸，常扮演尴尬角色，但借茶行“邪道”，罪不在茶。

茶入商场，又是别样面目。在广州，“请吃早茶”是商业谈判的同义语。一盅两件，双方边饮边谈。隔着两缕袅袅升腾的水汽打开了“商战”，看货叫板，讨价还价，终于拍板成交，将茶一饮而尽。没茶，这场商战便无色彩，便无诗意。只要吃得一杯早茶，纵商战败北，但那茶香仍难让人忘怀。

茶入江湖，便添几分江湖气。江湖各帮各派有了是是非非，不诉诸公堂，不急着“摆场子”打个高低，而多少讲点江湖义气，请双方都信得过的人物出面调停仲裁，地点多在茶馆，名叫“吃讲茶”。

茶道进入社区，趋向大众化、平民化，构成社区文化的一大特色。如城市的茶馆就很世俗，《清稗类钞》记载：京师茶馆，列长案，茶叶与水之资，须分计之；有提壶以注者，可自备茶叶，出钱买水而已。汉人少涉足，八旗人士，虽官至三四品，亦厕身其间，并提鸟笼，曳长裾、就广坐，作茗憩，与茶人走卒杂坐谈话，不以为忤也。

民国年间的北京茶馆融饮食、娱乐为一体，卖茶水兼供茶点，还有评书茶馆，说的多是《包公案》《雍正剑侠图》《三侠剑》等，顾客过茶瘾又过书瘾；有京剧茶社，唱戏者有专业演员也有下海票友，过茶瘾又过戏瘾；有艺茶社，看杂耍，听相声、单弦，品品茶，笑一笑，乐一乐。

文人笔下的茶馆虽不甚雅，却颇有人间烟火气，在老残先生的“明湖居茶馆”，可欣赏鼓书艺人王小玉的演出；在鲁迅先生的“华老栓茶馆”里可听到杀革命党人的传闻；在沙汀先生的“其香居茶馆”可见到已成历史垃圾的袍哥、保甲长、乡绅之流；在老舍先生的“茶馆”里你更可见到一八八九年清末社会各色人等，比如闻鼻烟的、玩鸟的、斗蛐蛐的、保镖的、吃洋教的……最后是精明一生的王掌柜解下腰带无奈地了其一生……总之，一个小茶馆几乎就是人间社会的缩影。

茶叶进入家庭，便有家居茶事。清代查为仁《莲坡诗话》

中有一首诗：

书画琴棋诗酒花，当年件件不离它。

而今七事都更变，柴米油盐酱醋茶。

茶已是俗物，日行之必需。客来煎茶，联络感情；家人共饮，同享天伦之乐，茶中有温馨。茶道进入家庭贵在随意随心，茶不必精，量家之有；水不必贵，以法为上；器不必妙，宜茶为佳。富贵之家，茶事务求精妙，可夸示富贵、夸示高雅，不足为怪；小康之家不敢攀比，法乎其中；平民家庭纵粗茶陶缶，只要烹饮得法，亦可得茶趣。

综上所述，茶作为俗物，由“茶之味”竟生发出五花八门的茶道，可叫官场茶道、行帮茶道、商场茶道、社区茶道、平民茶道、家庭茶道，茶中有官气、有江湖气、有市侩气、有脂粉气、有豪气，这一切都发端于“口腹之欲”，其主旨是“享乐人生”，非道非佛，更多儒学的内蕴。将其完整化、系统化，我们可概称为“世俗茶道”。

如今，生活节奏加快，市面出现了速溶茶、袋泡茶。城市里最便民的还是小茶馆，饮大碗茶，花钱少，省事，是最经济实惠的饮品。小茶馆和卖大碗茶的增多使饮茶的富贵风雅黯然失色。中国老百姓最欢迎的还是世俗茶道（主要指大众化茶道）。人在，茶道在，但茶道不再复现明清时代的格局。

十之图

以绢素或四幅或六幅[1]，分布写之，陈诸座隅[2]，则茶之源、之具、之造、之器、之煮、之饮、之事、之出、之略，目击而存[3]，于是《茶经》之始终备焉。

[注释]

1 幅：按唐令，丝绸织物一幅是一尺八寸。

2 座隅：旁边的座位。

3 目击而存：击，接触。此处作看见。俗语有“目击者”。

[释文]

用四幅或者六幅素色丝绢，把上述内容分别抄写出来，张挂在座位的旁边。这样，茶的起源、采制工具、制茶方法、制茶用具、煮茶方法、饮茶方法、有关茶事的记载、产地以及茶具的省略方式等，时时刻刻都可以看到，这样，《茶经》的内容从此就真正完备了。

附一：茶之养生

一、茶与健康

历代古籍中记述饮茶有利于健康的论述很多，从《神农本草经》到李时珍的《本草纲目》都有很多关于茶作药用的记载。明代钱椿年在《茶谱》说："人饮真茶，能止渴消食、除痰少睡、利水道、明目益思、除烦去腻，人固不可一日无茶。"这些茶的功效论述，已被后来的医疗科学所证实。现代医学试验表明，茶叶具有明显的保健功能，科学饮茶能使饮茶者身心健康。

我国利用茶叶，最早在二千多年前是作为解毒治病之有，后来才逐步发展到作为饮料。近百年来，由于科学的发展和分析化学测定手段的不断完善，人们对茶叶内所含物质的了解也愈趋深化。据分析测定，到目前为止，茶叶中含有的茶素（又称为茶叶中的咖啡碱）、茶单宁（又称茶多酚类物质）、蛋白质、维生素、氨基酸、糖类、类脂等有机化合物约有四百五十种以上，还含有钠、钾、铁、铜、磷、氟等二十八种无机营养元素。经过现代生物化学和医学研究证明，各种化学成分之间的组合十分协调。茶叶是一种富有营养价值与药用价值的、不同于咖啡和可可的饮料，对人体的健康非常有益，被誉为“最理想的饮品”。

（一）茶叶的营养成分

茶叶中的各种营养成分很多，主要有蛋白质和氨基酸、糖类与类脂、多种维生素，以及茶叶中的各种矿物质等，这些都是人体不可缺少的营养物质。饮茶可补充人们某种营养之不足，有利于促进人体的健康。

蛋白质与氨基酸

茶叶中的蛋白质含量很多，约占茶叶干重的15% ~ 23%，它在茶叶加工制造过程中能与茶单宁结合，加热后凝固，剩下能溶解于水的不到2%，如每天饮茶五六杯，从中摄取的蛋白质有七十毫克，对人体所需大量蛋白质能起到一点补充作用。在茶汤中通常加入牛奶、酥油、乳酪等，就能大量增加茶叶中的蛋白质。牛奶中的干酪素和茶叶中的单宁能结合，可以减少茶叶的收敛性，但并不影响蛋白质的正常消化。

茶叶还含有多种氨基酸，这些成分都是溶解于水的水溶性物质，它在柔嫩芽叶中含量很多，其中苏氨酸、丙氨酸等为人体所必需，体内不能合成，要靠外界供给。有的虽然不是必要成分，但对人体健康有益。同时，茶叶中含有少量氨基酸，对茶叶的香气和鲜甜的茶叶滋味起着十分重要的作用。

糖类与类脂

茶叶中的糖类，包括糖、淀粉、果胶、多缩戊糖、己糖等，其中淀粉不溶于开水，水溶性果胶和多缩戊糖含量很少，对人体营养价值不大。茶叶含糖量为 1% ~ 5%，对人体的健康多少有些影响。

多种维生素

茶叶中还含有多种维生素，如维生素 B_1、B_2、C、P、E、K 等，都是对人体有益的成分。

维生素 B_1：茶叶中含量很多，是治疗脚气病的有效成分。

维生素 B_2：是黄酶的辅基成分，有促进生长的功能。缺少核黄素时，会影响生物的氧化，使物质代谢发生障碍，引起皮肤病，饮食减退，常见疾病如唇炎、舌炎、口角炎等。

维生素 B_5：茶叶中含量很多，是生物氧化中某些重要辅酶的组成部分，缺乏这种成分时，会引起癞皮病、皮肤病、下痢等。每杯茶叶约含有 127 微克维生素 B_5，如每天饮茶五杯，就可满足每天人体需要量的 5.2% 左右。

维生素 B_{11}：每杯茶叶中约含有 1.3 微克，对正常血细胞的形成有促进作用，每天饮茶五杯就可满足人体每日需要量的 6% ~ 13%。

维生素 H：是生物体固定二氧化碳的重要因素，易与鸡蛋白中的一种蛋白质结合，如大量食用生蛋白质，会阻碍生物素的吸收，而导致它的缺乏，易发生脱毛、皮肤发炎等。每杯茶叶中约含有一．四微克，如每天饮茶五杯，可满足人体每日需要量的 30%。

肌醇：每一百克茶叶中，约含有一千微克，它和生物体内磷酶代谢有密切联系，缺乏它时，会引起发育不良等多种疾病。

维生素 C：又名抗坏血酸，茶叶中含量很多，特别是在鲜叶和绿茶叶中，几乎可与柠檬和肝脏所含数量相媲美。一个人每天约需维生素 C 七十毫克，而一杯好的绿茶中则含有五 ~ 六毫克，每天饮茶五六杯，就可以从茶叶中直接得到很大的补充。茶叶中的维生素 C 是以与茶叶中其他成分协同作用，尤其是与茶素和茶单宁一起起着对人体的保健作用。

维生素 A：又名“抗干眼病维生素”，它对儿童发育、提高抗病力、防止夜盲症、角膜软化病、皮肤干裂以及呼吸道、泌尿道疾病等，都有很好的功效。

维生素 E：可促进细胞分裂，延迟细胞衰老，因此多喝茶有利于延长寿命。在污染环境中工作的人，多喝茶是有保护作用的。

维生素 K：茶叶中维生素 K 的含量，不低于鱼和蔬菜中的含量，每天饮茶五杯，即可基本满足人体对维生素K的需要。

茶叶中的矿物质

茶叶中含有矿物质的种类很多，有钠、钾、铁、铜、锌、锰等二十八种。这些无机物质在茶叶中的含量是4%～7%，在热水里能被溶解的有60%～70%，其中大部分元素是对人体健康必不可少的成分。从食物中摄取这些矿物质，茶叶是好的来源之一，居住在高原、沙漠、孤岛，以及靠近南北极缺少水果、蔬菜的人尤为需要。所以在西藏、内蒙古、新疆、青海、甘肃等地区的居民，特别是牧区人民都喜欢饮茶，消费量也较高。

微量的铜对人体有重要的生理功能，缺乏铜时，可使造血系统受到干扰。成年人每天需铜量二～三克，茶叶中含铜12～70PPM，如每天喝茶五六杯，可满足每天需要量的7%左右。

铁在茶叶中含量很高，约有56～333PPM。铁在人体内含量很少，但其生理功能极为重要，其作用是能造血和制造红血球，所以饮茶可以预防贫血。

锌在茶叶中含量为20～36PPM，锌是人体内碳酸酐酶的组成成分，可以直接影响蛋白质的合成。每天饮茶五杯，可满足人体需要量的10%左右。

钠在茶叶中含量为19～667PPM之间，钠是人体不可缺少的营养成分，钠和氯是维持细胞外液渗透压的主要离子，还可增加神经肌肉的兴奋性，如每天饮茶五杯，约可摄取钠五毫克。

锰在茶叶中的含量约在 155 ~ 1533PPM 之间，人体中的所有组织都含有锰，每一百毫升血液中含锰 20 ~ 150 微克，锰在人体内也参与造血，能促进某些维生素及酶的代谢，所以是人体不可缺少的营养成分。茶叶中含锰量与蔬菜差不多，每天饮茶五六杯，从茶叶中可得到 1.8 毫克，相当于每日需要量的 45%。

（二）茶叶的药效成分及疗效

茶叶中除了含有蛋白质、氨基酸、糖类、类酯、矿物质、多种维生素等营养价值成分外，还含有茶素、茶单宁等其他多种药理成分。根据目前国内外的大量研究报道，茶叶中的多种化学成分的作用以及它们之间协调组合和互相作用，对人体的部分疾病有一定的疗效。

茶素

茶素又名咖啡碱，是茶叶生物碱中的主要成分，它在茶叶中的含量在 1% ~ 5% 之间。茶叶冲泡后，约有 80% 以上的茶素能溶解于沸水中，茶味微苦，就是因为含有茶素的缘故。茶素被称为温和无害的标准兴奋剂，是中枢神经兴奋药，强心利尿药。茶素对人体有下面几种药理作用：

（1）提神兴奋，减轻疲劳

喝茶有提神驱眠的效果，唐代诗人白居易在诗中就有“破睡见茶功”的形象比喻。茶素对大脑皮层和筋肉伸缩是有较强的刺激作用，能提高中枢神经的敏感性，缩短反应时间，减轻神经疲劳，有利思维，提高工作效率。喝茶不仅能兴奋中枢神经，而且对治疗高血压头痛和神经衰弱，也有一定的镇静作用。

（2）解酒敌烟

酒后常饮浓茶，茶能醒酒敌烟，这是众人皆知的事实。古人常常“以茶醒酒”，茶确有解酒作用。而茶叶中的茶素能提高肝脏对药物的代谢能力，促进血液循环，把人体血液中的酒精和尼古丁从小便中排泄出去，减轻和消除由酒精和尼古丁带来的副作用。当然，这种作用不仅仅是茶素的单一功效，而是与茶单宁、维生素 C 等多种成分协同配合的共同结果。

（3）强心利尿

实践已证明：饮茶对心脏病浮肿和高血压有治疗效果，这同茶素的利尿作用有关。茶的利尿主要是茶素的作用，它能增强肌肉活动的伸缩功能，刺激骨髓，使肾脏发生收缩，促进尿素、尿酸、盐分的排出总量增加。《内经》有这样一段记载：“多食盐，则脉凝注而色变”，“味过咸，大骨气伤，心气抑”。食味过咸使小动脉收缩，有害于心脏。茶素的利尿作用表现为，从小便、皮肤毛细孔渗透中带走较多的盐分，这种功效对高血压患者有利，对心脏病浮肿的患者也有所帮助。

（4）帮助消化

实践证明，饮茶是消食除腻的最好方法之一。而饮茶有助于萎垂的肠胃，因为茶叶中的咖啡碱能兴奋中枢神经，影响全身各器官的生理功能，刺激胃液分泌，消除胃中的积食，帮助消化，促进食欲。同时，茶汤中含有的肌醇、叶酸等维生素物质，以及蛋氨酸、卵磷脂、胆碱等，都具有调节脂肪代谢的功能，促进脂肪的消化。此外，茶叶中的咖啡碱还具有它与纯咖啡碱不同的特殊功能。当人在呕吐、腹泻之后，会使体液酸碱失去平衡，饮茶后，茶素具有恢复体液平衡的功能，有利于身体健康。

（5）防治心血管病

茶有松弛冠状动脉、促进血液循环的作用，常饮茶对患有心脏病的人有好处。据国外研究，如给心脏病人饮茶，能使心脏指数、脉搏指数、氧消耗和血液每分钟吸收氧气的指标得到显著提高。所以，茶也可以成为治疗心肌梗塞的最好辅助剂。据我国医疗小组在西藏高原考察，当地居民大都居住在海拔 3000 ~ 4000 米的地带，空气中含氧量较少，但长寿的人较多，百岁老人在牧区并不罕见。虽然医疗卫生条件较差，但心肌梗塞、心血管病的发病率都很低。在青藏高原每人每年饮茶量高达六七斤。

茶单宁

茶单宁又叫茶多酚，属于多酚类物质，在茶叶中含量为

8% ~ 15%。茶单宁的化学性质和单宁酸或单宁（商品）不同，与其他植物中或果实中的单宁也不同，它不会引起不利于肠胃的反应。和蛋白质虽然也起作用，但不像其他单宁那样，具有较强的可逆的反应。许多国家医学研究都有文献证明，茶单宁的药理作用以及对人体的药理价值。

茶单宁能增强毛细血管的活性，能降低毛细血管的渗透性，提高它对血管破裂的抵抗性。

茶叶中含有大量的多酚类物质，有抵抗动脉硬化的功效，从而降低动脉硬化的发病率。

茶单宁具有消炎作用。茶单宁能降低毛细血管渗透性，同减少出血的特性是结合在一起的，故具有收敛止血的作用。在我国古代医学书中早就有茶叶可以消炎的记述，如民间常用浓茶汤来敷涂伤口、消炎解毒，促使伤口愈合。另外，从茶单宁分离中发现的黄酮醇，具有强化血管的作用，现已作为治疗高血压的一种药剂。

茶单宁能调节甲状腺的功能和提高维生素 C 的药效。绿茶茶单宁有使甲状腺毒素症引起的甲状腺亢进恢复到正常的作用，对维生素 C 的新陈代谢产生积极的影响，某些成分能防止组织内维生素 C 的氧化，从而提高了药效。

茶单宁有止泻和杀菌的作用。在我国民间早有饮用茶叶作为止泻的治疗方法，古代医学书籍中也有不少利用绿茶素来治疗细菌性痢疾、赤痢、白痢、急性肠炎、急性胃炎等的记载。茶单宁为什么能起止泻和杀菌作用呢？主要是由于饮茶进入肠胃道后，能使肠道的紧张功能松驰，缓和肠道运动。同时，茶单宁能使肠道蛋白质凝固，因为细菌的本身是由蛋白质构成的，茶单宁与细菌蛋白质相遇后，细菌即行死亡，起到了保护肠胃粘膜的作用，所以有治疗肠炎的功效。

对放射性射线有保护作用。茶单宁被认为有防止放射线侵害的作用，这是日本最早发现的。他们在第二次世界大战中遭受原子弹爆炸后，产生了大量的放射性同位素，在其波及区域内，发现一些爱喝茶叶的人（日本人惯饮蒸青绿茶）所受的影响较少。这一奇特的现象，经日本静冈药科大学校长次贞二和药物教授林荣一博士的研究后，于一九五九年七月宣布，“茶叶中的茶单宁能溶解锶”，有使放射线不能或少侵入骨内的功能。这以后，在前苏联和我国等许多国家都相继进行了研究，也都证明它对放射线有防护作用。

近年来，国外又从茶叶中提取酯多糖，经使用证明它对解除辐射伤害有一定的效果。因此，有些国家把茶叶称为“原子时代的饮料”，有的还甚至宣传“茶叶可以把你从辐射中拯救出来”的功效。这种作用在于茶单宁中的黄烷醇（儿茶素和没食子儿茶素），对锶在进入骨髓之前和造成长期辐射损害之前，就能从人体内予以排除。当然，这是茶单宁和维生素 C 协同作用的共同结果。根据化验分析结果表明，茶单宁在绿茶中含量较多，因此，对从事各种同位素、X 光射线等辐射环境工作的人来讲，多喝些绿茶有益健康。

维生素 C

茶叶中含有丰富的维生素 C，它与茶素和茶单宁的关系很密切，协同产生药理作用，能比单纯的维生素 C 起到更多的作用。

茶可解毒，这在东汉《神农本草经》中已有记述。现代科学也证明茶有解毒的功效。这是因为茶叶中含有大量的维生素 C 和茶单宁，与上述金属盐类或生物碱类结合，使之沉淀而排出体外，起到解毒的作用。

经日本村田晃研究和临床证明，茶叶中的维生素 C，对控制乙型肝炎的发病率和防止流感，也有一定的效果。

茶叶中的维生素 C，有治疗由高血压引起的动脉硬化的效果。一般上了年纪的人，血管壁上粘有脂肪，会引起动脉血管硬化，其硬化程度和新陈代谢有很大关系。茶叶中的维生素 C，能促使脂肪氧化，降低胆固醇，对保护血管的健康有很好的作用。这种作用，与茶单宁能增强毛细血管的活性和降低毛细血管渗透性的作用是相辅相成的。

对治疗坏血病等有功效。这是因为茶叶中的维生素 C，是属于还原型的，能促进肠道内铁的吸收，可以作为治疗贫血时的辅助药物，具有防止坏血病的功能。同时，绿茶中的维生素 C，对长期发热的慢性传染病，也有一定的疗效。

有抗癌的功能。据诺贝尔奖获得者波林认为，癌肿可能是一种维生素的缺乏症，因为阻碍癌肿生长的第一道屏障是细胞间基质，维生素C是保护这屏障结构完整的必需物。因此，他认为大剂量的维生素C，能使晚期癌症患者延长平均生存期四倍。茶叶的抗癌作用，还与茶叶中的维生素A、E，以及其他一些成分的协同作用有一定的关系。

（三）茶的心理保健作用

茶是心理治疗舒解剂

茶可以清心，这是茶对人体心理保健作用的诠释。

现代社会随着科技进步，资讯发达，人类赖以生存的空间越来越小，而面对问题也越来越多，难度越来越大。

中国有谚语，文武之道，一张一驰。研究显示，每天工作一、二小时，每周工作六天的人，其罹患心理疾病的比率是每天工作五～八小时，每周工作五天的人的七倍。休息之后工作效率是连续工作者工效的3.5倍。由此可见，在你的生活中，替自己保留适当休闲和欢愉的时间，约三五友人，去一个静处，品茗谈心；或一人泡一杯清茶，静思独处，都会对即将面临的工作生活，有无形的心理舒解之效果，并会得到在连续紧张中无法得到的新体验。

许多国家现代心理学研究表明，传统的心理治疗方法如“宣泄疗法”“丑化疗法”“怡情疗法”“健康疗法”“回旋疗法”及“参禅疗法”都属于消极的心理安顿法。而以休闲为主轴的外出旅游、观看比赛、品茗谈天、好友聚会等被现代心理学家定位为“现代人的心灵处方”，备受青睐。

那么，在具有深厚文化传统而又经济尚处于不发达的中国，积极、健康的休闲方式又有哪些？

因人而异，因地制宜，从实际出发，顺着情绪品味人生，享受生活的雅趣，是最现实的休闲方式。《醉古堂剑扫》一书曾云：

田园有真乐，不潇洒终为忙；

诵读有真趣，不玩味终吅失；

水有真赏，不领会终为漫游；

吟咏有真得，不解终为套语。

而在品茗休闲之中，我们却可以领悟到：茶有真香，细斟慢啜，方知其味。如果不信，你可以作以下一个实验：在工作繁忙或心绪紊乱之时，你暂时丢掉手边一切工作，找来一壶净水（最好是泉水），煮沸之后，从洗茶具、温杯，到用心泡好一壶茶，然后趁热倒入杯中，屏住呼吸，轻吸茶气，看看有什么感觉，然后再两眼凝视远方，慢啜细品，仔细玩味壶中真趣。最后，把自己所得写下来，看看是些什么？应该说，这种感觉就是放松。轻松的生活会让灵感重新拾回，希望正是一帖心灵困惑的舒解剂。

茶是心理治疗平衡剂

在你的日常生活中，当你疲劳忙碌了一天，你选什么茶喝？当你郁闷烦恼时，你选什么茶喝？当你遇到难题，冥思苦想之际，你选什么茶喝？当你体能不济，打不起精神时，你选什么茶喝？当你兴奋而不能自已或悲伤而想到放弃时，你选什么茶喝？

人们在追寻茶品更精致的同时，也可让我们生命更精致。饮茶若能从感官的满足，进而进入到生理与心理的均衡，岂不乐哉。事实上茶确有其功用，只是大家的注意力一直停留在讨论如何泡好茶、如何选好茶、如何去品赏茶……当真正以茶作为生理及心理的平衡剂，你会突然觉得“万茶皆上品，茶无贵贱分”。茶不仅能解消生理上缺水问题，而真正解消的是我们单一枯躁的生活。佛家所言“茶禅一味”正是由此路径进入的。茶是一种干燥、疏松、多孔隙的物质，它的最大特性是成长中吸收、浸泡后全部吐出。因此，茶带领我们的是一个全然的接纳与给出……一个更正向、更宽度的生命态度。在中国传统医术中也运用此一原理来调理身心，并改善身体机能。在科学研究领域中，不断的发现茶的成分对于人类身体有机功能的影响，然而这也仅限于茶对于人类生理方面的研究，而构成生命绝非仅是肉体足以涵融，它还应包括心理及心灵层面。

在谈及茶对于人类心理层面的影响，以往似乎未见过专门论著，然而在观察以及访谈过程中，却意外的发现，由不同的饮茶习惯中，发现共通的人格特质，经由一再反复验证，大略有一些心得，与同行茶友共同研究。

二、多效茶方

（一）功能调养茶

机体功能失调指脏腑、气血、津液功能减退或失调，表现在体质上可分为阴虚体质、阳虚体质、气虚体质、血虚体质以及体质虚弱、年老体弱等，为了更好的养生保健，保证身心健康，可根据不同体质选择适宜的功能调养茶。

人参花茶

材料：人参花一百克。

做法：人参花用糖渍后备用，每次取五克泡茶饮。

功效：补气壮阳，兴奋神经，为阳虚、气虚体质者的保健饮品。

壮阳增力茶

材料：淫羊藿六克，枸杞子十二克，红茶三克。

做法：上药共碾粗末，以沙布包，置于容器中，冲入沸水盖闷五～十分钟或水煎取汁，代茶饮。

功效：滋补肝肾，壮阳增力。治疗性欲减退、阳痿，亦为阳虚体质者的保健饮料。

提神茶

材料：枸杞子十二克，淫羊藿、沙苑子、山芋肉各九克，五味子六克。

做法：上药共碾粗末，以纱布包，置于容器中，冲入沸水盖闷五～十分钟或水煎取汁，代茶饮，每日一剂。

功效：滋补肝肾，助阳益智。治疗抑郁型神经衰弱，困倦无力，记忆力减退。

硫黄茶

材料：硫黄、诃子皮、紫笋茶各九克。

做法：硫黄研成细末，三药和匀，以纱布包，加水按常法煎茶，每日一剂。

功效：温肾止泻。治疗阳虚泄泻，阳虚体质者亦可饮之。

四君子茶

材料：党参十克，白术六克，茯苓十二克，甘草四克。

做法：上药共碾粗末，以纱布包，置于容器中，冲入沸水盖闷五～十分钟或水煎取汁，代茶饮。

功效：补气、健脾、养胃。治疗脾胃气虚，运化力弱，饮食减少，语言轻微，全身无力，大便溏泄。亦可作为气虚体质者的养生茶。

生脉茶

材料：党参一五克，麦冬十二克，五味子六克。

做法：上药共碾粗末，以纱布包，置于容器中，冲入沸水盖闷五～十分钟或水煎取汁，代茶饮。

功效：益气敛汗，养阴生津。治疗劳倦伤气引起的口干作渴，气短懒言，肢体倦怠，眩晕少神，及肺虚咳喘、自汗等。气虚体质者可常饮之。

虫草速溶晶

材料：本品为中成药，由人参、冬虫夏草等药制成。

做法：药厂生产。每次用二克（一袋），沸水冲溶，代茶饮用。

功效：补肾益气。治疗气虚乏力，神经衰弱，疲劳过度，精神不振。

党参红枣茶

材料：党参十五~三十克，红枣（去核）五~十枚。

做法：上药共碾粗末，以纱布包，置于容器中，冲入沸水盖闷五~十分钟或水煎取汁。代茶饮，四~六日为一个疗程。

功效：健脾补血，治疗病后体弱，贫血、心悸、脾虚气短、四肢无力。血虚体质者常饮此茶甚佳。

龙眼绿茶

材料：龙眼肉九克，绿茶六克。

做法：用沸水冲泡，趁温代茶饮之，每日一剂。

功效：补血清热，血虚体质者可常饮此茶。

阿胶红茶

材料：阿胶六克，红茶三克。

做法：将红茶用沸水冲泡取汁，加入烊化好的阿胶，搅匀备用，趁温饮之。

功效：补虚滋阴，振奋精神。治疗血虚头晕，面色萎黄，血虚体质者可常服此茶。

牛奶热茶

材料：红茶一克，砂糖十五克，牛奶七十五克或奶油五十克。

做法：将牛奶加热煮沸，离火加糖，和茶水（红茶泡为茶水）混合，趁热饮之。

功效：补血润肺，提神暖身，为血虚体质者的保健饮料。

山药茶

材料：山药（干品）五十克，红茶五克。

做法：上药共碾粗末，以纱布包，置于容器中，冲入沸水盖闷五～十分钟或水煎取汁。代茶饮，每日一剂。

功效：健脾益胃，治疗脾胃虚弱，食欲不振，倦怠乏力。脾胃素虚可常饮之。

太子参茶

材料：太子参、麦芽各九克，红茶三克，红糖三十克。

做法：前三味药共碾粗末，以纱布包，置于容器中，冲入沸水盖闷五～十分钟或水煎取汁，加入红糖搅匀即可。代茶饮，每日一剂。

功效：健脾益气。治疗脾虚纳呆，脾胃素虚者可常饮之。

白术乌龙茶

材料：白术六克，山楂、乌龙茶各五克。

做法：上药共碾粗末，以纱布包，置于容器中，冲入沸水盖闷五～十分钟或水煎取汁。代茶饮，每日一剂。

功效：温中健脾。治疗脾虚之食欲不振，消化不良，腹胀，便溏。脾胃素虚者可常饮之。

康宝茶

材料：枸杞子、黄精各九克，淫羊藿、甘草各六克，刺五加十二克，熟地十五克，山楂十克。

做法：上药共碾粗末，以纱布包，置于容器中，冲入沸水盖闷五～十分钟或水煎取汁。代茶饮，每日一剂。

功效：滚补肝肾，补养气血。适用于体质虚弱，倦怠乏力，为体质虚弱者的养生茶。

刺五加茉莉花茶

材料：本品为中药，由刺五加、茉莉花、绿茶等组成。

做法：药厂生产，沸水冲泡，当茶频频饮之。

功效：补肾填精，安神益智。治疗体质虚弱，气短乏力，神疲倦怠，神经衰弱，失眠、健忘，多梦，肾虚腰痛。亦为体质虚弱者的养生茶。

牛奶糖浆茶

材料：牛奶四百克，茶糖浆九十克。

做法：先将牛奶煮沸，加入茶糖浆搅匀，趁热频频饮之。

功效：营养滋补，开胃健脾，振奋精神。体质虚弱者服此甚佳。

增力提神茶

材料：党参十克，枸杞子十二克，麦芽十五克，山楂二十克，红糖三十克，乌龙茶五克。

做法：上药共碾粗末，以纱布包，置于容器中，冲入沸水盖闷五~十分钟或水煎取汁，代茶饮。

功效：补气养血，增力提神。为体质虚弱者的良好保健饮料。

人参核桃茶

材料：人参三克，核桃三个（敲碎取仁）。

做法：将人参切片，与核桃肉共放沙锅内，加水适量，置武火上烧沸，再用文火煮一小时即成。吃人参及核桃肉，饮茶汁。

功效：益气固肾。适用于喘息，气短，自汗，不耐劳累，形体瘦弱，是年老体弱者较为理想的养生茶。

洋参茶

材料：西洋参二克，白茶三克。

做法：先将洋参切成薄片，与白茶共置于容器中，用沸水冲泡取汁，代茶饮，亦可将洋参食下。

功效：补气养阴，延年益寿，补肺止咳，生津止渴，固精安神。凡阴虚火旺不宜用人参温补者，皆可用西洋参，是老年体弱者较为理想的养生茶。

（二）其他养生茶

菟丝子茶

材料：菟丝子十克，红糖三十克。

做法：将菟丝子洗净、捣碎，置容器中，用沸水冲泡取汁，再调入红糖搅匀即可，代茶饮。

功效：补肾益精，养肝明目，延年益寿。适用于肾虚男女不育（孕）症，肝虚目昏及脑力劳动者，是脑力劳动者的理想养生茶。

健脑茶

材料：桑叶五克，何首乌十五克，白蒺藜十克，绿茶三克，丹参九克。

做法：上药共碾粗末，以纱布包，置于容器中，冲入沸水盖闷五~十分钟或水煎取汁，代茶饮。

功效：益智健脑，活血化瘀，清热明目。治疗用脑过度引起的头胀、头痛、头昏、失眠、多梦等，是脑力劳动者的理想养生茶。

枸杞龙井茶

材料：枸杞子十五克，山楂十克，龙井茶三克。

做法：上药共碾粗末，以纱布包，置于容器中，冲入沸水盖闷五~十分钟或水煎取汁，代茶饮。

功效：补肾填精，健脑益智。适用于脑力劳动者记忆力减退、头昏脑涨等，是脑力劳动者的理想养生茶。

蒲公英花茶

材料：蒲公英花蕾晒干六克，绿茶二克。

做法：上药共碾粗末，以纱布包，置于容器中，冲入沸水盖闷五～十分钟或水煎取汁。代茶饮，每日一剂。

功效：清热解毒，抗菌、抗病毒。可以治疗久居城市，或在办公室久坐而活动量小，用脑、用目过度，以致出现头晕眼花，腰酸背痛，精神不振，头昏脑涨等。

强力补甜茶

材料：刺五加根茎（干品、切碎）十五克，仙鹤草、枸杞子各十克，红茶三克。

做法：上药共碾粗末，以纱布包，置于容器中，冲入沸水盖闷五～十分钟或水煎取汁，代茶饮。

功效：补肾壮骨，抗疲劳，振奋精神。可治神经衰弱，肾虚腰酸，劳累过度，亦可作为运动员、体力劳动者的保健饮料。

糖糟茶

材料：糖糟五百克，鲜生姜一百二十克。

做法：将糖糟打烂，和姜再捣，做成小饼晒干，放瓷瓶藏之。每日清晨，取饼一枚（约三十克重），泡沸水内，十五分钟后代茶饮。

功效：益气暖胃，温中散寒。体力劳动者常服有益。

强记茶

材料：熟地、麦冬、生枣仁各三十克，远志六克。

做法：上药共碾粗末，以纱布包，置于容器中，冲入沸水盖闷五～十分钟或水煎取汁。代茶饮，每日一剂。

功效：补肾健脑，增强记忆力，可治疗健忘症。

龙眼碧螺春茶

材料：龙眼肉六克，碧螺春茶三克。

做法：上药共碾粗末，以纱布包，置于容器中，冲入沸水盖闷五～十分钟或水煎取汁。代茶饮，每日一剂。

功效：养心安神，健脑，振奋精神，增强记忆。治疗失眠健忘，头晕乏力，亦是增强记忆力的保健茶。

刺五加茶

材料：刺五加根茎（干品、切碎）、茯苓、核桃仁各九克，茉莉花茶（各种花茶亦可）三克。

做法：上药共碾粗末，以纱布包，置于容器中，冲入沸水盖闷五～十分钟或水煎取汁。代茶饮，每日一剂，每剂煎服三次。

功效：健脑强身，益智宁神，增强记忆力。

胡萝卜茶

材料：胡萝卜二百克。

做法：将胡萝卜洗净切碎，置容器中煎煮取汁备用，代茶饮。

功效：增强人体抵抗力，预防上呼吸道感染，润泽皮肤，补充维生素 A，帮助人体排汞，防癌，消除吸烟导致的副作用，为吸烟者良好的养生茶。

南瓜藤红糖茶

材料：鲜南瓜藤、红糖各适量。

做法：鲜南瓜藤切碎，捣如泥，滤取汁，调入红糖，冲入适量沸水备用，代茶饮。

功效：可帮助戒烟。

葛花茶

材料：红茶二克，茉莉花三克，葛花九克。

做法：上药共置容器中，冲入沸水盖闷二分钟，代茶频频饮服，可立见功效。

功效：和胃化湿，健脾利湿，醒酒解醉。

奶茶

材料：砖茶、鲜牛奶、炒米、食盐及辅料适量。

做法：将砖茶敲碎，加水煮沸半小时后，加适量鲜奶、少量食盐及炒米等辅料再煮沸，即成奶茶。代茶饮。

功效：消食开胃，营养滋补，消解油腻，振奋精神。适用于喜食肉者及身体虚弱者。

山楂乌龙茶

材料：山楂三十克，乌龙茶五克。

做法：上药共碾粗末，以纱布包，置于容器中，冲入沸水盖闷五～十分钟或水煎取汁，代茶饮。

功效：消食化瘀，解油腻，和血脉。适用于食肉过多，脾虚胃弱，食欲不振，以肉食为主者亦宜常饮之。

砂仁茶

材料：砂仁三克，槟榔、红茶各五克。

做法：上药共碾粗末，以纱布包，置于容器中，冲入沸水盖闷五～十分钟或水煎取汁，代茶饮。

功效：温胃理气，消食开胃。治疗进食肉类食品过多。

山楂橘皮茶

材料：山楂二十克，橘皮五克。

做法：山楂用文火炒至外面呈淡黄色，取出放凉，与橘皮共放容器中，用沸水冲泡取汁备用，代茶饮。

功效：健脾胃、理气滞、解油腻。治疗肉积食滞，食欲不振，消化不良，脘腹胀闷，以肉食为主者亦宜常饮之。

（三）美容美发茶

润泽的面容、健康的鬓发，不仅是身体健康的重要标志，也是仪容美的标准之一。随着人们生活水平的不断提高，人们越来越重视容貌的健美。我国古代医家积累了丰富的美容美发经验，现将有关药茶方介绍如下，可酌情选用。

养颜茶

材料：柿叶五克，茶叶三克，当归十克。

做法：上药共碾粗末，以纱布包，置于容器中，冲入沸水盖闷五～十分钟或水煎取汁。代茶饮，每日一剂。

功效：补充维生素 C，润肤美容，使肌肤白净，并可治疗黄褐斑。

牛乳红茶

材料：鲜牛奶一百克，红茶三克，食盐适量。

做法：先将红茶熬成浓汁，滤取汁。再把牛乳煮沸，盛在碗里，加入茶汁，同时加入适量的食盐，调匀。每日一剂，空腹代茶缓缓温饮。

功效：营养滋补，润泽皮肤，令人健美，皮肤红润。

枸杞叶茶

材料：干枸杞叶（每年五六月间将鲜嫩的枸杞叶，置于阴凉处阴干）适量。

做法：干枸杞叶置容器中，用沸水冲泡。每次六克，代茶饮。

功效：枸杞叶含有丰富的维生素、路丁、叶绿素等，有增强免疫力，改善血管以及美容作用，心血管病患者可常服。

葡萄茶

材料：葡萄八十克，绿茶四克，白糖适量。

做法：将绿茶以滚水冲泡，将葡萄与糖以冷开水搅拌均匀，加入绿茶中即可饮用。

功效：可以美肤活肤。

核桃芝麻茶

材料：豆浆一百八十毫升，黑芝麻二十五克，牛奶一百八十毫升，核桃仁二十五克。

调味料：白糖。

做法：将核桃仁与芝麻研磨成粉，将核桃仁与芝麻粉倒入豆浆与牛奶中，煮滚后加入白糖即可饮用。

功效：有效润肤，防止肌肤黯沉老化。

蜂蜜茶

材料：蜂蜜、红茶适量。

做法：将红茶叶放入滚水中冲成茶汁，将适量蜂蜜调入红茶汁中搅拌均匀，即可饮用。

功效：有效润肤，提供润泽，延缓肌肤老化。

小麦胚芽茶

材料：小麦胚芽四五克，红茶四克。

做法：将红茶叶放入滚水中冲成茶汁，将小麦胚芽放入红茶汁中一起浸泡，搅拌均匀即可饮用。

功效：富含粗纤维的茶饮，可以有效抗氧化、延缓衰老。

杏仁芝麻茶

材料：杏仁十五克，芝麻二十五克，牛奶一百五十毫升，茶叶八克，白糖、蜂蜜各十克。

做法：芝麻与杏仁研磨成细粉，将茶叶冲入滚水，冲成茶汁，加入牛奶冲成奶茶，将奶茶中加入芝麻与杏仁粉，再加入白糖与蜂蜜调匀即可。

功效：具有抗衰老的作用，可以帮助细胞再生，使肌肤保持润泽。

芝麻茶

材料：芝麻（黑芝麻最好）五百克，红茶五克。

做法：先将芝麻炒焦研末，每次取四十克用纱布包，放容器中，冲入红茶水（红茶五克煎为茶水），趁热饮之。每日服一次。

功效：补血润燥，乌须黑发。治疗头发早白、贫血、习惯性便秘。

黑发茶

材料：何首乌二十克，熟地三十克，当归十五克，绿茶三克。

做法：上药共碾粗末，以纱布包，置于容器中，冲入沸水盖闷五～十分钟或水煎取汁。代茶饮，每日一剂。

功效：补肾养血，乌须黑发。治疗白发症。

（四）瘦身健体茶

养生的目的不外乎是健康、快乐、长寿，瘦身健体茶不仅能防治疾病，还能养生保健、延年益寿。我国古代医家积累了丰富的经验，现将有关药茶方介绍如下，以备选用。

柿叶茶

材料：柿树叶六～十克。

做法：将柿树叶（干品切碎）放容器中，用沸水浸泡十～十五分钟。代茶饮之，可冲泡二～三次。

功效：补充维生素 C，增强机体抵抗力，健全毛细血管功能，养生保健。长期饮用柿叶茶，对高血压、冠心病、食道癌等皆有一定疗效。

多维茶

材料：以柿子叶和黑枣叶为主要原料，采用先进的工艺设备，经过精制加工而成。

做法：茶厂生产，每日饮一～二杯多维茶，每杯用多维茶五克，常服有益。

功效：多维茶含有多种维生素，尤含丰富的维生素 C，可养生保健、延年益寿、防治癌症，为新型养生保健饮料。

擂茶

材料：生大米、生姜、芝麻、花生、茉莉花茶、白糖。

做法：将生大米、生姜、芝麻、花生放擂钵内捣碎，移置容器中，加茉莉花茶、白糖，用沸水冲泡而成豆腐状，即成擂茶，代茶饮。

功效：延年益寿，防病保健，清热解毒，为湖南益阳桃花江人常喝的保健饮料。

桑叶枸杞茶

材料：桑叶六克，枸杞子十二克，绿茶三克。

做法：上药共碾粗末，以纱布包，置于容器中，冲入沸水盖闷五～十分钟或水煎取汁，代茶饮。

功效：桑叶具有抗应激、延缓衰老、增强机体耐力、降低血清胆固醇及调节肾上腺功能等作用。枸杞子具有补肾益精、养肝明目等作用，二者相合，可延年益寿。

红枣茶

材料：红枣三～五枚。

做法：用刀将红枣划破，放入容器中，沸水冲泡。代茶饮。

功效：补益气血，调补脾胃，长期饮用此茶，可延年益寿。

沙苑子茶

材料：沙苑子十克。

做法：将沙苑子洗净捣碎置容器中，用沸水冲泡。代茶饮。

功效：补肾强腰，延年益寿。

减肥瘦身茶

材料：茉莉花、玫瑰花、荷叶、草决明、枳壳各十克，泽兰、泽泻各十二克，桑椹、补骨脂、何首乌各十五克。

做法：将上药置于容器中，冲入沸水盖闷五～十分钟或水煎取汁。代茶饮，每日一剂，三十日为一个疗程。

功效：增强新陈代谢，调节内分泌功能，减肥轻身。

降脂乌龙茶

材料：乌龙茶三克，首乌三十克，槐角、冬瓜皮各十八克，山楂肉十五克。

做法：将后四味中药共煎去渣，以其汤液冲泡乌龙茶。代茶饮用。

功效：消脂降脂，肥胖人宜常饮之。

（五）强身滋补茶方

人参桂圆茶

材料：人参十五克，桂圆三十克，茶叶十五克。

做法：将人参与桂圆切成细碎状。将上述材料与茶叶一起拌匀，以沸水冲泡五分钟即可饮用。

功效：强健身体、补充元气，还可以帮助健脑。

黄芪红茶

材料：黄芪十五克，红茶二克。

做法：将适量清水放入锅中，加入黄芪一起煮。把红茶叶放入一起煮约五分钟后，即可饮用。

功效：有效补气健胃，可改善身体虚弱的症状。

冬虫夏草茶

材料：冬虫夏草五克，红茶适量。

调味料：蜂蜜适量。

做法：把冬虫夏草放入锅中，煎煮半小时。将红茶叶放入一起煮约五分钟后，加入蜂蜜调匀即可饮用。

功效：有效强健身体，改善体虚症状。

元气茶

材料：黄芪八克，人参六克，肉桂三克，生姜一片，甘草二克。

做法：将所有的材料放入清水中浸泡二小时。将泡好的材料放入锅中，以小火煎煮半小时后即可饮用。

功效：有效补气，改善体虚与元气不足的症状。

四神茶

材料：黄芪十克，金银花十克，当归二十克，甘草六克。

做法：将所有材料洗干净，放入杯中，以滚水冲泡十五分钟后即可饮用。

功效：有效补充体力，治疗体虚症状，还可以帮助清热解毒。

酥油茶

材料：酥油（即奶油，系以鲜乳提炼而成）一百五十克，砖茶适量，精盐适量，牛奶一杯。

做法：先把酥油一百克、约五克盐和牛奶一杯倒入干净的茶桶内，再倒入约二千克熬好的茶水。然后用细木棍上下抽打五分钟，再放进五十克酥油，再抽打二分钟。打好后，倒进茶壶内加热一分钟左右（不可煮沸，否则茶油分离，不好喝）即可。倒茶饮用时轻轻摇匀，使水、乳、茶、油交融，更加香美可口。

功效：有提神、滋补之功。病后体弱者，常饮酥油茶，可增强食欲，增强体质，加快康复。老人常饮，可增加活力。产妇多饮，可增乳汁，补身体。

牛乳红茶

材料：鲜牛乳一百克，红茶、食盐各适量。

做法：将红茶用水熬浓汁，再把牛乳煮沸，盛在碗里，掺和红茶，调入食盐。每日一次，空腹服。

功效：益气填精。令人体健而润泽，是滋补佳品。

三、幽香茶膳

中国是茶叶的原产地，也是发现和利用茶叶最早的国家。从吃茶树鲜叶，到煮粥，到加辅料，到成为食品，直到今天独树一帜的膳食——茶膳，经历了几千年。茶膳是将茶作为食品、菜肴、小点和饮料的制法和食用方法的总和，是食文化与茶文化融合发展的结晶。

茶膳具有多种形式：一是早膳茶，可供应热饮和冷饮红茶、绿茶、乌龙茶、花茶、八宝茶、茶粥、茶面、茶奶、茶包、茶饺、茶蛋糕、茶饼干、炸茶元宵等；二是茶快餐和套餐，可供茶面、茶饺、茶包、茶蛋玉屑等，汤可选一碗茶汤、一杯茶、一盒茶饮料；三是家常茶菜、茶饭，如熏茶笋、茗香排骨、松针枣、春芽龙须、鸡丝面等；四是特色茶宴，如婚礼茶宴、生辰茶宴、毕业茶宴、庆功茶宴、春茶宴等；五是茶膳自助餐，可供应冷热菜八十多种，茶饮、汤品四十多种，茶冰淇淋多种，还可自制茶香沙拉、茶酒等。不管是哪种形式，茶膳总的分类不外乎茶叶食品、茶叶菜肴、茶叶小点、茶汤茶粥和茶叶酒水五大类。

茶叶之所以能成为膳食，是由于茶叶可食，有营养，能保健治病，并且能同各种食物组合提高其营养和保健功能，中国食疗已有三千多年的悠久历史，茶疗则更长。在这漫长的时间里，人们不断地总结了通过饮食所达到的疗效，确定了食疗理论和经验，发展和创立了“药膳”“茶膳”“花膳”等不同特点的膳食。

茶膳分为食、肴、汤、点和酒水。食就是主食，或俗称饭，如茶米饭、茶面条、雨花麻饼、碧螺春卷、翠芽菜泡饭、茶饺等。肴就是菜肴，主要是指炒菜，茶膳的“肴”如：茶香猪排、银针悬宝、碧螺戏虾、霸王赏菊、毛峰蒸鱼、雨茶蛇排、乌龙烧大排、鲍鱼护碧螺、绣球鱼翅、翠玉西芹、猴鲜面筋等。汤是指食物加水煮熟后的液汁。肉、菜加水烹调，水多物少谓之汤。粮食加水加菜（或肉）煮熟，水多粮少谓之粥，茶汤与茶粥，都是以茶配伍烹调的汤和粥。如茶汤有桃溪浮翠、龙井捶虾汤、绿茶番茄汤、乌鱼茶汤、银毫清汤燕窝等。粥，有红茶紫米粥、糯米绿茶粥、乌龙戏珠粥等。点是指的小点和冷盘，是主食和主菜的辅助，也是中国膳食的一大特点，茶点有茶元宵、茶叶羊羹、玉叶淇淋等。酒是指的酒水，是任何宴席中不可少的，茶宴也如此，它包括酒类和饮料，如乌龙茶酒、红茶酒、龙井茶酒等。茶饮料目前市场上有很多可选。

茶膳是中餐中的特殊膳食，保健膳食，它有如下四大特点：第一，讲求精巧，清淡。茶膳饭菜不油腻，不过甜或过咸，口味多酥脆型、滑爽型，每道茶菜都加以点饰。第二，有益健康。茶膳多选用春茶入菜入饭，配以不少山野菜。春茶和山野菜都是绿色食品，没施用过化肥，而且富含多种对人体有益的维生素等。第三，融餐饮、文化于一体，使民族传统与现代气息相结合。现代配套茶膳着意从饭菜的色、香、味、餐具、环境等多方面表现出自己的特色。第四，雅俗共赏，老少皆宜。

（一）茶宴与茶肴

我国的筵宴，在殷商的祭祀活动中已具雏形。西晋左思《蜀都赋》记载西汉时成都富豪大宴宾朋的盛况：

若其旧俗，终冬始春，

吉日良辰，置酒高堂，以御佳宾。

金罍中坐，肴槅四陈。

觞以清醥，鲜以紫鳞。

羽爵执竞，丝竹乃发。

巴姬弹弦，汉女击节。

起西音于促柱，歌江上之飉厉。

纡长袖而屡舞，翩跹跹以裔裔。

合樽促席，引满相罚。

乐饮今夕，一醉累月。

说明两千年前，筵宴之风已在华夏大地出现，但随着社会经济发展，筵宴亦逐步向民间推广，并趋于摆脱繁褥礼节和豪华排场的影响，向着经济实惠、讲究格调、重视营养的方向发展。晋《中兴书》载，卫将军谢安要拜访吴兴太守陆纳，陆纳拟以茶果相待，但其侄却改用盛馔，谢安离去以后，陆纳大怒，打了他四十大板，说："汝既不能光益叔父，奈何秽吾素业。"从此，茶宴以"素业"誉满全国，流传民间。中唐时，湖州紫笋茶和常州阳羡茶同列为贡品，顾渚紫笋被陆羽评为仅次于蒙顶茶之"天下第二名茶"。每年春茶开山采茶之时，湖、常二州太守都要聚会顾渚，联合举办茶宴，请名流品茗。这一年，白居易亦被邀，但因生病未能赴会，抱憾写诗一首，题目是《夜闻贾常州崔湖州茶山境会想羡欢宴》：

遥闻境会茶山夜，珠翠歌钟俱绕身。
盘下中分两州界，灯前合作一家春。
青娥递舞应争妙，紫笋齐尝各斗新。
自叹花时北窗下，蒲黄酒对病眠人。

如此盛况，难怪白乐天卧病北窗，也羡慕不已，感慨万千。

随着茶产业和茶文化事业的发展，我国传统茶宴从清饮转向以吃茶菜为特色的新阶段。以北京"茗缘阁"、上海"天天旺茶膳馆"和重庆"中华茶艺山庄"为代表的著名餐饮业商家相继推出了"茶宴全席""迎宾茶宴""婚礼茶宴""生日茶宴"等多种茶宴大菜和套餐，著名的茶菜螺羹、脆炸龙井、狮峰野鸭、香茗脆皮鱼、茶汁豆花、童子拜观音、乌龙戏玉珠、龙井爆皮蛋、茶叶卤仔鸽、茗缘贡菜、玉露凝雪等数十种。由于茶叶中已被证实含有许多对人体有益的成分，且具有去油脂、除腥味、助消化、爽口及增色味等功用，为最佳天然调料，因此一道道美味可口的茶菜被研制推广，极大提升了人们的生活品质。

制作茶菜的茶叶材料，可利用各种茶类如龙井茶、文山茶、铁观音茶、红茶等的茶叶、茶汤或粉茶，配合不同的菜料（鸡、鸭、鱼肉、青菜）及烹调方式（蒸、煮、炸、凉拌）而调制出各种精致健康的茶菜。然而各类茶叶有其独特的性质（如外观、汤色、香气与滋味），当它与菜肴一起烹调之后，自然会呈现不同的色、香、味效果。因此哪一种菜肴应搭配哪一种茶叶，是在烹调茶菜时所应留意的。同时茶的使用量亦必须加以斟酌，否则会变得相当苦涩，丧失菜肴的美味。

一九九七年台北举行的主题为“茶香美馔”的茶菜展，各大饭店主厨竞相展现精致茶宴，使流传于民间的茶肴更精致化，进而成为饭店招牌菜。

一般条件下，餐厅茶宴形式可以分为几种：

A 茶膳早茶

供应热饮绿茶、乌龙茶、花茶、红茶、茶稀饭、皮蛋粥、莲子粥、茶水饺炸春卷及茶菜包子、茶馒头、茶蛋糕、盐茶鸡蛋、茶叶桂花饭等。

B 茶膳快餐

供应茶蒸饺、绿茶馅子面、鸡炒茶饭并配以一杯茶或一听饮料。

C 茶膳自助餐

供应各种时新茶菜、茶饭、茶点、茶饮料、茶香沙拉和茶酒等。

D 家常茶叶饭

如炒茶笋、炸雀舌、茶香排骨、松针囊、怡红快绿、白玉拥翠、春芽龙须、茶稀饭等。

E 特色茶宴

如婚礼茶宴、生辰茶宴、毕业茶宴、庆功茶宴、旅游茶宴、迎春茶宴等。

（二）美味茶肴制作

茶凉菜食谱

（1）茶香沙拉

主料：胡萝卜、莴笋、雪花梨各适量，高档碧螺春茶三克。

配料：蛋清型沙拉酱、松子仁、盐各适量。

做法：

1 洗净胡萝卜、莴笋、雪花梨，切八毫米方丁，置纯白盘中，备用。

2 在玻璃杯中注入七成八十度左右的热水，将去掉杂梗、杂叶的茶叶放入杯中。茶叶舒展开即倒掉茶汤，留茶叶备用。

3 临上菜前，用沙拉酱拌菜即可。

注：如就餐者中孩子多，可用火腿代替胡萝卜。

（2）凉拌茶叶

主料：鲜嫩茶叶适量。

配料：清泉水、黄果叶、酸笋、酸蚂蚁、白生、大蒜、辣椒、盐等各适量。

做法：将茶叶揉软搓细，放在盘或碗中，与配料拌匀即可。

注：此菜为云南基诺族所喜爱。

（3）茶卤肉

主料：五花肉一千克，信阳毛尖茶十五克。

配料：大料、花椒、精盐、酱油、料酒各适量。

做法：

1 将肉洗净，放入盛凉水的高压锅内。

2 茶叶用纱布包好，投入锅内，并加入大料、花椒、精盐、酱油、料酒。

3 盖好锅盖，用大火烧至限气阀鸣响，改用文火煮六十分钟，即可。

特点：色泽红亮，清香爽口，茶香味较浓，下酒佐餐均宜，为茶膳冷盘菜。

（4）茗缘贡菜

主料：水发贡菜三两，中档黄山毛峰茶五克。

配料：盐、味精各适量。

做法：

1 开水泡发茶叶，迅速捞出备用。

2 贡菜切成寸长，温水发泡。发至脆感较好时，与其他主、调料调均即可。

特点：香脆爽口，适于佐酒。

（5）炸雀舌

主料：芽头肥壮的黄山毛峰茶十克。

配料：鸡蛋一个，精盐（或白糖）、味精（或胡椒粉）、湿淀粉各适量。

做法：

1 将茶叶置杯中，用开水润发，留茶叶备用。

2 调好配料，将发好的茶叶均匀上浆，先后入火炸二次方可。

特点：色泽金黄，香脆适口，回甘味足，为茶膳冷盘菜。

热菜食谱

（1）鲍鱼护碧螺

主料：鲜鲍鱼二盒，碧螺春茶叶十五克。

配料：豆苗、清汤各五百克，盐、料酒、味精、胡椒粉各适量。

做法：

1 鲍鱼开盒，连汁倒入碗中，撕掉花边，片成一毫米厚的薄片，仍用原汁泡上。

2 茶叶用开水泡发，去掉头遍水不用，再冲入水稍泡一会，取五十毫升的茶水入鲍鱼碗。

3 锅内放清汤，加入鲍片、盐、胡椒粉、料酒、味精，调好味烧开，撒入豆苗，尝好味，浇入即可。

特点：色泽漂亮，汤清香，具有碧螺春的茶香味，为茶膳名贵热菜之一。

（2）冻顶白玉

主料：冻豆腐二块（人多可适当增加），冻顶乌龙茶末十克。

配料：肉末五十克，香菇二个，油二十五克，盐、味精适量。

做法：

1 将豆腐横切成两半，然后切成厚约三分的片，用开水氽一下，整齐地码在盘内，香菇切成碎粒待用。

2 炒锅上火，放少许底油，将肉末、香菇煸炒，放入盐、味精调好味，出锅均匀地放在豆腐上，再洒上茶末即成。

（3）银针庆有余

主料：净桂鱼肉二百克，银针茶十克。

配料：火腿肉二十五克，冬笋十克，水发口蘑十克，菜苞十二个，鸡清汤七百五十克，杂骨汤五百克，鸡蛋清一个，湿淀粉五克，精盐一点五克，味精零点五克，胡椒粉十克，鸡油十克。

做法：

1 将桂鱼肉洗净，切片，用蛋清、精盐、零点五克湿淀粉调好上浆。

2 火腿切片。冬笋、口蘑亦切成片。

3 炒锅置旺火上，加鸡清汤、盐、味精烧开，下鱼片、冬笋、口蘑、菜苞，氽熟捞出，放入鸡汤碗内。

4 茶叶盛入透明的玻璃杯中，冲入开水，待茶泡开竖立于水中时，入鸡汤碗。汤中撒上胡椒粉，拌匀即可。

（4）红茶熏鸭

上料：鸭一只，红茶二风格化克。

配料：红糖六两，五香粉、酱油、砂糖、盐及料酒各少许。

做法：

1 鸭先洗净，用开水烫过后，捞起备用。

2 将五香粉、酱油、砂糖、盐及酒加水，与鸭一起煮至八成熟，备用。

3 将茶叶及红糖混合后置于烤肉架上，再将鸭以温火熏至金黄色即可。

（5）茶香四季豆

主料：四季豆二百克，碧螺春茶十克。

配料：虾仁二百五十克，料酒、盐、淀粉、胡椒、油各适量。

做法：

1 虾仁加酒、盐腌十五分钟，沥干汁液，加淀粉拌匀。

2 四季豆去筋，切段，放入沸水氽烫即捞出。碧螺春茶用沸水泡开，沥干。

3 热锅后，放油加热，放入虾仁，炒至变色即取出。

4 锅内放油加热，炒碧螺春和四季豆，再倒入虾仁拌炒，加盐、胡椒炒熟后，即可盛盘。

（6）香炸茄子

主料：茄子二条，冻顶乌龙茶十克。

配料：鸡蛋一个，盐、糖、面粉、沙拉油各适量。

做法：

1 茄子洗净，斜切段，在每段中间轻划一刀，但不要切断，泡入水中。

2 以沸水焖泡茶叶。然后，茶叶留下备用。

3 蛋打散，加面粉、糖、盐和适量的水拌匀，调至适当浓度。

4 每段茄子的中间依喜好酌量加入茶叶。

5 热锅油，把茄子裹上面粉，放入锅中炸至金黄色捞起盛盘即可。

（7）香雾酥肉

主料：猪五花肉一千克，云雾茶十克。

配料：小葱段、姜、酱油、醋、精卤、大料、小茴香、花椒、饭锅巴、红糖、肉清汤、麻油各适中。

做法：

1 选四方形五花肉一块，用铁叉平着叉入瘦肉中间，在炉火上烤焦，到皮起泡时取下，放在淘米水中，浸泡十五分钟，刮尽焦皮层，用水洗净。

2 将肉放在锅中，加入清汤，用旺火烧开，撇去浮沫，将大料、小茴香、花椒装入小布袋中扎上口，与盐、葱、姜一起拍松，放到锅内，换小火烧至用筷子能穿过肉时，捞出待用。

3 用铁锅一只，放入捣碎的饭锅巴，同茶叶、红糖拌合在一起，上面放一个铁丝箅子，把肉放在箅子上（皮朝上），盖好锅盖，放在旺火上，待锅里冒出浓烟，熏出香味时，离火焖至烟散光，把肉取出，先切成同样大的四块，每块再切成两分厚的片，整齐地摆在盘中，浇上酱油、醋、麻油即成。

特点：此菜皮色略黄，光亮中泛微红，具有浓郁的茶叶香味，酥烂适口，肥而不腻，因熏烟缭绕似云雾，故名。

（8）龙井氽鲍鱼

上料：鲍鱼二百五十克，龙井茶叶十五克。

配料：味精、料酒、盐水各适量，清汤一千克。

做法：

1 将鲍鱼片成薄片，放入碗内；茶用开水润发，然后倒掉茶水，茶叶备用。

2 锅放火上，添入清汤，对入味精、料酒、盐水，烧开后冲入鲍鱼碗内。上菜时把发好的茶叶撒入碗里拌匀即可。

特点：鲍鱼鲜嫩，汤汁微黄、清香、爽口。

（9）绣球鱼翅

主料：水发散鱼翅一千克，铁观音茶十克。

配料：生鸡脯肉四百克，火腿五十克，干贝二十五克，料酒、精盐、味精、白糖、胡椒面、鸡油、淀粉、花生油、葱、姜各适量。

做法：

1 用开水泡发茶叶，留茶汤备用。

2 将水发鱼翅洗净，排放在竹箅上，放入清水锅内，加料酒、葱、姜，上火氽煮（换水二至三次）。然后放入鸡汤，将鸡肉、火腿用开水煮透，捞出洗净血沫，放在豆包布上，干贝去老筋，一起放入布内，包严包好，放入鱼翅锅内，上火烧开，撇净沫，再放料酒、葱、姜，改用小火炖三至四小时，提出鱼翅箅子，将鱼翅控干水分。

3 将鸡肉去筋皮，用刀背砸成细泥，葱、姜拍碎，拌匀。将鸡茸划开，放精盐、味精、胡椒面，搅拌上劲，挤成丸子，放在搌干的鱼翅上，团成圆形球，上笼蒸五分钟取出，摆入盘中。

4 将火腿去老筋，与干贝、茶汤一起上火烧开，再放精盐、味精、白糖、胡椒粉、收汁尝味，用淀粉勾芡，淋上鸡油，浇在鱼翅上即成。

特点：汁浓味鲜，鱼翅糯烂。

注：这里不包括蒸鱼翅所用的配料。

（10）樟茶鸭

主料：半成品鸭一只（用樟木、茶叶等熏制，可购买）。

配料：甜面酱、干黄酱、鸡精、香油、葱花、姜粉各适中。

做法：

1 炝锅、调好酱料备用。

2 鸭过油、炸匀，至橙黄色出锅，切块，码齐于盘中；酱料与鸭同上。

特点：清香宜人，酥嫩适口，油而不腻，风味独特。慈禧皇太后喜食此菜。

（11）龙井虾仁

主料：鲜河虾五百克，新龙井茶五克。

配料：蛋清半只，绍酒八克，精盐一点五克，味精一点五克，湿淀粉二十克，熟菜油五百克（约耗四十克）。

做法：

1 取河虾，去壳挤出虾肉。将虾肉放入小竹箩里，洗几遍，再放进碗内，加盐和蛋清，刚筷子搅拌至起粘，加湿淀粉、味精搅拌匀。静置一小时，浸渍入味。

2 茶叶置透明玻璃杯中，用沸水冲开，即滗出茶水，茶叶、茶水分置备用。

3 炒锅烧热，先下少量油滑一下锅，倒出后再下熟菜油五百克，至油四成热时，即端锅，倒漏勺中沥油。再将虾仁倒锅中，将茶叶连水入锅，烹酒，放入火上颠翻、炒熟、入盘。

特点：虾仁白嫩，茶叶碧绿，清香味美。

注：另可在玻璃杯中放一或二盅中高档龙井茶水，倒置盘中央，然后正盘、盛菜、上菜，由主宾适当用力拔起杯子，

将茶与菜拌匀后分赠客人品尝。

茶主食食谱

（1）茶鸡玉屑

主料：鸡脯肉八小片，鸡蛋一个，小麦粉一百克，泰国香米饭、食盐、海带丝、中档绿茶等适量，黄酒二十毫升。

做法：

1 茶叶、海带丝用热水发好备用。

2 将鸡脯肉纵切成丝，用刀背轻轻敲打，撒上食盐和黄酒。

3 鸡蛋打入碗中，加冷水一百五十毫升，调入小麦粉，迅速用力搅匀成蛋糊。

4 鸡丝蘸上蛋糊，在热油中炸熟，捞出撒上细盐拌匀，与米饭、茶叶、海带丝四等分置于纯白盘中即成。

特点：本款茶饭好看好吃，可增进食欲。

注：另一种吃法是盖浇饭吃法，将做好的鸡丝、海带丝、茶叶拌上盐，置于盘中的米饭上即可。

（2）茶饺

主料：饺子粉、五分之一馅量的绿茶。

配料：三鲜饺子馅适量。

做法：

1 和好面，醒面。

2 茶叶用热水润发，剁碎，拌于三鲜馅中。

3 煮饺、蒸饺均可。

特点：鲜香适门，风味独特。

注：和面时可加菠菜汁或芹菜汁，以增加视觉效果。

（3）鸡丝茶面

主料：龙须面、中档绿茶适量。

配料：青椒、胡萝卜、绿豆芽、花椒油、盐各适量。

做法：

1 青椒、胡萝卜、绿豆芽用热水焯过并加盐，前二者切成细丝。

2 茶叶润发，去汤。

3 煮好面，分盛纯白小碗内，拌好上述菜，码即可。

特点：色彩鲜明，口感好。

茶汤类食谱

（1）银毫清汤燕窝

主料：干燕窝二十克，银毫茶五克。

配料：瘦火腿十五克，清汤一千五百克，盐、味精、胡椒面、料酒各适中。

做法：

1 燕窝水发，择净成燕菜，火腿切成细丝。

2 燕菜放入碗中，加入清汤，上笼蒸二十分钟左右。

3 茶叶用干净纱布包好，放入清汤中，用火烧开，略煮一会儿，茶叶包离火，将汤注入碗中，撒上少许火腿丝即成。

特点：此菜适用于较高规格的宴会。

注：蒸燕菜时，要求吃软不吃脆，但也不能蒸成泥状。

（2）观音鸡汤

主料：鸡腿二块，铁观音茶五克。

配料：萝卜五百克，盐、鸡精各适量。

做法：

1 萝卜洗净削皮、切块，鸡肉洗净切块备用。

2 铁观音焖泡五分钟，留茶汤备用。

3 用沸水将鸡肉氽烫后，另放高压锅内，加萝卜、茶汤和水。大火煮沸，再以小火焖煮半个钟头左右。

4 最后加上盐、鸡精调味即可。

（3）龙井捶虾汤

主料：清虾五百克，龙井茶十五克。

配料：鸡蛋一个，清鸡汤一千五百克，料酒、盐、味精、葱、姜各适量。

做法：

1 茶叶用开水泡发，留茶汤备用。

2 葱切段；鸡蛋用清；虾剥壳，留尾洗净，控出水分，用料酒、盐、味精腌三十分钟左右。

3 姜切片，用刀拍一下，放入虾仁与肉，案板撒上干淀粉，两面托上干淀粉，用擀面杖将虾慢慢捶成薄片。锅内放入清水烧沸，将虾片下锅氽透，捞出用凉水过凉，去掉虾尾，使虾尾呈现出一点红色。

4 清汤注入锅内烧开，放盐、味精、料酒调味，先盛一点清汤将虾片烫透捞入汤碗内，再把茶汤适量入清汤内，烧开，倒入碗内即成。

特点：虾片白嫩透明，汤清味鲜。

注：此菜可以用大虾做主料。去油腻，助消化，适于夏季或油腻较多的宴会。

（4）龙井豆腐汤

主料：豆腐二百五十克，龙井茶五克。

配料：精盐、味精、料酒、胡椒粉、鸡汤各适量。

做法：

1 将豆腐切成边长三厘米的三角形片，用开水焯一遍，待用。

2 龙井茶用开水泡好待用。

3 锅上火，放入鸡汤，下豆腐稍煮，放入精盐、味精、料酒、胡椒粉，尝好味，倒入沏好的茶水和茶叶即可。

www.ingramcontent.com/pod-product-compliance
Ingram Content Group UK Ltd.
Pitfield, Milton Keynes, MK11 3LW, UK
UKHW062306290726
14090UKWH00018B/910

9 787513 669627